河南省高等学校哲学社会科学创新团队"教育与区域经济"（2012-CXTD-10)和河南省高校人文社科重点研究基地"职业技术教育与经济社会发展研究中心"资助

读《史记》说智慧

窦玉玺◎著

中国社会科学出版社

图书在版编目（CIP）数据

读《史记》说智慧/窦玉玺著 . —北京：中国社会科学
出版社，2016.9
ISBN 978 - 7 - 5161 - 8666 - 4

Ⅰ. ①读…　Ⅱ. ①窦…　Ⅲ. ①中国历史—古代史—
纪传体—通俗读物　Ⅳ. ①K204.2 - 49

中国版本图书馆 CIP 数据核字（2016）第 175087 号

出 版 人	赵剑英	
责任编辑	赵　丽	
责任校对	周　昊	
责任印制	王　超	

出　　版	中国社会科学出版社	
社　　址	北京鼓楼西大街甲 158 号	
邮　　编	100720	
网　　址	http://www.csspw.cn	
发 行 部	010 - 84083685	
门 市 部	010 - 84029450	
经　　销	新华书店及其他书店	

印　　刷	北京明恒达印务有限公司	
装　　订	廊坊市广阳区广增装订厂	
版　　次	2016 年 9 月第 1 版	
印　　次	2016 年 9 月第 1 次印刷	

开　　本	710×1000　1/16	
印　　张	16	
字　　数	246 千字	
定　　价	59.00 元	

凡购买中国社会科学出版社图书，如有质量问题请与本社营销中心联系调换
电话:010 - 84083683

序

　　传统文化是一个时段以来大家讨论的热门话题，什么是中国传统文化？中国传统文化是几千年来中华文明的载体和表现形式，它世代相传、历史悠久、博大精深，具有鲜明的民族特色。优秀的中国传统文化，是华夏民族智慧的结晶，是普通老百姓的"信仰"，也是老百姓心中的"魂"。中华文明就是靠这种智慧、这种"信仰"、这个"魂"才得以不断丰富，中华民族的历史才得以不断推向前进。

　　当今时代，是一个知识不断更新、科学不断发展的时代，掌握现代科学知识，是实现伟大中国梦的重要条件。然而，中华民族传统的东西不能丢，我们祖先留下的优秀传统文化不能丢，丢掉了这些东西就等于丢掉了几千年的中华文明，对于普通老百姓来讲，就等于丢掉了"魂"，一个人没有了魂，那就成了一具僵尸。丢掉了优秀传统文化，人的价值观就要混乱，人的道德底线就会被突破，整个社会就会处于无序状态。因此，在社会转型时期，回归传统文化，让普通的老百姓感受到"信仰"的力量，有助于对社会健康心态的引导。作为一名教育工作者，我们在努力学习优秀传统文化的同时，有责任、有义务去广泛地传播优秀传统文化，忠实地践行优秀传统文化。

　　我在"百家讲坛"讲史已经十年了，其间，解读了不少历史人物和历史事件。作为一名长期从事传统文化的研究与传播的学者，讲史的目的不在于为讲史而讲史，而是通过讲史，使听众能够从中领悟点什么。我曾经说过，真正让你看透历史的不是历史，而是现实，要让传统的、遥远的历史文化，与当今的现实热点对接起来，使传统文化焕发出当代的青春活力，为当代社会服务，这才是我们传播优秀传统文化的目的，也是其意义所在、价值所在。

我们学习传统文化，不能仅仅停留在知识层面上，关键要做到知行合一。要把对优秀传统文化的感悟用在净化自己心灵、丰富自身内涵、提升自我素养上；要把对传统文化的感悟与践行当代社会主义核心价值观结合起来；把我们祖先的智慧更好地融入当代文明的要求中，要把学习、传承、弘扬优秀传统文化的精神与建设高度的社会主义文明的热情有机结合起来。

窦玉玺先生长期在高校从事中国传统文化的教学与研究工作，他的《读〈史记〉说智慧》，从一个角度对《史记》进行了深入的研究。全书共十六讲，是窦玉玺教授给学生开设的系列讲座。这本书的每一讲虽然独立成篇，但是，"智慧"二字作为一条红线贯穿全书始终，主题突出。其中在涉及历史人物及历史事件上，所体现的对传统文化的理解，从一个侧面反映了作者对历史的领悟。

《读〈史记〉说智慧》有一个明显的特点，那就是它把历史与现实作了很好的对接。这就找到了传播传统文化有用的、有效的途径和方法，达到了讲史的目的。这也就使得我们所要讲的传统文化活了起来，讲的是历史上的为人之道、为官之道，看到的是现实的为人之道、为官之道，启发的是在优秀传统文化感召下的为人之道、为官之道等。

高等院校是社会主义文明的前沿阵地，如何将中华历史文明与当代文明的要求有机结合起来，如何用优秀传统文化去教育当代大学生，这是高等院校从事传统文化教育的共同课题，《读〈史记〉说智慧》这本小册子对此进行了有效的探索。书中讲到历史上的为政智慧、为官智慧、治军智慧、经济智慧、全身远害智慧、为人处世智慧等都是华夏民族传统文化中的精华；书中讲到的以国家安危、百姓利益至上，奉职循法、清正廉洁、恭谨、谦让、诚信、忠厚的优秀品格，正是普通百姓心中的"魂"。讲的是传统文化中的精华，也是当代价值观的核心内容，做到了历史和现实的高度契合，达到了润物无声的教育效果，实现了优秀传统文化传播的社会价值。

这本书既有一定的理论高度，又有一定的学术深度，语言通俗流畅，集史实性、趣味性、可读性为一体，是一本面向社会大众的读物，也是一本有助于传统文化传播的好教材。当然，书中所论，还有不少值得进一步探讨的问题，仁者见仁，智者见智，相信有志于这方面研究的同人会不断地推出新的见解。愿这样的交流能激发出新的耀眼的火花，也愿这样的探索迎来更多的商榷。

　　是为序。

前　言

　　我给这本书取名叫《读〈史记〉说智慧》。智慧，是一个非常抽象而又复杂的哲学术语，这本书无意纠缠于"智慧"二字概念的纷争和所谓意义的界定，因为像这样的词汇，对于一般读者来说，解释得越多，反而不一定有助于把问题弄清楚，然而，脱掉抽象而又复杂的概念的外壳，很少有读者不明白智慧的含义。在这本书中，我们试图通过《史记》这一平台，展现"智慧"二字的本质内涵，揭示社会发展与智慧的关系，探讨智慧在推动人类历史前进中的作用，进而确立人的价值或意义。谈智慧，就离不开人物，离开了人物智慧就无从谈起。在《史记》中，智慧往往体现在为国为民的宏大的志向中，其中博大的胸怀、明确的目标、坚韧不拔的毅力及敢于实现、善于实现预期目标的精神，都是"宏大志向"的主要内容。智慧往往体现在无私无欲的奉献精神中，守职循法、清正廉洁、俭约质朴，可为这种精神作注脚；智慧往往体现在个人的品德、素养中，恭敬、谦让，不威不淫，诚心敦厚，是品德素养的要素，也是人生价值的核心体现。读《史记》，一是要感悟《史记》中体现为一以贯之的智慧，二是能感悟或人或己，漫长而又短暂、复杂而又纠结的人生，如果能把现实的人生和历史的智慧融合在一起，相信读《史记》就更能品出些许滋味来。

　　我喜欢读《史记》，还不仅仅是因为《史记》中有伟大的史学家的"不虚美，不隐恶"的实录精神，有熠熠发光的人生智慧，有栩栩如生的人物形象、耐人寻味的历史事件及生动简洁的诗一般的语言，除此之外，还有一种天然的情结，那就是与家乡文化千丝万缕的联系。我是原阳县人，原阳自古以来人杰地灵，积淀了丰厚的文化，是目前渐为重视、渐或了然的"牧野文化"的核心区域之一。秦汉时期原阳县是两个县，即阳武县和原武县，隶属荥阳郡，后将二县合并，各取原县名一字，称之为原阳县。原阳文化与《史记》有什么关系呢？一位研究原阳文化的学者这样说："一部原阳史，半部西汉史。"我琢磨这句话说得有欠确切，是否应该说一部西汉时期的原阳史，就是半部西汉史。尽管表述还可以进一步推敲，但他道出了原阳文化在西汉文化中的重要地位。而西汉文化在司马迁的《史记》中处于什么位置呢？我作了一个简单的统计：有两组数据或许能够反映出一些问题：第一，《史记》是我国第一部纪传体通史，它记载了上自传说中的黄帝（约公元前 21 世纪）时代，下至汉武帝元狩元年（公元前 122 年），约三千年的历史。在这三千年的历史中，《史记》记载汉代历史只有八十四年（公元前 206 年至公元前 122 年），这在整个中华民族发展的历史长河中，所占时间的比重微乎其微。第二，《史记》共有一百三十篇，其中"十二本纪"中西汉占六篇；"十表"中西汉仍占六篇；"三十世家"中西汉占十二篇；"七十列传"中为西汉人物作传的就占四十二篇。由此可见，《史记》中出现两个"偏"，第一个"偏"是从时间上说，记载西汉初期的时间只占《史记》记载历史时间的四十分之一。第二个"偏"是这四十分之一的时间却承载了《史记》百分之六十以上的内容。通过这两组数字，可以看出西汉初期的历史在《史记》中的分量和地位。那么，西汉历史究竟与原阳历史有怎样的关联呢？从地域上说，原武、阳武地处中原腹地，物产丰富，交通便利，距楚汉鸿沟不足百里，是当时兵家必争之地，张良就是隐藏在阳武县城这一秦始皇东巡必经之地来击秦的。从人物上讲，司马迁记录西汉初期八十四年的历史，原阳籍因功受爵者不乏其人，其中为相者就有陈平、周勃、张苍、周亚夫等人，先后执政达二十九年，几乎占去了《史记》中西汉初期八十四年历史的近五分之二，为西汉的建立、稳定与发展做出了杰出的贡献，也对两汉历史产生了重大影响。特别是陈平在吕后时代前后执政十一年，张苍文帝时代为相十四年，都为西汉初期的平稳过渡和"文景之治"社会繁荣局面的形成起到了奠基和推动的作用。读《史记》怎么也越不过沉甸甸分量的西汉史，浏览西汉史怎么也躲不过原阳的影子。原阳曾出过十二位丞相，但最为人敬慕而乐道者当推汉初四相。因此，研究原阳文化离不开《史记》，阅读《史记》也在重塑家乡文化。我热爱家乡文

化，因为这是生我养我的一片热土。我喜欢读《史记》，因为《史记》
与家乡还有剪不断的情结。

　　我是一名教育工作者，主要从事高等院校传统文化的教学与研究。
教书育人是教师的神圣职责。怎么样去教书，又怎么样去育人于教书之
中，这是教育界多年来的追求，也是每一位教育工作者脑子中常有的问
号。尤其是从事传统文化教育工作者，要履行既教书又育人的职责，可
能就更加困难些。我曾经以问卷的形式作过一个调查，就当代本科大学
生来说，大学毕业时，读完《三国演义》《水浒传》《红楼梦》等古典
文学名著者不到百分之三十，即便是中文系的毕业生，认真读完这三部
著作者也达不到百分之七十，更不用说像《论语》《孟子》《左传》
《国语》之类的典籍，这说明当代大学生接受传统文化教育，在优秀传
统文化中汲取营养，确立正确的世界观、人生观、价值观的提升空间还
非常大。上述现象不能责怪学生，应从我们的教育思想和大学知识构架
的设计上去反思。作为一名从事传统文化教育的工作者，责任尤为重
大。教育，自古至今都有其自身的规律，从来都是以"随风潜入"的
方式去达到"润物无声"的效果，因此，这里我选择了相对容易读懂，
故事性、趣味性、史实性较强的《史记》作为传统文化教育的切入点，
以讲座的形式，将《史记》中体现在家国情怀、道德素养中的智慧，
或者说因智慧而成就的家事、国事及良好的思想道德，介绍给学生，寄
希望于当代大学生能够从中受到感悟和启发。这也是我为什么给这本书
命名《读〈史记〉说智慧》，而不叫"学智慧""长智慧"的原因。

　　当前，我们倡导富强、民主、文明、和谐、自由、平等、公正、法
治、爱国、敬业、诚信、友善，这二十四字是当代社会主义核心价值
观，这二十四字是社会主义核心价值体系的内核。这一内核，是对中华
民族优秀传统文化及人类文明成果的传承，同时也契合了当代社会发展
的要求，可以说是对中华优秀传统文化的继承与发展。培育和践行社会
主义核心价值观，就高等教育来说，我们认为还是要重点落实"课堂
教学、社会实践、校园文化多位一体"的育人模式，不断完善中华优
秀传统文化教育的要求。作为传统文化的传播者，我们的责任就是让大
学生更多地了解优秀传统文化，接受优秀传统文化，传播优秀传统文
化，把优秀的传统文化与当代社会文明要求结合起来，更好地践行社会

主义核心价值观。《史记》对中华民族几千年的历史进行了记录，同时也对几千年中华民族的优秀传统文化进行了总结与梳理。读《史记》，不仅会让你更多了解社会主义核心价值观的渊源，也为你认真践行社会主义核心价值观增添无穷的智慧。

　　《读〈史记〉说智慧》是我给学生开设的系列讲座的讲稿，由于本人水平所限，书中难免会有疏漏甚至错误的地方，恳请各位专家给以指导和批评。

窦玉玺

二○一五年七月十六日

目　录

上　篇

下　篇

2 读《史记》说智慧

上　篇

第一讲

非常之人与他的智慧杰作

——司马迁散论

　　《史记》是我国第一部内容丰富的通史著作，是一部私史。它记录了上起轩辕、下迄汉武帝三千余年的历史事件。

　　据说，这部私史完成之后，被汉武帝知晓，御览了他和汉景帝的两篇"本纪"，"大怒，削而投之"（《太史公自序集解》引《汉旧仪》）。直到汉宣帝时"其书稍出"（《汉书·司马迁传》）。《史记》成书后，传播并不顺利，正是因为统治者对《史记》有偏见，而限制流传。汉明帝说："司马迁著书，成一家之言，扬名后世。至以身陷刑之故，反微文刺讥，贬损当世。"（《文选》卷四十八）甚至魏明帝也说："司马迁以受刑之故，内怀隐切，著《史记》非贬孝武，令人切齿。"（《三国志·魏志王肃传》）一直到南北朝、唐宋时期才流传渐广。

　　然而，是金子总要发光，就在《史记》被列为禁书的汉朝，一些史学家和文学家开始研究它，并给予高度评价。东汉班固奉诏作史，在评价司马迁的《史记》时，就借刘向和扬雄之口称《史记》"善序事理，辩而不华，质而不俚，其文直，其事核，不虚美，不隐恶，故谓之实录"。（《汉书·司马迁传》）后世历代更有溢美之词。鲁迅先生称《史记》为"史家之绝唱，无韵之《离骚》"。（《汉文学史纲要》）

　　这些研究者大致都是从史和文两个方面进行评价，两千年来对其褒扬和肯定就奠定了《史记》在中国史学和文学史上的地位。

　　然而，这部不朽之作竟出于一个形同竖宦的司马迁之手。呜呼！司马迁何许人也？能在刀斧之下留下千年不朽之作，巍巍呼！

　　我们不需要用更多漂亮的词汇去包装、打扮这位史学家，一切过分的赞美都是徒劳无功的，甚至是对司马迁本人的亵渎。我们还是对他的自我评价进行诠释吧。

司马迁在《报任安书》中以古圣贤为喻，婉转地作了个自我评价："倜傥非常之人、忼慨之士。"什么是倜傥，什么是忼慨，这两个词都很抽象。查了《辞海》《辞源》等工具书，解释大体相同：倜傥，同倜傥，是说才气卓异不凡，洒脱不羁。而忼慨，同慷慨，是说胸有大志，刚直不阿。考究"倜傥""忼慨"两种类型的人物，都是不同凡俗，通俗点说就是非常之人。

读《史记》《汉书》及其他有关史料，字里行间能看出司马迁的"倜傥"与"忼慨"，的确是一个非常之人。

一　司马迁自高、自傲，自命不凡

说他自高，他自认为，一是才高，二是品高。"材怀随和，行若由夷。"

自认"才高"，那么究竟有多高，我们无法度量，就连他更具体地说"材怀随和"，我们也很难看出他才华卓异之处。"随和"讲的是两个故事：第一个故事见于《说苑》，说的是春秋时，有位随侯出行，遇一大蛇断了两截，怀疑其很灵验，使人以药封之，蛇乃能去，因号其处为断蛇丘。岁余，蛇衔明珠径寸，绝白而有光，号曰随珠来报答他。第二个故事讲的是和氏璧的故事。春秋时楚人卞和在楚山中得亚玉，献厉王，王以为诳，刖左足。武王即位复献之，又以为诳，刖其右足。楚文王立，卞和抱亚玉哭于荆山下，王使问其故，令人琢磨，果得美玉，称和氏璧。

我们单从字面上看，很难读出随侯和卞和的"才"。随侯心很善，尤其是"疑其灵"。是不是看问题看得很透彻，我们也只能假以附会，最终得到了回报。和氏才在哪里？最多说他执着，最终也达到了他的目的。

司马迁以"随和"自比，也实难看出司马迁才有多高。

《韩非子·解老》这样说："和氏璧，不饰以五彩；随侯之珠，不饰以银黄。其质至美，物不足以饰之。"这个解释给我们以启发：司马迁大概想说自己才华卓异，但不外露，无人识才吧。

司马迁之所以认为自己才高，有以下三个原因：其一，他有深厚的家学渊源，尤其是父亲司马谈对他的教育和家庭文化氛围的熏陶，这是得天独厚的。其二，两次游历，见多识广。第一次漫游是在公元前128年，即武帝元朔元年，司马迁大约20岁（一说17岁）。"南游江、淮；上会稽，探禹穴，窥九嶷，浮于沅、湘；北涉汶、泗，讲业齐、鲁之都，观孔子之遗风，乡射邹、峄；厄困鄱、薛、彭城，过梁、楚以归。"（《太史公自序》）第二次漫游是在元鼎六年奉诏随征西南夷，"奉使西征巴、蜀以南，南略邛、笮、昆明，还报命"。（《太史公自序》）司马迁两次游历足迹踏遍了大半个中国。其三，作为两代史官，得以占有大量的历史资料。加上固有的天赋，十岁即能诵古文，从师大儒董仲舒等原因，这些条件足以使司马迁自认为才高。

自认品高，何以比拟？"行若由夷！"

许由和伯夷都是史料记载的所谓高洁之士。

《史记正义》引晋皇甫谧的《高士传》云："尧闻致天下而让焉，（许由）乃退而遁于中岳颍水之阳，箕山之下隐。尧又召为九州长，由不欲闻之，洗耳于颍水滨。时有巢父牵犊欲饮之，见由洗耳，问其故。对曰：'尧欲召我为九州长，恶闻其声，是故洗耳。'巢父曰：'子若处高岸深谷，人道不通，谁能见子？子故浮游，欲闻求其名誉，污吾犊口！'牵犊上流饮之。"

伯夷的故事在《史记·伯夷列传》里记载得很详细：伯夷和叔齐是孤竹君的两个儿子，父亲想把王位传给叔齐，但父亲死后，叔齐却不肯接位，而把王位让给了伯夷。伯夷说："让你接替王位是父亲之命。"于是就离家逃跑了。叔齐不愿继承王位，也离家逃跑了。国人只好立孤竹君的另外一个儿子为王。弟兄俩听说西伯昌贤，就投奔姬昌。等他们到达时姬昌已死了，路逢武王载着父亲灵位向东讨伐纣王，伯夷、叔齐一起来到武王马前叩头谏道："父亲死了不埋葬，却去发动战争，这能称为孝吗？身为臣子，却去攻杀国君，这能称为仁吗？"左右想杀了他们，太公说放了他们。等到武王灭了殷商，建立了周朝，伯夷、叔齐以为是耻辱，发誓不吃周朝的粮食，结果隐于首阳山而饿死。

这两则故事中主人公的行为难道就是几千年来我国古代社会高士的

统一标准吗？其实，司马迁虽以许由自喻，然而，他对许由其人、其事都持怀疑态度。《史记·伯夷列传》开篇就说："夫学者载籍极博，犹考信于六艺。《诗》《书》虽缺，然虞夏之文可知也。尧将逊位，让于虞舜，舜禹之闲，岳牧咸荐，乃试之于位，典职数十年，功用既兴，然后授政。示天下重器，王者大统，传天下若斯之难也。而说者曰尧让天下于许由，许由不受，耻之逃隐。及夏之时，有卞随、务光者。此何以称焉？太史公曰：余登箕山，其上盖有许由冢云。孔子序列古之仁圣贤人，如吴太伯、伯夷之伦详矣。余以所闻由、光义至，其文辞不少概见，何哉？"这段文字起码记录了司马迁对这一事件认识的几个反复：其一，历史典籍中记载尧让位于虞舜，虞舜又让位于禹，整个让位过程记载得非常详细，显得那样慎重、严肃，而史籍中没有尧让位于许由的记载，这不能不引起对这件事的质疑；其二，既然史籍不载，哪来的这一说辞？"说者曰尧让天下于许由……"这是传说，并非史实，司马迁继而对尧让许由之事否定；其三，如果说尧让许由这件事是虚构的，那么，为什么箕山还有许由的墓冢呢？这不由将前边两次否定的态度又打了个问号；其四，如果真有其人、其事，那么孔子在论列古代圣贤时，都很详细，怎么不曾提及许由此人呢？由此可见，司马迁对尧让许由之事始终都持怀疑的态度。

既然如此，那司马迁为什么还要以由、夷自喻呢？笔者想主要还是基于基本的概念，大家都说他们是当之无愧的高士，那司马迁既然认为自己品高行端，那他还能拿谁去自比呢？

其实，司马迁与许由、伯夷之流根本就不能同日而语，他受时代思潮及父亲司马谈思想的影响，有其根深蒂固的黄老思想，又以董仲舒为师，受儒家入世思想教育，在汉武帝不遗余力地施展他的雄才大略的时代，他想当官做事，想为国家出力，没有想逃避现实的痕迹。查阅有关司马迁的史料，发现司马迁直接说出他最佩服的人就是晏子。"假令晏子而在，余虽为之执鞭，所钦慕焉。"（《史记·管晏列传》）那简直是五体投地，那么他到底欣赏佩服晏子的什么呢？"进思尽忠，退思补过。"（《史记·管晏列传》）这岂是许由、伯夷所为，这是儒家高士的标准，而司马迁为说自己品高，以由、夷作喻，实取其名而不取其实。

司马迁自认为才高、品高，我们不可否认，但高的程度是否还可以挤出一些水分来，有待大家继续探讨。

说司马迁自傲，我们说不过分。

首先，我们读他的《史记》有一种感觉，字里行间都充斥着一股傲气，这股傲气也是司马迁品格里固有的一种骨气和正气。身为罪臣，敢当续史大任；身为罪臣，敢于撰写当朝历史，尤其是敢写叱咤风云、皇权在握、俯视天下的汉武帝，且"不虚美，不隐恶"。那是一种史学家的担当和品格，没有一种傲视权贵、正视历史的气度，很难有那样的作为。

其次，李陵事件也充分显现出司马迁固有的那种傲骨。李陵是汉代名将李广的孙子，提五千部卒深入匈奴，内无粮草，外无救兵，兵败被俘投降匈奴。武帝大怒，而大臣们却不问曲直原委，迎合武帝"媒孽其短"，宣传发酵，说长道短。"仆诚私心痛。"（《汉书·司马迁传》）司马迁想力排众议，与李陵说情，没有机会。文武大臣都一个声调，怎么也挨不到司马迁说话。恰好武帝召问，司马迁为"广主上之意，塞睚眦之辞"，慷慨为李陵辩诬。在黑云压城城欲摧的政治氛围下，多少比他官大数级的文臣武将们都不敢替李陵说话，而一个小小的太史令，在平时和李陵没有什么关系的情况下，敢在武帝面前直面相谏，没有骨子里的正气和傲气，他能做到吗？

最后，他有一个算不得辉煌，但是可以值得司马迁一生自傲和自豪的家世。

《太史公自序》里记载，早在黄帝时，他的祖先就掌天官事，到周朝，"司马氏世典周史"，仍做史官。战国时，他的八世祖司马错和六世祖司马靳都曾为秦国武将，高祖司马昌秦始皇时期为铁官，曾祖司马无泽为汉高祖时市长，祖父司马喜汉文帝时为五大夫爵位，父亲司马谈为太史令，这个家世是司马迁自傲的资本。在先秦，史官的地位是非常重要的。王国维在《观堂林集卷六·释史》篇中说："史为掌书之官，自为要职。殷商以前，其官尊卑虽不可知，然大小官名及职事之名由史出，则史之位尊地要可知矣。"无怪乎司马迁那样的自傲而又自豪。

司马迁在他的《自序》和给任安的信中，多次提及他的先人，好像这个家世就是笼罩在司马迁头上的一片彩云，字里行间流露着自豪和骄傲，更不允许任何人为这个家世抹黑。司马迁心里暗藏着一本始终不敢出口的神秘账，账的这一页记载的是司马氏绵延数百年，甚至几千年，世代仕宦长盛不衰的荣耀；而账的另一页也记载着汉朝显赫一时的许多重臣们的家世。诸如萧何、曹参，小吏而已，周勃、樊哙更是鼓吹、屠夫，张良国破家亡，败落至此，陈平一介平民，就连汉武帝上溯三代至刘邦的出身也不能不让司马迁撇嘴傲视。且多数大臣有始无终，官不过三代，夺侯除国，与司马迁的家世相比，怎能不让司马迁以蔑视的眼光俯瞰社会，傲视世界。

二　司马迁极为自信、自负

司马迁的父亲司马谈临终时嘱咐司马迁：他死后"无忘吾所欲论著矣"。司马迁哭着对父亲承诺："小子不敏，请悉论先人所次旧闻，不敢阙。"其后他的一段表白让后来所有读《太史公自序》的人都无法忘记："先人有言：'自周公卒五百岁而有孔子。孔子卒后至于今五百岁，有能绍明世，正《易传》，继《春秋》，本《诗》《书》《礼》《乐》之际？'意在斯乎！意在斯乎！小子何敢让焉！"周公何许人也？他辅政年幼的成王，忠心不二，鞠躬尽瘁，一饭三吐哺，一沐三握发，那是万世称颂、世代敬仰的贤相。周公之后五百年有圣人出，那是伟大的思想家、教育家孔子。二者可以相提并论。孔子之后到汉武帝时代又五百年了，圣人又该出现了，他大声发问：有人能够继承清明之世，整理《易传》，接续《春秋》，研究《诗》《书》《礼》《乐》之精义吗？没有！没有！用意就在这里，用意就在这里！如果一定要出现这样一个人，那他怎么敢推让呢？非他莫属了。

短短五十多个字，流露出司马迁骨子里的几分傲气，几分霸气，几分狂气，还有无限的自信与自负。从内容上来说岂止是"绍明世，正《易传》，继《春秋》，本《诗》《书》《礼》《乐》之际"。周公是伟大的政治家，孔子是伟大的思想家，那么司马迁作为史学家，何尝不在实现着"究天人之际，通古今之变"的愿景呢？就表达形式而言，司马迁表述尽可能委婉，先是托"先人"之口，后是局限于某一领域，但貌似委婉之中难以掩盖他的直白，一千年内能与周公、孔子并列者，唯他司马迁！

　　这一方面我们似乎感觉司马迁有点大言不惭，不知天高地厚；另一方面，我们也领略了司马迁那种敢于担当的意识和勇气，不畏艰难、勇往直前的毅力和精神。

　　司马迁总以"大材""智者"自誉，对"中材"之人不屑一顾，就连沟通也"可为智者道，难为俗人言也"。就在他受到李陵事件打击之后，还发了一通自我安慰的感慨，那就是后人皆能朗朗上口，烂熟于心的一段："盖西伯拘，而演《周易》；仲尼厄，而作《春秋》；屈原放逐，乃赋《离骚》；左丘失明，厥有《国语》；孙子膑脚，《兵法》修列；不韦迁蜀，世传《吕览》；韩非囚秦，《说难》《孤愤》。《诗》三百篇，大氐圣贤发愤之所为作也。"

　　司马迁这段话暗含着三比：其一是所谈之人都非等闲之辈，堪称"大材"，就才能的档次上可与自己相比；其二是这些人都有不幸的遭遇，或者说都有令世人不平的遭遇，这与自己遭李陵之祸可比；其三是这些人遭横祸之后，奋发著述，得以流芳千载，这与自己遭极刑而无愠色，实现自己宏大的理想可比。我们不禁要问：一个刑余之人，未获罪时，官不显，位不赫，怎么能与前代圣贤相提并论？一个只是有理想还未付诸更大行动的人，怎么能与所述垂千古、昭日月，为后世之法则之人同日而语呢？况且，前代圣贤所遭不测各有其因，而李陵之祸则正是主上闻李陵兵败而投降，正在"为之食不甘味，听朝不怡""惨凄怛悼"，文武大臣皆不敢言，而自己却不知"卑贱"为李陵辩解，犯了一个低级的错误，获罪之由可悲可笑，又怎可与圣贤相比呢？

　　司马迁这段话饱含着自己无奈的自我安慰，无力的自我辩解和无形的著述动力。同时，虽然在语调上、情绪上都显得那样的低沉，甚至有些哀伤，但仍然能够闻到他骨子里的那种自高、自傲、自信、自负的气息，以及封建文人的几分酸涩之味。司马迁总是以非凡大材自许，他的性格也确实充满着傲气、霸气，其人本身也应是才气横溢，如果我们把人分成大、中、小材，那么司马迁该属于哪个档次呢？综合评价，我们只能认为他是一个中材之人。怎样理解"大材"呢，我们认为，就公而论，上可报效国家，中可修身全身，下可抚慰黎民；就私而论，上可事亲孝，中可立身扬名以示后，下可育子孙以续世统。就司马迁而言，上不能报效国家，中不能全身保命，更谈不上安抚百姓；就私而言，上不能光宗耀祖以尽大孝，中不能全身而受辱，下不能续司马香火（据说司马迁有两个儿子、一个女儿，长子司马临，次子司马观，后来都改姓冯姓），所以我们综合评价司马迁，能说是"大材"吗？

尽管如此，这位自称"大材"的"非常之人"，以其崇高的担当精神和令人钦佩的毅力，留下了光耀千秋的杰作——《史记》，仍然不失他伟大史学家的风范、精神和才华。

那么这样一位"傥傥非常之人"说起来好像与著书立说的学者不相干，然而，历史却奇妙地将二者紧密地联系在一起。

三　司马迁的理想是播远名，行大孝

什么是大孝？司马迁有他的定义。他说："且夫孝始于事亲，中于事君，终于立身。扬名于后世，以显父母，此孝之大者。"（《太史公自序》）他把孝分为三个层次，最原始、最基础的是对父母的孝顺，其次是事君、忠君，为国家出力也是行孝，而且是上升了一个层次的孝道，最终还是自己能否立身于世，为国家、为社会做一番事业，光宗耀祖，扬名后世，这才是大孝，是孝的最高境界。

我们分析他这种阐释虽有偏颇，但也不无道理。他把立身作为孝的终极与核心。那自然是孝的基础，也是孝的升华。试想一个连自己生活都顾不住的人，他无法谈孝。从哲学的观点来看，这是物质和意识、上层建筑和经济基础的关系问题。笔者觉得这种观点朴素而实在，且具有寻求意义、确立价值的哲学原义。

司马迁毕竟是司马迁。他在"早失二亲"，事亲不能，遭李陵之祸，事君无路的情况下选择了播远名、行大孝的孝道，最终实现了他人生最宏远的理想。

以什么样的方式来实现他播远名、行大孝的理想呢？换句话说，怎样立身才能达到在时间和空间上美名远播、行大孝的目的呢？——著书立说。

其实，早在公元前112年即武帝元鼎四年，汉武帝要封泰山，因司马谈病重未能从行，被留在洛阳，而司马迁随征西南、四川、云南等地而还，父子相见于"河洛之间"，太史公拉着儿子司马迁的手哭着说：

"余先周室之太史也。自上世尝显功名于虞夏，典天官事。后世中衰，绝于予乎？汝复为太史，则续吾祖矣。……余死，汝必为太史；为太史，无忘吾所欲论著矣。……今汉兴，海内一统，明主贤君忠臣死义之士，余为太史而弗论载，废天下之史文，余甚惧焉，汝其念哉！"司马迁俯首流涕曰："小子不敏，请悉论先人所次旧闻，弗敢阙。"

司马谈临终带有几分哀求的叮咛和嘱托，强调了三点：第一，是要司马迁勿忘家世祖业，延续司马氏家族的声誉荣光；第二，强调司马迁作为史官的责任；第三，强调了论史的重点——"汉兴"以来。（无怪乎班固在《汉书·司马迁传》中尖锐地指出："其言秦汉详矣。至于采经摭传，分散数家之事，甚多疏略。"）这一极其哀楚的场面与氛围，深深地触动了司马迁的内心，那"俯首流涕"的承诺，一方面表现了他对家庭责任、史官责任的担当，另一方面则饱含着他行大孝的内涵，是其开启大孝之行的开端。司马迁认为："士贤能而不用，有国者耻；主上明圣而德不布闻，有司之过也。"自己作为一个史官，如果"废明圣盛德不载，灭功臣世家贤大夫之业不述，堕先人所言，罪莫大焉"。

谈死三年后，约在元封二年，司马迁为太史令。他不忘父训，雄心勃勃，勇敢地担起了一位史官的历史职责，开始撰写他的传世之作——《史记》。

突如其来的李陵之祸，给了他致命的打击，他度过了四年欲生不能，欲死不忍，人不人鬼不鬼的牢狱生活。后来在给任安的信中对这段生活作了痛苦的回忆："交手足，受木索，暴肌肤，受榜箠……见狱吏则头抢地，视徒隶则心惕息。"因于圜墙之内，获刑受辱，没有自由，没有人格，更谈不上尊严，谈不上尊贵。无怪乎周勃从监狱里出来后大发感慨：他曾经指挥千军万马，驰骋沙场，斩将搴旗。哪里还知道小小的狱吏那么厉害。司马迁虽然出狱后仍为郎中，跟随武帝，但"每念斯耻，汗未尝不发背沾衣也"。

司马迁世代为宦，荣耀数百年。家世的光环让他把面子看得尤为重要，他把羞辱分为十等："太上，不辱先；其次，不辱身；其次，不辱理色；其次，不辱辞令；其次，诎体受辱；其次，易服受辱；其次，关木索、被箠楚受辱；其次，鬄毛发、婴金铁受辱；其次，毁肌肤、断肢体受辱；最下，腐刑极矣！"司马迁把他的家世看得是那样的荣耀，把自己当作"非常之人",而恰恰这位"非常之人"受的又是非常之辱——极刑。怎么能不让他颜面失尽,怎不让他撕心裂肺,痛不欲生呢?

古代有刑不上大夫之说,爵位越高,官位越显,受辱后声誉受损越大,心理落差越大,这时候如果不能引决自裁,仍然苟活于世"所谓强颜耳"!

司马迁有一段自白:贪生恶死是人之常情,他也不例外。但该不该自裁,该不该没皮没脸苟活于世,"亦颇识去就之分矣"。"臧获婢妾犹能引决,次若仆之不得已乎!所以隐忍苟活,函粪土之中而不辞者,恨私心有所不尽,鄙没世而文采不表于后也。"

这段表白逐层递进,入情入理,最后吐出苟活于世的原因。是为颜面而引决,或是兑现对父亲的承诺,完成父亲未竟事业,尽到自己的职责,名播于后世?这是义理和情感的冲突,司马迁选择了后者,因为这一选择要比轻于鸿毛的死更有价值,更能达到他要行大孝的目的。

至此,司马迁以其非凡的勇气、非凡的毅力、非凡的心理承受能力,下决心继续撰写他的著作。司马迁写史从内容上来说,他要尽到一位史学家的职责,对得起一位史学家的良心,所以"不隐恶,不虚美",而又以当朝事件为主要描写对象。对于这种政治风险他是非常清楚的。

所以,司马迁写《史记》就没准备显于当世,而是打算"藏之名山,副在京师,俟后世圣人君子"。传说不小心被武帝知道他要写私史,武帝索要景帝和自己的《纪》,看后大怒,幸亏没有被毁掉。即使被焚毁,那只是副本,正本早已藏之名山了。果然不出司马迁所料,尽管西汉前期《史记》作为禁书,但后来流传越来越广。这部"通古今之变,成一家之言",囊括十二帝纪,三十世家,十表,八书,七十列传,凡百三十篇,五十二万六千五百字的宏伟巨著得以流传千载,成为一部伟大的史学巨著,成就了司马迁伟大的史学家的声誉,同时也实现了司马迁"扬名后世,以显父母"行大孝的目的。此可谓"能忍天下之所不能忍,能不忍天下之所不得不忍"的真丈夫。

我们应该感谢这位非常之人给我们留下的取之不尽,用之不竭的精神粮仓。

《史记》的体例，后世作史者很少有人逾越。《史记》中所彰显的实录精神也被后世所敬仰。《史记》以其创新的形式和永恒的精神，奠定了它在史学上无可替代的历史地位。

我们不从史学的角度去研究它，因为作为一般读者各有各的体会。笔者读《史记》，虽然理解不太深刻，但总觉得越品越有味，总觉得这位非常之人，也可以说具有一定智慧之人，留下的是一部充满智慧之书。作者述事件、写人物，上至帝王将相，达官贵人，下至黎民百姓，山林隐士，后宫嫔妃，或上智，或中智，或下智，都能表现得淋漓尽致。一部历史就是一部斗争史，智慧与智慧的碰撞，总能推动历史前进；智慧与智慧的碰撞，也总能让我们这些普通的读者看到绚丽夺目的火花。有大智若愚，有小聪小慧，有大智慧战胜小智慧；有以不同方式表现出来的智慧，比如，一定条件下，一定程度的忍让表现出来的大智慧，舍名利而全身的大智慧，高调做事低调做人蕴藏的智慧等。《史记》所蕴藏的智慧是琳琅满目的，是令人目不暇接的。这是历史留给我们的精粹，这是先人留下的精神财富，我们没有理由不去分享。

读《史记》说智慧，读《史记》也学智慧，长智慧。

当然，《史记》中也描写了不少阴谋。智慧和阴谋都是说的"谋"，所谓阴谋是指暗地里谋划，然而能够体现智慧的"谋"也不完全是在光天化日之下的谋，因此我们理解的"谋"，就是为历史发展、社会进步输入正能量的谋，称之为智慧；反之称阴谋。换言之，为好事之谋为智慧，为坏事之谋则为阴谋。

我们读《史记》需要吸纳的是前者，需要摒弃并引以为戒的是后者。那么司马迁在《史记》中怎样去描写大智大慧，怎样用这些不同层次的智慧去塑造地位不同、身份不同、阅历不同、背景不同的人物呢？请听下文慢慢叙说。

第二讲

一代帝王的睿智

——汉高祖简论

一　刘邦其人

神秘的汉高祖

汉高祖刘邦祖籍为沛丰邑中阳里，据当时政区设置推测沛当是县名，丰邑为乡，中阳里为村（汉置沛为郡，丰为县）。姓刘氏，字季。《汉书》说：刘季弟兄三人，长兄刘伯，次兄刘仲，刘季为三。刘季当是刘邦起初的名字，刘邦则是其即帝位后所称。《史记集解》引《汉书音义》曰："讳邦。"张晏曰："礼谥法无'高'，以为功最高而为汉帝之太祖，故特起名焉。"《史记索引》从另一角度来印证此事："汉高祖长兄名伯，次名仲，不见别名，则季亦是名也。"故项岱云："高祖小字季，即位易名邦，后因讳邦不讳季，所以季布又称姓也。"另外，《史记索引》还据皇甫谧说，刘邦名执嘉，也可作为参考。其父名太公，母名刘媪。关于刘邦，司马迁《史记·高祖本纪》有以下三处颇显神秘的记载：

其一，神迹般的降生。司马迁说刘媪曾息于大泽堤岸上，梦见与神交合。当时雷电交加，天色阴暗，其父太公到塘坝接应刘媪，只见一条蛟龙蟠于刘媪身上，已而有了身孕，遂产卜汉高祖刘邦。《史记索引》说：《诗含神雾》云"赤龙感女媪，刘季兴"。这些传说都为刚刚出生的婴儿增添了几分神秘色彩。

其二，赤帝子的化身。等到刘邦年长斩白蛇起义，又有一段记载：刘邦作为亭长，为县押送劳工到骊山服役，劳工半路多逃亡，刘邦估计到了骊山人也就跑光了，干脆就把他们都放了，说："你们都走吧，从此我也逃命！"这些徒隶中愿意跟随刘邦者还有十多位壮士。刘邦喝多了酒，夜行大泽之中，派一人前面探路，探路者回来报告说，前边有一条大白蛇挡道。刘邦说，这有什么可怕，拔剑斩之而去。后边的人来到这个地方，见一位老太太在哭泣，说是她的儿子被杀，并且说她的儿子是白帝子，是被赤帝子杀死的，哭罢，老妪忽然不见了。赤帝、白帝都是传说中五天帝之一。赤帝为炎帝，主南方；白帝主西方。司马迁通过这位神秘的老妪之口，进一步将刘邦神化，暗示了他的天子身份。

其三，有天子气护身。秦始皇常说东南有天子气，就带人东巡，借以镇之。刘邦就自作多情地怀疑这股天子气出于自己身上，为躲避秦始皇的巡视，就藏在芒砀山上石缝间。其妻吕雉到山中寻找刘邦，每次都能不费力地找到他，刘邦奇怪问之，吕雉说他所处的地方上空有五色祥云，所以就很容易找到他，刘邦听后非常高兴。

撕下刘邦身上这层层神秘的外衣，可以看到司马迁或者就认为，或者不得不认为刘邦就是真龙天子。从上述几段记载来看，《史记》里仍然存在一些唯心、阿谀的成分，与后人评价《史记》"不隐恶，不虚美"的实录精神不符。但我们用历史的观点去看这一问题，就不能苛求司马迁了。一是时代局限，西汉年间，弥漫着浓厚的"君权神授"的思想；二是他个人的认识局限；三是当朝人为当朝人写史，其勇气已经为后人所敬服了！

其志也宏，其节也小

刘邦为布衣时曾在咸阳服徭役，逢秦始皇出游，前呼后拥，冠盖相连，甚是威风排场，"喟然太息曰：'嗟乎，大丈夫当如此也！'"（《史记·高祖本纪》）语虽委婉，胸臆直露。一个农民工竟然对皇帝的威仪如此羡慕，如此向往，"当如此"三个字就把自己定格在眼前这一幕的标准上，其位如此之卑，其志如此之高，形成了极大的反差。在这极大反差之中彰显出人物的非凡与卓异。

刘邦"隆準而龙颜"（颜，《尔雅》：额也），鼻子高，貌似龙且左股上长有七十二个黑痣，《史记正义》引《合诚图》云："赤帝体为朱鸟，其表龙颜，多黑子。"《正义》解释说："左，阳也。七十二黑子者，赤帝七十二日之数也。木火土金水各居一方，一岁三百六十日，四方分之，各得九十日，土居中央，并索四季，各十八日，俱成七十二日。故高祖七十二黑子者，应火德七十二日之征也。"《史记·高祖本纪》还记载：刘邦为亭长（《史记正义》秦法，十里一亭，十亭一乡）时，经常请假回家耕田，吕后和她的两个孩子在田间干活，一老父路过此地，为其子女及吕后相面，说吕后是天下的贵人，并说"夫人之所以尊贵，正是因为您的这个男孩啊！"老翁走后，恰好刘邦来到田间，吕后就将刚才老翁的一番话说给刘邦听，刘邦追上老翁，让给自己看相，老翁说："君相贵不可言。"刘邦称谢，心中暗喜。再有斩蛇后老妪的狂言，吕氏芒砀山石缝间上罩瑞云紫气的梦话，使得这位布衣时期就有宏志的刘邦越来越自信，追求的目标越来越高，好像自己就是真龙天子，未来的皇帝非己莫属。

秦二世三年，秦将章邯、王离攻破赵，赵请救，怀王乃以宋义为上将军，项羽次之，向北救赵。项羽杀了宋义，自率兵马进行了一场惊天动地的巨鹿之战，而沛公直接西进入关。按照刘邦与项羽之约，先至咸阳者封王关中。刘邦走了捷径，项羽救赵向北绕了个弯，所以刘邦幸运，顺风顺水到达咸阳，活捉了秦王子婴。但未被封为关中王，却被封为汉王，入蜀。韩信先属项梁，项梁死后归属项羽，因屡次献策项羽不听，故逃离项羽归汉。还未来得及得封官，恰逢一事犯法连坐，共涉及十四人。已斩十三人，最后一个轮到韩信。韩信对监斩官夏侯婴说："汉王不想得天下了吗？为何要杀壮士！"夏侯婴看其长相，听他口气都不一般，就留下韩信，并报告了汉王。汉王就拜韩信为治粟都尉（筹粮官）。汉王之所以不杀韩信，并不是他觉得韩信有多大才能，而是他对"得天下"三个字极为敏感，说到了他的心窝里，韩信才幸免一死。

韩信不满足这一官职，认为自己并没有被重用，因此又逃离汉王，萧何把他追回来。汉王责备萧何说："逃跑那么多将士你不追，为什么偏要追一个韩信，让他走吧！"萧何说："王必欲长王汉中，无所事信，必欲争天下，非信无所与计事者。"汉王说："吾亦欲东耳，安能郁郁久居此乎？"遂拜韩信为大将。

刘邦的这一言一语，一个事件，一个细节，甚至不经意间表现出的一种姿态，无不流露出他要霸天下、位至尊的宏图大志，昭示其信心、决心与野心。刘邦虽有霸天下的宏图大志，却是一个不拘小节之人。司马迁说他："廷中吏无所不狎侮。好酒及色。"魏王豹评价刘邦："慢而侮人，骂詈诸侯群臣如骂奴耳，非有上下礼节也。"（《史记·魏豹彭越列传》）他经常做出一些令人啼笑皆非、不符合自身身份的事情。

《史记·郦生陆贾列传》就记载，郦生要谒见沛公，沛公就坐在床上让两个女子给他洗脚。郦生何许人也，那是开封陈留的郦食其，贤人。陈胜过陈留，郦生藏起来不见，听说沛公能成大事，来谒见，不知沛公如此无礼，无怪乎郦生不拜。《史记·黥布列传》也见这样的记载，淮南王黥布归汉，刘邦已封汉王。汉王以什么姿态来接见淮南王黥布呢？仍然是坐在床上洗脚，召黥布入见。黥布一见大怒，后悔不如不来见汉王，"欲自杀"，羞辱得无法活下去。刘邦的这种做法一不符合自己身份，二不适合要见的对象，三会引起对方极大的反感。然而，即便如此，这些人最后都还是服帖为其所用，这就是刘邦的高招，那是后话。刘邦轻慢戏弄人，不讲礼节还有更甚者：御史大夫周昌，为人耿直，官高位显，封为汾阴侯，"自萧曹等皆卑下之"，这样一位重臣去见高帝奏事，"高帝方拥戚姬，昌还走，高帝逐得，骑周昌项，问曰：'我何如主也？'昌仰曰：'陛下即桀纣之主也。'于是上笑之，然尤惮周昌"。（《史记·张丞相列传》）更有记载说，刘邦不好儒，有带着儒冠来见他的，解其冠"溲溺其中"。

我们读《史记》到这里，这些事情和一位奠定大汉王朝四百年基业的开国皇帝联系在一起，令人难以置信。但细细品味，却不觉奇怪。这一方面反映了刘邦确实在礼节上的缺失，有失身份，影响不好；另一方面也反映了这种性格带来的积极因素：他可以肆意戏弄大臣，但他也能够容忍大臣对他的不敬，比如说，不拜，大怒，甚至直接骂他为桀纣，他都能一笑了之，从不计较。查勘此前史籍，如此君王者未见有也。

如果说上面的记载是说刘邦在小节上的问题，那么，下面的两件事让人更难简单评价。

先是汉王兵败彭城，楚兵追杀甚紧，汉王家眷失散，太公、吕后皆被楚军擒获；汉王在逃跑的路上遇见儿子孝惠和女儿鲁元，上车一块逃跑，眼看楚兵越来越近，刘邦竟把两个孩子推下车，自己逃跑，幸有御者夏侯婴下车把两个孩子捡起来放在车上，"如是者三"。得脱以后，为此事汉王还要斩夏侯婴。

再有太公、吕后在楚军中为人质，楚汉两军对垒广武，当时项王部将彭越在梁地反，绝其粮道。项王有后顾之忧，就以太公、吕后为筹码，胁迫汉王退兵，如不立即退兵，就烹煮了汉王的父亲。汉王不仅不退兵，下面的一番话让我们每个读过《史记》的人都记忆深刻："吾与项羽俱北面受命怀王，曰'约为兄弟'，吾翁即若翁，必欲烹而翁，则幸分我一杯羹。"（《史记·项羽本纪》）项王怒，欲杀之。幸有项伯劝说得免一死。

怎样评价这两件事，从正面说，可能这是政治的需要，为争天下可舍小家。但从感情来说，对上振振有词说太公，如此残忍，对下接二连三坠子女是那样的无情，这样的作为似乎让人们将他与一个少情寡义、厚颜无耻的无赖形象自然地联系在一起。

也许这就是司马迁作为史学家的伟大之处。也许这样记人物，才是有血有肉的人，他展现给人们的是多层次多方面的人物侧面，是人，就不是神。这也许就是"实录"吧！也许司马迁受时代的制约，受王权所迫，将"君权神授"的神秘外纱披给了刘邦，而史官"不虚美""不隐恶"的品格，又促使他自觉、巧妙而又无情地自焚了这件外纱。

为人大度

《史记·高祖本纪》云：高祖"仁而爱人，喜施，意豁如也。常有大度"。天下大乱，与项羽先兄弟后仇人。项羽是上弑怀王、下杀无辜，城破之时不留遗类，坑杀士卒，残暴无比；刘邦先于诸侯至咸阳，秦王子婴素车白马，系颈以组降服。众人想杀掉他，刘邦不肯，招关中父老约法三章，以抚百姓。就连项羽死后"诸项氏枝属，汉王皆不诛"，实为大仁；刘邦初为亭长，当差押送劳工，于大泽中将众人释放，自己却无法回去交差，把风险留给了自己，方便让给了乡亲；楚怀王被杀，刘邦以原来天下共立缘故，昭告天下，素衣发表，共击凶手霸王，不能算不义；刘邦虽不拘小节，然大礼不失。韩信初归汉，未显其能，然而他能采纳萧何的建议，让其将兵，并择良日斋戒设坛行大礼拜将；义帝死，刘邦袒胸大哭，为义帝发丧，祭奠三日。就连项羽自刎之后，刘邦也前去祭吊，"泣之而去"。大事面前不可谓无礼；刘邦从善如流，集天下智为己智，可谓大智；天下已定，刘邦与诸大臣剖符履约，不算是无信。刘邦虽先是不喜欢儒学，但儒之倡导的仁、义、礼、智、信在他身上都有彰显，这大概也是他能挫败群雄王天下的原因吧！

二　刘邦用人

刘邦大智还表现在他的用人之道上。刘邦在用人、驭人方面颇感自豪，而且以此作为他能得天下的根本原因。《史记·高祖本纪》记载刘邦问王陵，项羽失天下，自己得天下的原因，王陵说："陛下使人攻城略地，所降下者因以予之，与天下同利也。项羽妒贤嫉能，有功者害之，贤者疑之，战胜而不予人功，得地而不予人利，此所以失天下也。"高祖曰："公知其一，未知其二。夫运筹帷幄之中，决胜千里之外，吾不如子房。镇国家，抚百姓，给馈饷，不绝粮道，吾不如萧何；连百万之军，战必胜，攻必取，吾不如韩信。此三者，皆人杰也，吾能用之，此吾所以取天下也。项羽有一范增而不能用，此其所以为吾擒也。"

的确如此，刘邦能用人、善用人，天下豪杰乐为其用，这是他的大智慧。淮阴侯韩信有才、有能，更有傲气，刘邦曾与韩信论及诸将才能。刘邦问："我能带多少兵？"韩信回答说："陛下不过能将十万。"刘邦又问："那么你能带多少？"韩信说："臣多多而益善耳。"刘邦笑着说："多多益善，何为我擒？"信曰："陛下不能将兵，而善将将，此乃所以为陛下擒也。"这一段风趣而又滑稽的对话，一方面流露出刘邦对自己用人、驭人智能的自信与自豪，同时也反映出像韩信这种不与樊哙、周勃为伍的狂傲之徒对刘邦的臣服。

刘邦用人，不拘一格

上至王公贵族，如张良、韩信之流；下至班差小吏，如萧何、曹参之辈；隐士、游侠者，如季布、郦生；市井末流、游手好闲者，如陈平、韩信；前朝旧臣，如章邯、叔孙通；势利叛将，如彭越、英布等。

不论出身，不论卑贱，不计前嫌，只要能为刘邦定天下出力者，来者不拒，留者善用，形成了一个争霸天下的庞大的刘氏集团。在这些人中，有的终生追随刘邦，为刘氏争夺天下、治国安邦立下了汗马功劳，成为奠定汉家基业的元勋，如萧何、张良、陈平、叔孙通等；也有中途叛逆，被刘氏淘汰者，但他们也在一定历史时期为刘邦的大业输入了一定的正能量，如韩信、英布、彭越等。

大浪淘沙，蕴含着人世间朝代更替、人事变迁的哲理。但刘邦为达到争天下的目的所表现出来的过人睿智值得后人效法。

刘邦用人，用人不疑

刘邦用人，用人不疑。这也是刘邦用人、驭人，众豪杰愿为之驱使的秘诀。

刘邦入关中称王四年，这四年中，多是领兵在外打仗，关中一应诸事全部托付萧何。当此时，就像后来刘邦想治萧何罪时王都尉说的一番话一样，"摇足之间，关西之地已不属汉王了"，甚至建造的豪华宫殿，刘邦都不知道，可见萧何的权力有多大，但刘邦对他没有一点戒备之心，所以萧何才得以施展才华，镇国家，抚百姓，保障部队供给，保障部队兵源。

韩信由楚投汉，刘邦对他的才能并不了解，一旦他最信任的萧何向他介绍韩信才能，他便毫不犹豫设坛拜将，将带兵大权交与这位初识之人，表现出刘邦用人无限的信任和诚意。所以，韩信愿意为其出力，攻城略地，斩将搴旗，垓下一战，彻底消灭项氏集团，为刘邦定天下扫除了最大的障碍。

陈平，乡里游手好闲之辈，人说其盗嫂，品质也有问题。先从魏王豹，又投项羽，项羽不能用，又从刘邦。刘邦遂封为都尉，使之参乘。众人说刘邦，楚之亡徒，还不了解，作为参乘不安全，刘邦却越发信任，这使陈平极为感动。陈平献离间计，让项氏君臣相互猜忌，以削弱项羽的力量。但代价是需要四万斤金，这不是个小数目，即使给他，他怎样去使用，如何监管他，都是众大臣脑子里的问号，而刘邦"以为然，乃出黄金四万斤，与陈平，恣所为，不问其出入"。（《史记·陈丞相世家》）古人云，宰相肚里行舟船，在这些事情中我们看到了驾驭宰相之人之大度。无怪乎在刘邦去世后，吕后专权，陈平为"全社稷，定刘氏之后"不遗余力。

刘邦用人，知人善任

刘邦不善用事，而善用人。他善于观察总结大臣的基本品质，如能力、素养，尤其是忠诚程度。对于每个人的优点和不足了如指掌，用其长，避其短。其临终之时的一席话可窥一斑。"吕后问：'陛下百岁后，萧相国即死，令谁代之?'上曰：'曹参可。'问其次，上曰：'王陵可。然王陵少憨，陈平可以助之。陈平智有余，然难以独任。周勃厚重少文，然安刘氏者，必勃也，可令为太尉。'吕后复问其次，上曰：'此后亦非而所知也。'"（《史记·高祖本纪》）从这段对话可以看出刘邦对大臣的性格、才能、资历等了如指掌。推荐曹参，重在资历。曹参是武将，做丞相或有缺憾，但资历深，曾在定天下后论功排次时，与萧何不相上下，且年龄与萧何几乎相当，虽为相不大合适，但可作为一个短期过渡，以镇天下。王陵才能可胜任丞相，但王陵的缺点是憨，不会变通，不灵活，陈平辅之，可称万全。后来在是否封吕氏为王问题上得到充分验证。高祖十二年春三月，为保刘氏江山永固，特别警惕吕氏弄权。刘邦在太庙与群臣杀白马盟誓，包括吕后，非刘氏不得封王，非有功不得封侯，如违此约，天下共击之。《史记·吕太后本纪》载："太后称制，议欲立诸吕为王，问右丞相王陵。王陵曰：'高帝刑白马曰非刘氏而王，天下共击之。今王吕氏，非约也。'太后不悦。问左丞相陈平，绛侯周勃。勃等对曰：'高帝定天下，王子弟，今太后称制王昆弟诸吕，无所不可。'太后喜，罢朝。王陵让陈平，周勃曰：'始于高帝喋血盟，诸君不在邪？今高帝崩，太后女主，欲王吕氏，诸君从阿意背约，何面目见高帝地下?'陈平绛侯曰：'于今面折廷争，臣不如君，夫全社稷定刘氏之后，君亦不如臣。'王陵无以应之。"也可佐证刘邦识人之深刻。周勃很厚道，但文化程度不高，可为太尉管军事，并可安刘氏，这在以后都得到了验证。

刘邦有知人之深，才有任人之善，用其所长，避其所短，隐恶扬美，方使人尽其才，士尽其用，堪称志在天下，不拘一格的大智者。

三　从善如流,积小智为大智

历代开国皇帝,从唯物史观讲,他们都是人而不是神,在他们身上都具备常人具有的东西,比如喜怒哀乐、七情六欲。与常人一样各具有其性格特征、生活习惯,但为什么这些人能从众豪杰中特立独出?大概总有他们的过人之处。刘邦也不例外,在他身上有好多不良嗜好和习惯,酒色之徒,轻慢侮人,怎么能当皇帝,殊不知在刘邦骨子里蕴藏着大智慧,那就是从善如流,积小智为大智,用小智为大智,这是他作为一代开国之君高妙所在。

司马迁写《高祖本纪》,用了一万两千多字的篇幅记述了刘邦叱咤风雨,起于布衣,终于至尊的传奇一生。阅读《史记·高祖本纪》,除了感受到这位皇帝的宏图大志外,也很难察觉到出于他自己的雄才和大略,印象最深的是他善于吸纳别人的意见。据粗略统计,仅在《史记·高祖本纪》中就记载有二十次纳谏。而阅读《史记》中的其他篇目,如描写汉初将相的《世家》及《列传》,多有与刘邦建言献策的场面,我们看到刘邦表态用得最多的一个字就是"善"字。《史记·高祖本纪》中每五百字就有谋士献策、刘邦纳谏的片段,描写西汉初年历史的其他传记中,"善"字比比皆是。刘邦善于吸纳接受别人的正确建议,我们叫他从善如流。这些点滴智慧,像一条条小溪源源不断地流入刘邦的脑海中,汇成了一个巨大的智慧海洋,对于他定国安邦驭天下起到了决定性作用。

刘邦从善有大海不择细流的胸怀,不论贵贱、尊卑,只要是有利于夺天下、治天下的话他都听,上至文臣武将、智囊谋士,下至布衣百姓,内侍家奴,一以视之。张良是刘邦的智囊谋士,常运筹帷幄,决胜千里,刘邦言听计从,查《史记》中凡子房为刘邦谋划一生,唯有一次不听,那就是刘邦易太子之事。刘邦嫌孝惠不似自己性格,又加上宠戚姬,一直想废孝惠立赵隐王如意,张良进谏,不听。因为这是家事,同时掺杂着刘邦当时浓厚的个人感情因素,刘邦在这个问题上表现得非常固执,刘邦不听,张良也不便苦谏,这样的情况,《史记》记载的只有一次。然而,太子最终还是依张良计,安排四隐士东园公、角里先生、绮里季、夏黄公与太子孝惠一起饮酒，刘邦见后大惊，遂认为孝惠有威望以天下，不再提易太子事。（事见《史记·留侯世家》）《史记·高祖本纪》还记载，义帝被项羽杀死以后，刘邦"袒而大哭，遂为义帝发丧，临三日"，并号召天下英雄共同讨伐项羽弑君不义之人。这是事关能否抓住项羽杀义帝、加强正面宣传、凝聚天下志士之心、为刘邦夺天下打造舆论基础的大事，而此等关天大事刘邦则是听从了一位叫董公的三老之一的高见。三老是一个什么官位？《史记·正义·百官表》说："十里一亭，亭有亭长。十亭一乡，乡有三老，三老掌教化。"打个不恰当的比喻，三老就相当于现在乡里分管文教的副乡长。当时刘邦已封汉王，但就这样官职卑微者的建议，他能听得进，并且采纳。《史记·高祖本纪》还记载一件事：高祖六年，刘邦行的是父子礼，五日朝拜一次太公，太公出身布衣，并不知礼。而他的家令说太公："天无二日，土无二王，今高祖虽子，人主也；太公虽父，人臣也。奈何令人主拜人臣！如此，则威重不行。"后来高祖再来朝拜父亲，太公就抱着扫帚到大门口迎接，倒退着行走，高祖大惊，下车搀扶着太公，问他怎么这样呢？太公就把家令的一番话说给刘邦听，并说："怎么能因为我乱了国家的法度呢？"刘邦听后觉得这是建立国家法度的一项内容，他们说得很有道理，所以就封太公为太上皇，赐给家令五百斤金子。

　　至于隐者、降将，哪怕是初次相见，只要觉得他们的建议有道理，于政有利就采纳，可见胸怀若大海，才是大智慧。刘邦采纳别人建议，不但不讲对象，不讲身份，而且不讲场合，不论条件，不怕丢面子，不怕失身份。我们读《史记》，大致归纳了以下几种情况：第一种情况是在他争夺天下的历史进程中，身边谋士如张良、陈平、萧何、周勃之流，随时为其出谋划策，刘邦采纳大家的智慧，把握斗争的方向，制定斗争的措施，取得一个又一个胜利。这在《史记》中例子颇多，不再赘述。第二种情况是对于来访献策的对象没有信心，没抱多大希望，所以慢待访者，甚至做出无礼的举动。在这种情况下，一旦听到有理的建议，刘邦总是不怕尴尬，不怕丢面子、失身份，马上换一副姿态，礼贤下士。比如与郦食其第一次相见，刘邦对这位无名之士不抱希望，一面洗脚，一面接见，何其无礼。等到郦生说，足下一定想诛灭暴秦，怎么能对贤士这样无礼？于是刘邦穿上衣服道歉，并请郦生上座，何等尴尬！但就因为他不怕丢这个面子，郦生才献奇计袭陈留，刘邦采纳其建议，遂得大批军粮。前面提到第一次见降将英布也是如此。刘邦称帝后，总感觉萧何权太重，恰好萧何向皇上请求让百姓到上林苑种田，刘邦大怒，怀疑萧何收了人家财物才替人说话，于是把萧何交给廷尉治罪。王卫尉问："丞相犯了什么大罪，如此严厉惩罚他？"刘邦说："我听说秦朝李斯为丞相，有功都归到皇帝身上，有罪自己承担，如今萧何收别人的好处，让人占我的上林苑，向百姓讨好，所以治他的罪。"王卫尉说："身为宰相，如果为百姓争取对百姓有利的事，那才是宰相应该做的事情，你怎么能怀疑他收了人家的好处呢？过去你和项羽打仗的时候，萧何常留关中，那个时候如果他一摇脚，函谷关以西的地方早就不是陛下的了。那时他不去贪钱，现在还会去敛财吗？况且李斯的做法并不可效法，那秦王正是听不到自己的过错才导致国家灭亡的呀！"刘邦无言以对，当天就释放了萧何。萧何一向恭谨，光着脚去见刘邦谢罪，刘邦厚颜狡辩说："年龄大了，可别这样。你为百姓请占我的上林苑我不给，那我简直就是桀纣，而你是贤相，我拘禁你，并不是为了治你的罪，而是想让天下知道我的过失。"（事见《史记·萧相国世家》）

　　尽管刘邦轻松地用很难令人信服的理由把这档事给抹过去了，但我们通过刘邦堂而皇之的语言，或可窥测他的内心世界，他认识到这事办砸了，一是为皇家私利得罪百姓，二是这种方法使忠臣良将心寒，为天下笑。知道错了，就要纠正。作为一代帝王，不管怎样，能听进别人的劝说，知错能纠已不多见。

　　第三种情况是在有的事情上，刘邦已有自己主张，甚至非常坚定，但当有人给他出谋划策，而谋者观点又恰与他的相反时，他会琢磨是否有理，是否有利于王天下，觉得有理，他就马上来一个一百八十度的大转弯，改变自己的观点，采纳别人的观点。比如萧何荐韩信，刘邦就很恼火，然而，一旦萧何说出争天下必需此人，刘邦就以大礼拜将；萧何在关中建宫室甚是奢华壮观，刘邦又是大怒，天下未定，怎么这么奢靡，萧何说：这是威严的象征，你想王天下，树皇威，没有这不行，刘邦转怒为喜；刘、项鸿沟划界后，刘邦欲入关中，认为可罢兵休息了，而张良等出主意，这正是消灭项羽的好机会，刘邦则率兵又东进，结果形成垓下决战的战略态势。

刘邦善于吸纳别人智慧，服务于自己的事业，实在是一个大智之人。刘邦打天下，关键的几步都是听取别人谋划的结果。在定都问题上，是都洛阳，都关中，齐人刘敬说以利弊，刘邦认为刘敬说得有理，遂都关中，为刘邦统一天下奠定基础；刘邦先破咸阳，是占据宫室，掠夺财货或是还军霸上，约法三章，刘邦采纳了萧何、张良的建议，以收天下之心。刘、项鸿沟为界，战与不战，纳张良之谋，成为争霸局势的大转折。

《史记》中记载项羽谋士不多，够重量级的当为亚父范增，但几个关键的时刻范增献计"不听"，最终不用。更有一事可证刘项天地之别，鸿门宴后，项羽西屠咸阳，杀王子婴，烧秦宫室，收其财货妇女而东，有人说项王："关中阻山河四塞，可都以霸。"项王则说："富贵不归乡，如衣锦夜行，谁人知之。"献策者讥讽为"沐猴而冠"，却被项王给油炸了。这大概就是大志与小志、大智慧与小智慧的区别吧！读《史记》我们会发现，字里行间充满了智慧，智慧与智慧的撞击，推动历史前进，同时也分出优劣、大小。大智慧战胜小智慧，这符合自然界优胜劣汰的法则，《史记》里这种现象比比皆是。刘邦把萧何、张良、韩信作为辅佐他打江山的三大能人，三者都是智慧之人，但他们的斗争也显优劣，"成也萧何，败也萧何"说的就是萧韩智慧之争。

我们读《史记》，一方面看到的是一生受人诟病的刘邦，从这个角度看刘邦，刘邦甚至不如一个常人；另一方面领略的是刘邦的虚怀大度、海纳百川的胸襟，用尽天下能人、驾驭天下能人的大智慧，将这二者集于一身，这就是司马迁以"实录"精神塑造的汉高祖。

第三讲

智慧的较量

——成也萧何，败也萧何？

  智慧，本身就是一个非常抽象的名词，它摸不着，看不见，不可权衡，不可斗量。隐藏在每个人身上，而不与人的身份、相貌、地位、年龄等相匹配。《史记》说陈平是一个美男子，满脑子智慧；晏婴虽矮小，满身却都是胆识与智慧；张良一生运筹帷幄，决胜千里，靠的是智慧。司马迁写完了《留侯世家》后说：他以为张良高大魁梧，是一条壮汉，等看到张良的画像后才知"状貌如妇人好女"。既然说智慧不可权衡，不可斗量，那么，为什么我们还要分个大小呢？因为它是一个相对的概念，最重要的是智慧与智慧较量的结论。我们这一讲讲的是秦汉之间为推翻暴秦，平定天下，为建立大汉立下汗马功劳的三巨头中的两位——萧何与韩信。

  "成也萧何，败也萧何"，讲的中心人物是萧何，实际更重要的说的是韩信，说的是二者的依附关系。没有韩信，这个命题就无基础；没有萧何，成也，败也，也无从谈起，这一成语也就不存在。成也萧何，败也萧何，也是一对矛盾对立的统一，展现的是二者的大智大慧。智慧较量的同时，也客观地分出了智慧的大小与高低。

  "成也萧何，败也萧何"，也成固定成语，如果考究这一成语本身的内涵，细读《史记》后，笔者认为只说对了一半，那就是"成也萧何"。后半句应说是"败也韩信"。为什么这样说呢？那是后话。

一　成也萧何

玉成韩信，或者说使韩信成就伟业者是萧何。这里要讲的是萧何的智慧与谋略，但展现萧何的智慧谋略又是以韩信为基础的。那我们就不得不先说一下韩信。

韩信潦倒落魄的前半生

《史记·淮阴侯列传》载：韩信，楚州淮阴人，家贫无行，又不会做生意和从事其他生计。寄食人家，人多厌之者，寄食南昌（《楚汉春秋》作新昌）亭长家，白吃白喝，数月。“亭长妻患之，乃晨炊蓐食。”（《史记集解》：张晏曰：“未起而床蓐中食。”意谓不让韩信见到就吃过饭了）偶遇一位洗衣服的老太太，看他可怜“饭信，竟漂数十日”。信喜，谓漂母曰：“吾必有以重报母。”母怒曰：“大丈夫不能自食，吾哀王孙（犹言公子）而进食，岂望报乎！”《史记·淮阴侯列传》中还记载，淮阴屠户中有个年轻人侮辱韩信说：“你虽然个子大，又经常好挎一把刀剑，但是，你的内心很怯弱。如果你不怕死，你就刺我一刀；如果你怕死，就从我胯下爬过去。”韩信仔细打量了一下对方，然后竟俯下身从他胯下爬了过去。满街的人都讥笑韩信，认为他胆怯怕死，没有一点骨气。由此可见，在人们的心目中，二十岁左右的韩信是一个游手好闲、厚颜无耻的街头混混。

项梁于秦二世元年七月起事，率八千子弟渡江。韩信仗剑从梁，为无名小卒。等到秦军大将章邯于定陶（山东曹州）杀死项梁，韩信又属项羽部下，作为项羽的侍从官。曾为项羽出谋划策，项羽不听其计。当此时，项羽和刘邦同尊楚怀王（秦灭六国，楚怀王适秦一去不返，被秦扣留。一位叫楚南公的楚国道士献计于项梁，说江东人之所以拥戴你，是因为你项家世代为楚将，他们对你有复国的期望。不如寻找楚怀王之后再立为王，更有号召力。项梁听其计，在民间找到楚怀王的孙子名心，当时其正在为他人放牧，遂立为楚怀王），各领一军与秦作战，并约定先亡秦者封王关中。刘邦走了捷径，由山东、河南直接入关中，破咸阳，灭掉了秦朝。而项羽势力强大，奉命救赵，绕道河北，迟到咸阳。项羽一肚子怒火，所以杀皇帝，烧秦宫，抢财货，以为自己千辛万苦，绕道河北，经历了巨鹿苦战，解救了赵国的危难，斩杀了秦大将王离。而刘邦却不费气力而先至咸阳，所以又把满腹怒气转移到刘邦身上。但刘邦没做错事，灭秦后，不偷不抢，系子婴，封府库，约法三章，还军霸上，静等项羽处理。项羽有气而抓不到刘邦的把柄。项羽杀二世，烧宫阙，抢金银，仍觉发泄不够，所以听范增之计，就摆下了鸿门宴。若非项伯与张良谋，刘邦定死无疑。按约，刘邦应被封为关中王，而项羽却把他封为汉王，项羽东归自封西楚霸王。刘邦西入封地蜀，韩信从楚军中逃跑归了刘邦。刘邦就不知道有一个叫韩信的人。《史记·淮阴侯列传》说"为连敖"坐法当斩。"连敖"是什么人？《史记索引》说是一个小官名。有人说相当于司马之类的小官。这个事情一共牵涉十四个人，前面十三个人都被杀了，轮到韩信，韩信看看监斩官夏侯婴说："'上不欲就天下乎？何为斩壮士！'滕公奇其貌，壮其言，释而不斩，与语，大说之。"（《史记·淮阴侯列传》）以为他口气不小，形貌英俊，就释放了他。交流之间，觉得韩信很有见地，就把这种情况说与汉王，汉王任命他为治粟都尉（管粮食供给），但并不觉得他有什么与众不同的地方。也就是说，当时刘邦已称汉王，萧何已为宰相，张良为军师，而韩信还未得住势，不为重用。因此，才有韩信的再次逃跑，才有萧何与韩信的成败之说。

萧何慧眼识才

韩信被任命为治粟都尉，得以有机会和大总管萧何接触，这是他的幸运。"信数与萧何语，何奇之。"谈的次数多了，萧何觉得此人有才，有奇才，不得了！怎么不得了？在萧何看来，韩信有吞吐宇宙、经纬天地之才，在群雄并起的乱世，非此人无以争天下。可见萧何是站在平定天下这一战略高度去分析、认识这位军事家的才能，从本质上认识他在楚汉相争中的地位和作用的。这种见识是大胆的，是超前的，实践证明也是准确的。只有大智大慧者才有这样的卓识和胆识。因此，我们说萧何的眼睛是一双充满智慧的眼睛。

萧何慧心爱才

韩信有些性急，认为自己已经把用兵思想和理念都给汉王最红的臣宰交了底，想必臣宰早就应该给汉王汇报了，汉王既然知道了，到现在仍不重用他，那他在这里待下去也就没什么意义了。于是，就逃跑了。《史记·淮阴侯列传》有这么一段记载："何闻信亡，不及以闻。自追之。人有言上曰：'丞相何亡'，上大怒，如失左右手。居一二日，何来谒上，上且怒且喜，骂何曰：'若亡，何也？'何曰：'臣不敢亡也，臣追亡者。'上曰：'若所追者谁何？'曰：'韩信也。'上复骂曰：'诸将亡者以十数，公无所追，追信，诈也。'何曰：'诸将易得耳。至如信者，国士无双。王必欲长王汉中，无所事信，必欲争天下，非信无所与计事者。顾王策安所决耳。'王曰：'吾亦欲东耳，安能郁郁久居此乎？'何曰：'王计必欲东，能用信，信即留，不能用，信终亡耳。'"

这就是后世流传的萧何追韩信。这段描写包含三层寓意：其一是他坚信自己对韩信的判断，悔恨自己在韩信问题上的疏忽，所以时间仓促，来不及跟别人说，作为丞相身份，亲自追韩信。至于能否追回，和追回来汉王用与不用，好像是萧何已成竹在胸，他相信自己的智慧。其二是萧何怎么样追上韩信，而又怎样劝他回来。《史记·萧相国世家》及《史记·淮阴侯列传》均未记载。根据上面提到的"居一二日，何（才）来谒上"，说明萧何追韩信也费了一番功夫。民间传说萧何月下追韩信几去几返：第一次追上了，看见韩信在一个山坡上睡觉，姿势是头向下，脚朝上，认为信愚，返；回来一想不对劲，又去追，追上以后，又见韩信脸朝下风头大便，认为信傻，又返回来；回来还觉得不对劲，就又去追，因此才误了几日。这个传说不知何据，一是说明萧何费了一番周折，二是说韩信智慧战胜了萧何智慧，两者都无凭据。其三是萧何追韩信非常自信，一是说能追上，二是回来肯定能用，也一定能让汉王重用。因此，我们说萧何追韩信自始至终是用"心"去追的，这种用"心"去做的事情基于对韩信大才的爱。

萧何大智荐才

汉王从关东起事，所从者多为关东之人，称王入蜀后，将士思乡逃亡者甚多。韩信是从楚投奔过来的无名小卒，又犯法当斩，幸遇夏侯婴不斩而荐，得为治粟都尉小官。在汉王看来，已经很便宜他了，跑了再任命，无甚可惜，有他无他无关紧要。萧何之所以亲自追赶，已经为推荐韩信并为汉王重用做了铺垫。什么人能让丞相这么重视？所以当萧何谒见汉王时，汉王问萧何，萧何回答说，追韩信去了。刘邦不信，说是萧何"诈也"。继而当汉王问及那么多人逃跑你都不追，唯独就追一个韩信？萧何说"国士无双"。这就把韩信的重要性提到了独一无二的高度。接着又抓住刘邦欲王天下的心理说服汉王，让汉王一下子对韩信产生了浓厚的兴趣，并给予高度重视。不但要留下来，而且看你的面子封他为将。至此，萧何的荐才目的并没有达到，只封他为将，人不能尽其才。所以萧何说："虽为将，信必不留。"王曰："以为大将。"何曰："幸甚。"萧何以其足够的智慧达到了荐人的目的。用什么方式任命呢？《史记·淮阴侯列传》还有一段记载："于是王欲召信拜之。何曰：'王素慢无礼，今拜大将如呼小儿耳，此乃信所以去也。王必欲拜之，择良日，斋戒，设坛场，具礼，乃可耳。'王许之。"萧何说拜将要隆重，要设大礼，以显大王诚意。否则，你还留不住人。萧何要把一个无名之辈一下子推到三军统帅的宝座上，靠的是什么，靠的是他对两个人的了解：一是对韩信军事才能的了解，此人堪当大任，能成大事。萧何自信自己没走眼，否则也不敢推荐，即使被重用，也恐误大事。二是对汉王的了解，从汉王起事始萧何就一直追随左右，他对汉王的志向、性格特征了如指掌。为霸天下，他不拘一格用才，为王天下，他能够听进别人意见，从善如流。靠这两点，萧何用他的智慧一步一个脚印，每句话都能打动汉王的心扉。先是亲自追，以示韩信之才非同一般；再言国士无双，明确指出韩信的才能；再说如果只想当汉中王可以让韩信走，如果想王天下，就一定要把他留下来。这就设了一个机窍，抓住刘邦要王天下的心理，引诱刘邦进入他的圈套，使之不留都不行。留下来再说用，"能用信，信即留，不能用，信终亡耳"。既然把他留下来，不用留他干什么？继而萧何又说，即使任命为将，他还是不会留在这里。前提是要担当争天下大任，一个普通将官能行吗？逼着汉王说出"以为大将"四个字。萧何荐韩信的描写，虽然没有几句话，但字里行间充满了这位丞相的智慧。自始至终萧何都处于主动地位，汉王处于被动位置，萧何是巧设机窍，一步一彀，步步为营，汉王是钻进萧何设的机窍，步步后退，最后达到萧何荐贤之目的。这一切都基于萧何对汉王的熟知，但又有谁能说这件事不是"智慧"二字的杰作呢？

萧何成就了韩信

韩信称将后，首先给汉王分析天下形势，指出项羽有三大弱点，一是匹夫之勇，二是妇人之仁，三是失去民心。看起来很强大，其实很容易变弱。接着献计让汉王东向入关中为王，关中百姓都很恨项羽封的三个降将章邯、司马欣、董翳〔当时项羽从范增计，封刘邦为汉王，王巴蜀汉中，都南郑；封秦降将章邯为雍王，统治咸阳以西，都废丘；封司马欣为塞王，王咸阳以东，都栎阳（今西安市）；封董翳为翟王，王上郡，都高奴（即延安）〕。秦人暴虐，而大王得咸阳后约法三章，你现在在汉中称王，三秦人都很遗憾，如果你入关中称王，秦人都拥护你，支持你，那你夺取关中就很容易了。韩信从统一天下的高度，鞭辟入里地对地域、人事等方面进行了分析，指出了其中的利弊得失，提出了统一天下的政治、军事主张和宏远的战略思想。汉王非常高兴，自以为得信晚，遂采纳韩信计东击三秦。

汉王元年（公元前206年8月）拜韩信为大将军，率兵出陈仓（今宝鸡市陈仓区），平定三秦。汉王二年（公元前205年）出函谷关（灵宝）继续东进，收复山西、河南，联合齐、赵，共五十六万军队击楚。四月兵败彭城（徐州），韩信收兵与刘邦会荥阳，楚不得西进。汉王二年八月，以韩信为左丞相袭魏安邑（运城），虏魏王豹。又率兵东进北袭，九月破代兵（现河北蔚县附近）。汉王三年（公元前204年）与赵军大战井陉口（山西太原附近，在并州东），破赵军，擒赵王歇；听广武君之计，发书燕王，燕王归汉。汉王四年（公元前203年），东击齐国，齐王田广与楚将龙且率二十万大军救齐。韩信水淹楚军，杀龙且，楚全军覆没。汉四年平定齐国。汉五年正月尊汉王令用兵垓下（安徽灵璧县），一举灭楚，建立了不世之功。成就韩信此功者，当是萧何也。

二　败也萧何？

　　萧何确实没有看走眼，韩信也确实是一位卓越的军事家。他独具宏远战略思想和超凡的战争智慧，不愧为一代名将。秦汉之际与黥布、彭越并称三大将。无怪乎刘邦把他与萧何、张良并列，任命为大将军兼左丞相，在张良之上。大将曹参在他身边只能做个配角。韩信拜将后，未出汉中就已定三秦。以巴蜀汉中为依托，东进关中，无后顾之忧。再以关中为中心，向东进军争天下，无兵源之忧，无供给之忧，拥肥沃之地，据函谷之险，进退从容，蚕食天下。这种思想不可谓不宏大，也不可谓不智慧。

　　我们粗略回顾韩信进兵路线图，先定三秦，再破魏、代，灭赵国，定齐国，使燕顺从，垓下一战灭楚，短短四年时间使他的战略思想付诸现实。《史记》在描写韩信历次大的战役中，都突出他的战争智慧和谋略。如掳魏王豹，用声东击西计，明是兵进临晋（临汾），实则偷袭安邑（运城），魏王上当被虏；攻赵，赵国认为韩信是劳师袭远，兵力又少，且道路狭窄，粮草难继，必败无疑。韩信也看到了这一点，汉军处于劣势，利在速战，因此，背水陈兵，使将士有陷之死地而后生的敢死状态，诱敌出城，出奇兵夺其城池，大败赵军于井陉口（古关隘，在今河北省井陉县境内），虏赵王歇；灭了赵国后，如何继续进兵燕国，并以疲惫之师取得攻打燕国的胜利，确实是一个大难题，于是，他问计于赵国降将广武君，当广武君不肯献计于他时，韩信屈尊真诚地多次求教，最终以广武君之计，以不战而屈人之兵之法，使燕不战而归顺；韩信战潍水，一条河足以抵得上十万兵，用奇谋使楚军全军覆没。韩信平齐国，楚派大将龙且救齐，韩信击龙且，诈败，龙且渡潍水追之，半渡，信决壅袋，龙且军大半被淹死，杀龙且；垓下之战，以四面楚歌，涣散楚之军心之计，大破项羽等，应该说韩信凭自己的军事智慧和谋略，横扫天下，走向了他人生的顶峰。

　　那么，这样一个大军事家，大智大勇之人怎么就败亡了呢？"成也萧何，败也萧何"，难道还是萧何让他灭亡的吗？《史记·淮阴侯列传》确实有记载：汉十年，陈豨反，高祖率兵平叛，韩信欲为内应，"信乃谋与家臣夜诈诏赦诸官徒奴，欲发以袭吕后、太子。部署已定，待豨报。其舍人得罪于信，信囚，欲杀之。舍人弟上变，告信欲反状于吕后。吕后欲诏，恐其党不就，乃与萧相国谋，诈令人从上所来，言豨已得死，列侯群臣皆贺。相国绐信曰：'虽疾，强入贺。'信入，吕后使武士缚信，斩之长乐钟室"。的确，非萧何韩信未必入宫祝贺，非萧何韩信未必被擒，韩信被杀从某一角度讲，死于萧何之手。但仔细考察，或许给出另一个答案。

韩信王齐是他败亡的开始

汉四年，韩信平定了齐国，并灭楚二十万，杀楚将龙且，重创楚军。至此，他已横扫了北方大部中国，特别是平定齐国之后，他的居功自傲的思想极端膨胀，加之齐国地广粮足，所以，他的脑子就不再那么清醒，"使人言汉王曰：'齐伪诈多变，反复之国也，南边楚，不为假王以镇之，其势不定，愿为假王便。'"韩信是在什么样的形势下称王的呢？项羽因有彭越的后顾之忧，与汉王划鸿沟为界，中分天下。而刘邦表面应诺，实则用张良、陈平计继续东进击楚，在阳夏与韩信、彭越有约，围攻项羽。然而，韩信、彭越负约未至，致使楚军反过来攻击汉王，汉王被困于荥阳，而韩信恰在这时派人送来了要自封为齐王的书笺，可以想象汉王当时的心境。于是汉王见韩信书，大怒，骂曰："吾困于此，旦暮望若来佐我，乃欲自主为王！"张良、陈平蹑汉王足，汉王方悟，又大骂说："大丈夫定诸侯即为真王耳，何以假为！"遂封为齐王。（事见《史记·淮阴侯列传》）

虽然韩信得以封王，但看汉王的态度是"大骂"，《史记·高祖本纪》中说"欲攻之"，可见汉王对韩信自求封王之事怀恨于心，只是碍于当时的形势，诈作允许。韩信的爵位提升了，但汉王对他的信任度却降低了。况且张良、陈平两脚下去，就有一篇令人难以读懂的文章。笔者认为这应是韩信败亡的开始。这开始的一笔不是萧何握的笔，而是韩信自己书写的。

两次接见说客，思想犹豫，是韩信走向败亡的继续

韩信称王以后，盘踞山东，势力大壮，骄色已露，天下都能察觉出

来。常言道，"苍蝇不叮无缝的鸡蛋"，于是乎就有两位说客劝说韩信造反，脱离刘邦，自霸一方。第一个说客叫武涉，是楚王派去的。武涉见了韩信说："当初我们都被秦的暴政害苦了，所以，天下齐心攻秦。现在秦国灭亡了，项王和汉王都有一块领地，并且称王。但汉王背约（以鸿沟为界）向东用兵，是想独吞天下，汉王贪得无厌，况且汉王几次都在项王的掌中，想杀死他很容易，只是项王仁慈可怜他，给他留了条活命，他反而又来攻打项王，可见这个人根本不守什么信用。齐王你认为与汉王交情很深，不然。现在是有项王在，你还能保命，若项王被灭，下一个肯定是你了。现在天下归谁所有，权在你齐王，你这一砝码放在哪一头，哪一头取胜。为什么不和项王讲和，宣布独立，成三分天下之势呢？"韩信说："我当年在项王部下当差，言不听，计不从，官位很小，所以我才投奔了汉王。汉王授我大将军印，拨给我大批部队，言听计用，所以我才能有今天。人家那样待我，我背叛人家是不祥之兆，这事我不能干，替我谢谢项王。"这次游说韩信虽然接见了武涉，且感谢项王好意，但不背叛汉的态度很坚决。

第二个去游说的人叫蒯通，此人是齐国的辩士。读《史记》常遇见此人，尽干坏事，司马迁对他评价不佳。蒯通采取的是另一种方法向韩信进攻。蒯通是以一位相面的术士，见了韩信。韩信问蒯通相术，蒯通说，万无一失，非常准确。韩信斥退左右让蒯通为其看相。蒯通说："相君之面，不过封侯，又危不安。相君之背，贵乃不可言。"韩信问其故，蒯通阐明了他的几个观点：第一个观点是，现在秦已灭，约好是以鸿沟为界平分天下，可汉王还要战争，百姓苦不堪言，谁能结束这种局面？只有您齐王，您虽属汉，必被汉王灭，归楚得不到楚的信任，只有三分天下，老百姓才能不受苦。这是上天赐予您机会，如果不听上天的，可能会遭殃。

这番劝说与武涉的说辞类同，并无新意，只是把相面作了两个背景，以天意作为终结。齐王韩信仍以刘邦的知遇之恩故不愿叛汉。

蒯通第二个观点是：立功名而身必死，野兽尽而猎狗烹。旁征博引，联系韩信功高震主，名高天下，他是很危险的。韩信说："先生休矣，吾将念之。"至此，韩信效忠大汉定天下的决心、忠心和信心开始有些动摇了，这将是一个极端危险的信号。

之后，蒯通见韩信没有动作，便又一次见韩信。这次见韩信主要是催促他早下决断，其观点就是当断不断必受其祸，机不可失，失不再来。"韩信犹豫不忍倍汉，又自以为功多，汉终不夺我齐，遂谢蒯通。"（事见《史记·淮阴侯列传》）

两次接见说客已经暴露出了这位大军事家致命的弱点。一是居功自傲的思想锋芒已现；二是对汉王忠贞不贰的决心已经动摇；三是左右不定，犹豫不决的政治态度暴露无遗。因此，我们说韩信是一位名副其实的军事家，而不是一个合格的政治家。这就预示着他可能在军事上取得一连串的胜利，而在政治谋略上要打折扣，随着战争结束，进入政治斗争的轨道，他的失败是不可避免的。

不听中央调遣，拥兵自重，使韩信向败亡又滑近了一步

关于韩信不听中央调遣，《史记·淮阴侯列传》中只说："汉王之困于固陵（固始），用张良计，召齐王信，遂将兵垓下。"《史记·留侯世家》也记载："其秋（汉四年），汉王追楚至阳夏南，战不利而壁固陵，诸侯期不至。良说汉王，汉王用其计，诸侯皆至。"这两条记载中都说汉王用张良计策，然后诸侯军才至垓下。后者比前者多出一个背景——"期不至"。那么中央调动韩信、彭越等诸侯为什么还要用张良计呢？这就透露出当时中央与诸侯之间微妙关系的信息。《史记·项羽本纪》对这件事记述较详细："汉五年（《留侯世家》和《项羽本纪》同时记载一件事，但一是说汉四年秋，一是说汉五年，疑作者笔下误，应是汉五年），汉王乃追项王至阳夏（太康）南，止军，与淮阴侯韩信、建成侯彭越期会而击楚军。至固陵，而信、越之兵不会。楚击汉军，大破之。汉王复入壁，深堑而自守。谓张子房曰：'诸侯不从约，为之奈何？'对曰：'楚兵且破，信、越未有分地，其不至固宜。君王能与共分天下，今可立致也。即不能，事未可知也。君王能自陈以东傅海，尽与韩信；睢阳以北至穀城（山东东阿），以与彭越：使各自为战，则楚易败也。'汉王曰：'善。'于是乃发使者告韩信、彭越曰：'并力击楚。楚破，自陈以东傅海于齐王，睢阳以北至穀城与彭相国（魏国相）。'使者至，韩信、彭越皆报曰：'请今进兵。'于是皆会垓下。"

这段记载有四层意思：第一，交代了这个事件的背景，那是汉王背鸿沟之约，东进追杀项羽，到阳夏作了军事部署，汉王从西向东，韩信从东向西，彭越由北向南，以垓下为战役圆心，夹击项羽。第二，由于韩信、彭越不执行中央军事命令，以至于刘邦孤军作战，反被楚军困于固始。第三，用张良计来促使诸侯完成这一战役部署，形成合围楚军的态势。第四，以割地为代价使兵会垓下，达到了战役部署之目的。

这四层意思也能给我们透露几条信息。其一是中央指挥不灵，对手握重兵的诸侯有时无可奈何。其二是韩信之流，居功持重，霸据一方，有能力与中央对抗（刘邦出陈仓定关中带兵五十四万，后分韩信三十万），但又不敢完全挑明关系，阳奉阴违。执行中央命令会讲条件，讨价还价，甚至不顾汉王安危，按兵不动。这绝非忠臣所为，汉王心如明镜，恨之入骨，只是权且忍耐。君臣关系如此，韩信岂有不败之理。因此，《史记·淮阴侯列传》说："项羽已破，高祖袭夺齐王军。汉五年正月，徙齐王信为楚王，都下邳。"这就不奇怪了。以至于到汉六年，有人告信反，但《史记》中没有记载他反的证据，仅据此，汉王用陈平计于陈州将其逮捕，押送长安，也就很自然了。冰冻三尺非一日之寒。

与陈豨合谋反汉，是韩信败亡的终点

陈豨，高祖部将，有功。官任赵相，将兵代地。

韩信被捉，押到洛阳就被释放了，汉王没想杀掉他，只是夺了他的兵权和王位，封为淮阴侯。然而韩信祸心不死。陈豨拜为赵相，向韩信辞行，韩信拉着陈豨的手说："你的属地是屯兵的好地方，你又是陛下的宠臣，如果有人说你反，陛下肯定不信，但有人说三次，陛下肯定大怒，亲自带兵讨伐。到那时，我从长安起事，里应外合，大事可成。"

汉十年，陈豨果反代地。刘邦亲率大军征讨。韩信又和陈豨勾结，来个里应外合。所以韩信就开始布置，与家臣一起以假诏释放一些徒奴、罪臣，袭击吕后、太子。完后就等陈豨的消息。事该败露，韩信的家奴曾被韩信囚禁，心怀怨恨，使其弟将此情况报告给吕后。吕后想捉拿韩信，恐怕他不就范，与萧何谋，萧何献计：就说有人从刘邦处来了，说陈豨已被皇帝斩杀，让列侯都去祝贺。韩信接到通知后，推托身

体不适，不想入宫祝贺。萧何劝韩信，就是身体欠佳，也要入贺。信入贺，吕后使武士捉拿韩信，遂斩之于长乐宫钟室。可怜这样一位叱咤风云的一代名将，就这样死于吕后、萧何之手。临斩之前，韩信说："吾后悔当时不用蒯通的计策，到现在被一个女子欺骗。其非天哉！"遂夷信三族。

韩信临死前的一悔一怨，是其智慧的枯竭，也是他生命的终结。捉拿韩信非萧何谋可能不会这么顺利。但我们相信即使没有萧何，韩信也绝不会成功，试想当手握重兵百万时，汉王玩他于股掌之中，更何况是现在这种情况呢？谋反，只能为他的败亡迅速画上一个句号。

韩信的死，最直接的原因是萧何用计捉到他，从这个角度讲，"败也萧何"讲得没错。但考察他败亡的四部曲，我们说"败也萧何"只是表面的，直观的，实质上韩信的败亡不是因为萧何，而是因为他自己。

第一部曲，自封齐王。这是悲剧的开始，汉王与诸将白马之盟，异姓封王者，天下共击之。韩信虽然率兵百万，横扫大半个中国，但论对大汉的功劳和资历，都无法与萧何和张良相比。刘邦在谈到这三个人时把萧何放第一，张良放第二，韩信充其量放在第三位。且萧何居巴蜀，后移关中，摇足可使函谷关以西归己有，但萧何忠心耿耿，谨慎行事，不争不要；张良功大，汉王封他齐地，食三万户，但人家只要留地，相比之下，一狂一慎，不仅是性格的对比，更重要的是智慧的较量。

第二部曲，两辩士游说后，忠于大汉的思想动摇，这是致命的危险，这比自封齐王更危险，向败亡的深渊滑了一大步。

第三部曲，不听调遣，有违汉王之命，这是在行动上实践了他第二步的思想。与中央对抗，讲条件，那确实不是智慧，应该说这属于一种混沌和愚昧。

第四部曲，与陈豨合谋造反。大形势天下已定，群雄或俯首或消亡，韩信手无兵权，侯不过淮阴，陈豨虽居北地用兵之所，但毕竟是弹丸之地，用弹丸之地与天下较量，用一个无职无权之人与皇帝较量，那简直是太幼稚，太无知。

按照这个思路分析，从本质上说，韩信并不是败在萧何手中，而是败在他自己手中，那我们是否可以说"成也萧何，败也韩信！"

司马迁在《淮阴侯列传》中这样评价韩信："假令韩信学道谦让，不伐己功，不矜其能，则庶几哉，于汉家勋可以比周、召、太公之徒，后世血食矣。不务出此，而天下已集，乃谋叛逆，夷灭宗族，不亦宜乎！"

司马迁点出了韩信性格上的三个缺陷：一是不谦让，狂傲不已；二是炫耀自己的功劳；三是矜夸自己的才能。这三点，虽然都属于性格方面的问题，但在封建社会，尤其是斗争非常复杂的官场及朝廷都是取祸之源。这是没有政治智慧的表现。司马迁还尖锐地指出，在天下已定的时候去图谋叛乱，祸由自取，那是没有保全宗族及自身智慧的表现。

不管是说"成也萧何，败也萧何"，或者说是"成也萧何，败也韩信"，都说明韩信智慧的不及。

人的智慧有不同的表现形式，或者说智慧蕴含在人的不同的处世方式中，司马迁说韩信狂傲不知道忍让，最终祸及其身，那是不智的表现，相反，一定条件下的忍让也是智慧。

忍让也是智慧——小不忍则乱大谋。

第四讲

戒贪节欲，全身远祸（一）
——论范蠡

　　贪和欲是人生路上的一大关口，一大险口。能够顺利逾越此关者，我们称其为智者；陷入此关不能自拔者，甚至因此而身陷囹圄，危及生命者，不论官有多大，位有多高，权有多重，名有多远，都不可称之为智者。那么，究竟什么是贪，什么是欲呢？汉代许慎的《说文解字》："贪，欲物也。"《康熙字典》将古代对贪的几种解释并列出来："《释名》：贪，探也。探入他分也。《诗·大雅》：贪人败类。《礼记·礼运》：用人之仁，去其贪。王逸注《楚辞》：爱财曰贪。"《说文解字》对"欲"的解释是这样的："欲，贪欲也。"可见，贪、欲二字在一定程度上是互解的。贪，从贝。古代以贝壳为货币，至秦废止。贪和财物有关系。欲，从欠，谷声。谷物不足，有满足的要求，谓之欲。看来在古代，虽然贪、欲二字可以互解，但从本义上看二者还是有区别的。贪，是已经具有良好的经济基础，但还不满足，不是需要，而是"爱财"。古书上对这类人也不齿：说是败类，划到了"仁人"之外。而欲是欠谷物，要求补上，二者在量和质方面都有区别。

　　我国汉字及字、词义随着时代的发展而不断丰富，汉代许慎对"贪""欲"的解释显然与现在这两个字的含义有很大差别。现在对贪的解释范围很广，但基本意思是：求多，不知足。与"贪"组合到一起的词多数为贬义。如贪婪、贪污、贪财、贪权、贪名、贪色、贪得无厌、贪赃枉法等。对"欲"字的解释意义更广，有褒义词，如求知欲等；有中性词，欲速不达、"欲取之，先予之"等；更多的词组是贬义，如利欲、名欲、权欲、情欲、贪欲、欲壑难填等。我们在这里讨论

"贪"和"欲"二字，认为贪侧重质，而欲还有量的区分。在现代社会中，贪已触动了社会底线，戒贪者毫不含糊地说是智慧之人；欲既然还有量的区分，那么看怎样把握"欲"的度，是智与不智的区分。欲，是每一位正常人都应具有的，从某种意义上讲，没有欲，社会就不会进步。如何把握"欲"的度，我们认为在法律、法规、社会道德框架以内的"欲"是健康的，能为社会发展输入正能量，否则与贪无异，当然也称不上是智者。

《史记》中就记载了不少戒贪节欲的典型人物，如范蠡、张良及诸多廉吏等。读《史记》，我们可以从这些人物故事中更深刻地领会到智慧的含义，如果把这些廉吏和一些永不知足的贪官放在一起读，敬仰和憎恶之心就会由衷而生。

一　一段美丽动人的爱情故事

一说起范蠡，我们首先联想到的一个人物就是西施。范蠡与西施的爱情故事家喻户晓，妇孺皆知，从古到今广为流传。因此，尽管这本书命名《读〈史记〉说智慧》，而《史记》中却没有记载西施与范蠡的爱情故事。然而，由于范蠡和西施的爱情故事深深植根于人们的脑海中，所以在说范蠡的智慧之前，还是有必要说清楚这一故事的原委。

这是一段美丽的爱情传说。这个传说版本不一，而且从先秦到现代，还在不断演变，但大致脉络没有太大差异。说的是春秋末年，吴、越两国交战，吴国打败了越国，越王请求投降，吴王夫差不听忠臣伍子胥的劝说，采纳了权臣嚭的建议，准许越王投降。吴王夫差把越王勾践夫妇及大臣囚禁起来，在姑苏虎丘这个地方为他养马。越王君臣为复国报仇，表现得非常恭顺，因此，三年后夫差就释放了勾践君臣。勾践回国后，采取了两大策略：一是卧薪尝胆，励精图治，发展经济，富国强兵，抚慰百姓，休养生息；二是用美人计来麻痹削弱吴王的斗志。派丞相范蠡遍访国内，寻找美女献给吴王。范蠡就在浙江苎萝山下遇到了西施。西施是一位施姓樵夫的女儿，因家住西村，故名西施。西施正在溪边浣衣，二人一见钟情，相见恨晚。一个是才华横溢，国之栋梁，一个是花容月貌，芙蓉之姿。当范蠡说明来意时，这位民间少女愿舍弃爱情，为国献身。范蠡为之感动，而为国家计只好忍痛割爱，将西施献给夫差。西施肩负国家重任，凭借她倾国倾城之貌，使吴王夫差沉溺于声色，不理朝政。越国见时机成熟，终于灭掉了吴国。勾践灭吴后，西施重新回到了范蠡的身边，双双泛湖而去，从此隐居不出。

这则美丽的传说，意在歌颂范蠡、西施二者的爱情，赞美二者能舍小家为国家的高尚品质和自我牺牲精神。

关于这段爱情故事，从范蠡寻美一见钟情开始，到中途为了国家不得不分开，又到最后两人复聚共享安静生活，一段才子佳人的悲欢离合，很符合唐代文人爱情小说的思路笔法。而且这一爱情故事随着时间的推移，不断演绎变化，从野史稗文到诗词、戏曲、杂剧、小说，体现了越来越丰富的文化内涵和鲜明的时代特征。查阅有关史料，我们可以做出以下结论。

范蠡和西施的爱情故事是虚构的。其一，西施其人记载颇多。最早把范蠡和西施捏到一起的应该是东汉赵晔的《吴越春秋》，越国重臣文种向勾践献计破吴，"遣美女以惑其心而乱其谋"。"使相者国中，得苎萝山鬻薪之女曰西施、郑旦，饰以罗縠，教以容步，习于土城，临以都巷，三年学服而献于吴。"而这个相者，就是范蠡。东汉袁康的《越绝书》中也云："越乃饰美女西施、郑旦，使大夫种献之于吴王。"真有西施其人吗？我们的回答是肯定的。《管子·小称》篇中就有"王嫱、西施，天下之美人也"的记载。《庄子·齐物论》也谈到过西施。《墨子·亲士》也说："西施之沉，其美也。"三部著作的作者都早于吴越交战时代，尤其是管子要早于这一时期二百多年。可见，西施未必真有具体的人，推测她应像《陌上桑》中的罗敷一样，是美女的代称。其二，《国语·越语下》《史记·越王勾践世家》等正史里边，均较详细地记载了范蠡的事情，而见不到西施的踪迹。其三，这则爱情故事的情节记载不一：《越绝书》中说是文种提出"灭吴九术"，其中第四种就是"遗之好美，以为劳其志"，选美女西施等由文种献给吴王，越灭吴后，西施重回范蠡身边，泛湖隐居。而《吴越春秋》说是范蠡奉命把西施送给吴王。越灭吴后，范蠡独乘小舟出三江，入五湖，不知去向。而"越浮西施于江，令随鸱夷以终"。可见，西施其人应该是一个艺术典型，范蠡与西施的爱情故事是东汉乃至之后文人对真挚爱情的赞美，对爱国精神颂扬的艺术再生。

二　范蠡的生活轨迹及思想基础

关于范蠡其人，《史记》之前的史书记载不多，《国语·越语下》记载有他的事迹。《史记·越王勾践世家》《史记·货殖列传》均有他的事迹。但几部正史中都是围绕着辅越灭吴这一中心来写范蠡的，很少对其人物的始末有一个完整的交代。《史记·越王勾践世家》中，范蠡的出现非常突兀："三年，勾践闻吴王夫差日夜勤兵，且以报越，越以先吴发往伐之。范蠡谏曰：'不可。'"司马迁在撰写《越王勾践世家》之前，并未提到范蠡此人，而且当范蠡在这里第一次出现后也未对此人作任何补充交代；《史记·货殖列传》中第一次提到范蠡也很突然："昔者越王勾践困于会稽之上，乃用范蠡、计然"。仍是无头无尾。如果不与其他史料联系起来，那很可能就是丈二和尚——摸不着头脑。倒是唐代张守节作《史记正义》引用了《会稽典录》的一段话，对范蠡这一人物作了初步交代："范蠡，字少伯，越之上将军也。本是楚宛（南阳）三户人，佯狂倜傥负俗。文种为宛令，遣吏谒奉。吏还曰：'范蠡本国狂人，生有此病。'种笑曰：'吾闻士有贤俊之姿，必有佯狂之讥，内怀独见之明，外有不知之毁，此固非二三子之所知也。'驾车而往，蠡避之。后知种之必来谒，谓兄嫂曰：'今日有客，愿假衣冠。'有顷，种至，抵掌而谈，旁人观者耸听之矣。"《会稽典录》是晋代史学家虞预撰写的一本主要记载有关会稽人物的地方志，这本书对范蠡的交代可作为《史记》的补充。由此可知，范蠡很早失去父母，同兄嫂过着贫寒生活，他曾拜老子的弟子计然（又名辛文子）为师，学习治国治军的方略。宛令文种闻其贤，多次造访，抵掌而谈，以为知己。遂从文种出山走入仕途。范蠡、文种皆楚人。楚平王时期，政治腐朽，无意富国强兵，有才之士不为所用，因此二人分析当时形势，投奔了越国，受到越王允常的重用，被任命为大夫，从此开始了范蠡的仕途生涯。公元前496年允常死，儿子勾践继位，范蠡、文种继续得到重用，主持越国军政。范蠡辅佐勾践卧薪尝胆，富国强兵，终于灭掉了吴国，雪了会稽之耻，使越国称霸于东南。范蠡也被封为越之上将军，权倾人臣。就在范蠡的政治生涯达到巅峰之时,他选择了急流勇退,弃官来到齐国,与儿子苦心"耕于海畔",在海边的这块农田上进行二次创业,几年间"致产数千万"。齐国君主认为范蠡人才难得,想任用他为相,范蠡认为并非好事,遂归还相印,把财产分给朋友乡亲,又迁居山东定陶。当范蠡弃官务农时,他为了纪念吴国忠臣伍子胥,改名为鸱夷子皮(鸱夷是一种鸟状革囊,伍子胥被杀后,被吴王装入革囊中沉入江底)。范蠡到了定陶后改名为陶朱公,从事商业贸易,不久"资累巨万",成为远近闻名的富商。他把赚的巨额财富毫不吝惜地又一次分给百姓,还之于民。司马迁说:"范蠡三迁,成名于天下。"(《史记·越王勾践世家》)据说范蠡善终时几近百岁。

关于范蠡的思想基础,从哲学范畴上讲,当是儒道兼有之,且二者在一定程度上形成互补,并随着社会的变化也在此消彼长。那么范蠡作为春秋末期大变革时代的一个大政治家、军事家、商学家,为社会发展做出了突出贡献,怎么就和道家套上近乎了呢?《史记·货殖列传》记载:"昔者越王勾践困于会稽上,乃用范蠡、计然。"刘宋裴骃的《史记集解》引徐广曰:"计然者,范蠡之师也,名研。"裴骃作注说:"范子曰:'计然者,葵丘濮上人,姓辛氏,字文子,其先晋国亡之公子也。尝游于越,范蠡师事之。'"《史记索引》也有类似表述。那么计然又是怎样一个人呢?北魏李暹为《文子》这本书作注说:"文子,姓辛,葵丘濮上人,号曰计然,范蠡师事之。本受业于老子,录其遗言为十二篇。"《文子》这本书又是怎么回事呢?《汉书·艺文志》载有道家类书《文子》九篇,班固自注说此书是记录老子的弟子,与孔子几乎同时代的辛文子言行的一本书。由此可见,道家承上启下的思想链条就很清楚了。范蠡的老师是计然(辛文子),计然的老师是老子,也就是说,范蠡是老子的再传弟子。可以说这是对范蠡思想产生直接影响的原因。计然上承老子的道论,崇尚自然、无为而治的思想和安身避祸的理论,并加以发展,提出了时变因循的重要观点。范蠡在其思想影响下,将这种思想灵活运用于社会实践中的政治、军事、实业及人生等方面,成为道家思想成功指导社会实践的典型范例。有学者说,范蠡对道家思想的继承、发展和实践,开启了北方道派的先河——黄老之学。

范蠡的思想虽然是直接受先师的影响,然而春秋末年也正是孔子说经讲道，极力宣扬和建立儒道的时期，作为胸怀天下的范蠡不可能不受儒家的影响。他心系天下，积极用世，以民为本，以德治世的思想及行为充分体现了这一点。在《越绝书》卷十三中记载着越王勾践问道于范子，"寡人躬行节俭，下士求贤，不使名过实，此寡人所能行也。多贮谷，富百姓，此乃天时水旱，宁在一人耶？何以备之？"范子曰："百里之神，千里之君。汤执其中和，举伊尹，收天下雄隽之士，练卒兵，率诸侯兵伐桀，为天下除残去贼，万民皆歌而归之。是所谓执其中和者。"越王又问范子曰："何执而昌，何行而亡？"范子又对曰："执其中则昌，行奢侈则亡。"这些史料也是从另一角度佐证了范蠡浓厚的儒家思想。其实，范蠡所处的那一时代，各种思想学说都很活跃，范蠡或多或少地受他们的影响，所以现代学者多认为范蠡的思想很丰富，儒、道、法、刑、名等兼有之。而又着重论述他辅佐越王成就霸业，功成名显，而又急流勇退，做出了"儒道互补"的思想结论。

三 范蠡的政治、军事智慧

范蠡的政治智慧主要表现在吴越交恶及最后越灭吴的过程中。吴越是邻国，勾践的父亲与夫差的父亲阖庐曾有征伐之仇，到了勾践继位后，不但不想化解矛盾，反而想和吴继续仇恨下去。勾践即位三年就要讨伐吴国。《史记·越王勾践世家》记载了范蠡的两段话："不可。臣闻兵者凶器也，战者逆德也，争者事之末也。阴谋逆德，好用凶器，试身以所末，上帝禁之，行者不利。"这段话说明范蠡辅佐勾践治国，虽有军事才能，但他并不主张军事扩张。和平发展应是他的治国理念。然而越王一意孤行，一定要发动这场战争，夫椒一战，落下一个惨败的结局，只剩下五千兵马上了会稽山，还被吴军围了个水泄不通。当越王自我检讨后，问计于范蠡时，范蠡首先用了一段极富哲理的语言阐述自己的观点。同时，也是对失败后的勾践进行委婉的批评："蠡对：'持满者与天，定倾者与人，节事者以地。'"这里讲的是天道、人道、地道。怎么解读这三句话呢？《国语·越语下》有一段话或许能作为较好的注释："天道盈而不溢，威而不骄，劳而不矜其功。夫圣人随时以行，是谓守时。天时不作，弗为人客，人事不起，弗为之始（没有天灾就想攻打对方，对方没有人祸，就要挑起事端）。今君王未盈而溢，未威而骄，不劳而矜其功，天时不作而先为人客，人事不起而创为之始，此逆于天而不和于人。"顺天和人，节俭少事者才能无祸，此为地道。范蠡的为政观点可以讲清楚了。然而，批评指责之后应怎么收拾这一残局，他要做一个"定倾者"，挽国家于危亡之中，这是展现其政治智慧的关键。

范蠡此时实行的是内政、外交、军事三管齐下政治方略。目的只有一个，那就是复国灭吴，以雪会稽之耻。在外交上，首先保证越国的存在，具体措施是"卑辞厚礼以遗之，不许，以身与之市"。这是第一步。同时贿赂吴之重臣嚭，让嚭从另一角度说服夫差："愿大王赦勾践之罪，尽入其宝器，不幸不赦，勾践将尽杀其妻子，燔其宝器，悉五千人触战，必有当也。"吴王最终赦了勾践，勾践引兵回到越国。这是范蠡实现他政治目的的第一步——留得青山在。

在内政上，他上谏越王，要效法大地，顺时养生，富国强兵。《国语·越语》记载着范蠡对越王的一段谏言："惟地能包万物以为一，其事不失。生万物，容畜禽兽，然后受其名而兼其利。美恶皆成，以养其生。时不至，不可强生；事不究，不可强成。自若以处，以度天下。待其来者以正之，因时之所宜以定之。同男女之功，除民之害，以避天殃。田野开辟，府仓实，民众殷。"这应该是越国内政的战略基调。这个战略思想得到了勾践的赞同。因此勾践"欲使范蠡治国政，蠡对曰：'兵甲之事，种不如蠡；填抚国家，亲抚百姓，蠡不如种。'于是举国政属大夫种，而使范蠡与大夫柘稽行成，为质于吴。两岁而吴归蠡"。（《史记·越王勾践世家》）可以看出范蠡不仅有治国的宏远谋略，而且也具有高尚的品质，为了国家宁可牺牲自己。从此，越王勾践"乃苦身焦思，置胆于坐，坐卧即仰胆，饮食亦尝胆也。曰：'女忘会稽之耻邪？'身自耕作，夫人自织；食不加肉，衣不重采；折节下贤人，厚遇宾客；振贫吊死，与百姓同其劳"。（《史记·越王勾践世家》）果然七年以后"乃复殷给"，同时，精心操练兵马，实现了范蠡刷新政治、安定民生、富国强兵的第二个战略目标。

第三个战略目标就是兴兵灭吴。关于伐吴的经过，《史记·越王勾践世家》记载越王第一次征求范蠡伐吴的意见，是在勾践归国第十二年（即吴王夫差十三年），范蠡说"未可"。第二年吴王北会诸侯于黄池，越王再次征求范蠡伐吴的意见。范蠡说："可矣。"此次战争，大败吴国，夺吴太子，得胜而还。其后四年，再次伐吴，围吴三年，吴师自溃。《国语·越语下》记载勾践曾四次征求范蠡意见，范蠡都说不可，等到第五次征求意见，范蠡才说时机已经成熟，可伐吴。两本书上都说，围吴三年，不战自溃。在时机不成熟时，勾践急于用兵，而范蠡沉着待机。吴军溃败后，吴王想效二十年前会稽之赦，"肉袒膝行而前，请成越王"。"勾践不忍，欲许之。"《史记·越王勾践世家》中有一段描写："范蠡曰：'会稽之事，天以越赐吴，吴不取。今天以吴赐越，越其可逆天乎？且夫君王蚤朝晏罢，非为吴耶？谋之二十二年，一旦而弃之，可乎？且夫天与弗取，反受其咎。''伐柯者其则不远，君忘会稽之厄乎？'勾践曰：'吾欲听子言，吾不忍其使者。'范蠡乃鼓进兵，曰：'王已属政于执事，使者去，不者且得罪。'"这段描写从语言和行动上展现了一位大军事家果敢、坚毅的气度和不达目的决不罢休的政治家风格。第一段对话中，范蠡连用四个反问句，字字珠玑，掷地有声，句句说中要害，置越王不可反驳之地。下一段对话是在越王无言以对的情况下，顾左右而言其他。如此，范蠡毫不犹豫击鼓进兵，灭掉吴国，充分表现了这位大军事家，大事不糊涂、临阵敢决断的军事智慧。

四　范蠡的经商智慧

范蠡被后人尊称为商圣，弃官后经历了务农、经商二次、三次创业，都很成功，其中蕴含着他经营的大智慧。《史记·货殖列传》所引计然之术，集中反映了范蠡的经济思想和智慧。"知斗则修备，时用则知物，二者形则万货之情可得而观已。故岁在金，穰；水，毁；木，饥；火，旱。旱则资舟，水则资车，物之理也。六岁穰，六岁旱，十二岁一大饥。夫粜，二十病农，九十病末。末病则财不出，农病则草不辟矣。上不过八十，下不减三十，则农末俱利，平粜齐物，关市不乏，治国之道也。积著之理，务完物，无息币。以物相贸，易腐败而食之货勿留，无敢居贵。论其有余不足，则知贵贱。贵上极则反贱，贱下极则反贵。贵出如粪土，贱取如珠玉。财币欲其行如流水。"这段话阐明了三个观点：其一，本末俱利，宏观统筹。不可重本（农）抑末（工商），谷贱伤农，谷贵伤工，那么怎么样才能做到本末的兼顾呢？他认为政府应该把谷价控制在三十至八十之间，这样才能达到社会稳定，利国利民。其二，市场运作有其基本规律。"贵上极则反贱，贱下极则反贵。"老子朴素的辩证观点，让范蠡从哲学角度进一步认识商业活动的规律。具体的措施是，贮物"待乏"。"旱则资舟，水则资车。"早做准备，待时机成熟，果断出手。"贵出如粪土，贱取如珠玉"，方可赢得市场，获得大的利润。其三，要有充裕的流动资金，才能占有市场的主动。范蠡的经济思想来源于他的哲学根基，活用于市场经营，所以才有两次经营都没多长时间，就达到了"致产数十万，致赀累巨万"的经济效果。

五　范蠡的避祸全身智慧

节官欲。范蠡虽然出身贫寒，且狂放倜傥，《吴越春秋》甚至记载文种去拜访时"范蠡从犬窦蹲而吠之"，真可谓荒唐放诞。但当他知道文种真心邀他出山为官时，还是让嫂嫂准备了礼服，颇有礼貌地接见了文种，且"抵掌而谈"，大有相见恨晚的感觉。《越绝书》记录了当时情景。"蠡修衣冠，有顷而出。进退揖让，君子之容。终日而语，疾陈霸王之道。志同道合，胡越相从。俱见霸兆出于东南，捐其官位，相要而往臣。"当文种问及子胥在吴，我们进谏不便，该往何处去时，范蠡说："何邦不可乎？"看起来范蠡既有治世雄才，也有为官的宏愿。他辅佐越王富国强兵，雪会稽之耻，平吴称霸，实现了自己的政治抱负；他被封为上将军，官极人臣，达到了他仕途的巅峰。恰在越国沉浸在胜利的喜悦中时，范蠡却"自与其私徒属乘舟浮海以行，终不反"。从此远离了官场。范蠡为什么要离开仕途呢？《史记·越王勾践世家》说得明白："范蠡以为大名天下，难以久居，且勾践为人可与同患，难与处安。"因此，上书辞官："臣闻主忧臣劳，主辱臣死。昔者君王辱于会稽，所以不死，为此事也。今既已雪耻，臣请从会稽之诛。"勾践曰："孤将与子分国而有之。不然，将加诛于子。"范蠡曰："君行令，臣行意。"范蠡辞官大致基于三个原因，其一是"大名之下，难以久居"。功高震主，名高主妒，主不容臣，臣岂能安？其二，具体到勾践的为人，国有难，臣有用；国太平，臣难处。其三，历史的警示。"蜚鸟尽，良弓藏；狡兔死，走狗烹。"这是范蠡自五湖泛舟到齐国给他的朋友文种信中的劝告。（事见《史记·越王勾践世家》）基于这三点原因，范蠡在仕途走到极致时，毅然放弃官位，离越之齐。当他在官场的快车道上戛然而止，做出异乎常人的抉择时，受到了勾践的假意挽留和威胁。《史记·越王勾践世家》记载，范蠡决计要离开越国，就向勾践写了辞书，委婉表达了他弃官辞越的思想。勾践对范蠡说："孤将与子分国而有之。不然，将加诛于子。"两句话使勾践的狰狞面目暴露无遗。挽留是假，戕害是真。虽然在写给越王的辞呈里，范蠡的语气委婉、谦逊，丝毫不失君臣之礼，但当他受到越王威胁时，却毫不犹豫地说："君行令，臣行意。"越王尽管下你的命令，而吾意已决，恕不奉命。这种勇毅、果敢、不畏王威、不恋权贵、斩钉截铁的态度，着实令人刮目。

不管范蠡为他弃官辞越寻找了多少原因，笔者认为最根本的原因只有一条，那就是历史上官场运行的本质特征和基本规律，已经深深刻在他的脑海里。以史为鉴，世人皆知，但真正在重要关头，以史为鉴做出正确选择的，只有智者。范蠡就是这样的典范。当官是为了国家、人民，是为了寻找实现自己政治抱负的平台。当官不为权所累，只有这样，才能全身远祸；只有这样才能更好地发挥聪明才智，最大限度地实现人生价值。

文种也是一位颇有才智的政治家，与范蠡一起为越国立下了不世之功，越王给他很大权力和很高的地位，"举国政属大夫种"。然而，当范蠡弃官之齐写信劝他离开越国时，文种留恋官位，难舍权力，犹豫不决，最终被越王赐死。为此，《越绝书第六》引用子贡的话对二者进行总结对比："蠡审凶吉，去而有名，种留封侯，不知令终。二贤比德，种独不荣。"还说："种善图始，蠡能虑终。"这个对比可谓精辟。范蠡不贪恋官位，以智慧节制权欲。虽然他的行为在某种程度上不符合儒家忠君的标准，但他对国家尽忠职守，对君主不效愚忠的行为仍被后人敬仰。唐代诗人汪遵作《五湖》诗一首：已立平吴霸越功，片帆高扬五湖风。不知战国官荣者，谁似陶朱得始终。

节财欲。财货是人类生存的必备条件，获得财富、创造财富是人类生存的本能,对财货的占有欲,不能一概贬之。国家有国家的利益,个人有个人的利益,这些利益都是要争取的。在中国传统文化中,或者说在历史的镜子中,有两种与财富相联系的说法:一是说不义之财,那是从古到今都认为对此不能有欲望的;二是说取财有道,那也要讲个度,财富多少是个够,对于人的个体来说,往往把"富可敌国"作为忌讳,且司马迁说管仲富可敌国,是与晏婴的廉、俭对比来写的,显然不是持以褒的态度。之后凡官高位显、富可敌国者,善终者概寡。那就是要有创造财富的欲望,但怎么树立正确的利益观至关紧要,范蠡可谓后世的典范。

《史记·越王勾践世家》记载:"范蠡浮海出齐,变姓名,自谓鸱夷子皮,耕于海畔,苦身戮力,父子治产。居无几何,致产数十万。齐人闻其贤,以为相。范蠡喟然叹曰:'居家则致千金,居官则至卿相,此布衣之极也。久受尊名,不祥。'乃还相印,散尽其财,以分与知友乡党,而怀其重宝,间行以去。止于陶,以为此天下之中,交易有无之路通,为生可以致富矣。于是自谓陶朱公。复约要父子耕畜,废居,候时转物,逐什一之利。居无几何,则致赀累巨万。"《史记·货殖列传》也记载:"范蠡既雪会稽之耻,乃喟然而叹曰:'计然之策七,而越用其五而得意。既已施于国,吾欲用之家。'乃乘扁舟浮于江湖,变名易姓,适齐为鸱夷子皮,之陶为朱公。朱公以为陶天下之中,诸侯四通,货物所交易也。乃治产积居,与时逐而不责于人。故善治生者,能择人而任时。十九年之中而三致千金,再分散与贫交疏昆弟。"

《史记》的这两段记载,至少说明了以下三个问题:其一,范蠡有治财的欲望。范蠡离开越国,不是仓促而行,而是有充分的准备。从思想上说,尽管他的心态淡如清水,静如明镜,且对事物本质的认识有极大的穿透力,但毕竟是一位上将军,绝不会朝有意,而夕泛舟,肯定是早有思想准备;从物质上说,他舍得丢掉在越的全部家产,但还是"装其轻宝珠玉"而行,可以说他有丰厚的经济基础。然而到齐国后,仍然"耕于海畔,苦心戮力",以至于到陶后,继续"候时转物,逐什一之利",耕作经商,治产聚财。其二,范蠡有聚财的本领和智慧。他把治理国家的道理融会贯通,以大作小,用于家庭的经营。"计然之策七,越用其五而得意。既已施于国,吾欲用之家。"同时他能审其天时，度其地利，修其人和。我们暂且不去研究范蠡是怎样把计然七策（实为九策）活用于他的家庭经营上，可以从他本人的著述中窥见他的经营智慧。北魏贾思勰的《齐民要术》中引用了《陶朱公术》《陶朱公养鱼经》及理财致富的法则、戒律等一些片段。如《齐民要术·序》中说：有人听说陶公富，问用什么办法致富的。告之曰："欲速富，畜五牸。"五牸，牛、马、猪、羊、驴五畜之牸（雌性）。又曰："种柳千树则足柴。十年之后，凭一树，得一载，岁凭二百树，五年一周。"可见范蠡聚财也不是轻而易举，而是在努力践行脚踏实地、落地生根、行之有效的创业理论。《越绝书》中也记载，越王问计于范子，范子曰："阳者主贵，阴者主贱。故当寒而不寒者，谷为之暴贵；当温而不温者，谷为之暴贱。譬犹形影、声响相闻，岂得不复哉！秋冬贵阳气施于阴，阴极而复贵；春夏贱阴气施于阳，阳极而不复。"范蠡把气候变化和谷物生长联系起来，总结出规律，服务于他的经营上。两千多年前，能做到这一步，难能可贵。其三，范蠡治财而不守财，聚财而不吝财。《史记》说："十九年之中三致千金，再分散与贫交疏昆弟，此所谓富好行其德者也。"后人说范蠡治财"三聚三散"，也就是说，他一生迁居三个地方，每到一处都凭着自己的聪明才智积累了大量的财富，但又都毫不吝啬地舍弃。这也可能是为人不可思议的地方。寻找这个答案，《史记》记载很简单，《史记·越王勾践世家》只记载了一句话："范蠡喟然叹曰：'居家则致千金，居官则至卿相，此布衣之极也。'"这句话至少能说明范蠡不管是在权位上或是在钱财上都很满足，也就是说，他不是一个贪婪之人。《越绝书》记载的一段话也很能说明范蠡的金钱观。越王问政范子，范子曰："昔者神农之治天下，务利之而已矣，不望其报。不贪天下之财，而天下共富之。所以其智能自贵于人，而天下共尊之。故曰富贵者，天下所置，不可夺也。"他认为财富是天下的财富，为天下人共有，不能贪天下之财据为己有；谋利要为天下人谋利，不能为一己私利。神农氏之所以受到世人尊重，因为他做到了这一点，范蠡称其为智者。范蠡效法神农氏，能聚财而不守财、不贪财。财取之于社会，奉还于社会，殊不知范蠡才是一位大智者。

弃名欲。有的人非常注重自己的名声，这无可非议，关键是处理好名与实的关系。名与实是不能截然分开的。南北朝时期，北朝的文学家颜之推为教育子女后人,著了一本《颜氏家训》。在这本书里,他就系统阐释了名与实的关系:"名之与实,犹形之与影也。德艺周厚,则名必善焉;容色姝丽,则影必美焉。今不修身而求令名于世者,犹貌甚恶,而责妍影于镜也。上士忘名,中士立名,下士窃名。忘名者,体道合德,享鬼神之福佑,非所以求名也;立名者,修身慎行,惧荣观之不显,非所以让名也;窃名者,厚貌深奸,于浮华之虚称,非所以得名也。"颜之推把人分为三等,最好的是德行才干都很全面、很出众,这种人从不考虑他的名声,其名和他的综合能力、素质、德行就像人和他的影子一样附在他身上;一般才干和德行的人,是要着力树立自己的威望和名声,那他一定得提高自身的修养和能力;最糟糕的人是没才干,没德行,但还想要个好名声,那是窃取,为人所不齿的。

范蠡如何认识"名"呢?《史记·越王勾践世家》和《史记·货殖列传》都反复强调了他对"名"的看法:"大名之下,难以久居。""久受尊名,不祥。"看起来范蠡不但对"名"不感兴趣,反而一直处在戒备状态。在这一点上,他和司马迁"播远名"的指导思想不能苟合。按照颜之推的理论,司马迁不能算高人,只能算个中人。基于这种认识,范蠡三迁,由范蠡更名为鸱夷子皮,到陶后又更名为陶朱公,他想让人们忘记辅佐越王灭吴定国的大将军"范蠡"这个名字,他想让人们忘记凭借智慧、才能,聚巨财而又能散巨财的鸱夷子皮和陶朱公。范蠡对"名"字永远都无欲望,更谈不上贪名,再以颜之推的理论套一套,那范蠡确实是一位"上士"。然而,范蠡弃名欲,而名怎么也弃不掉,司马迁说:"范蠡三徙,成名于天下,非苟去而已,所止必成名。……范蠡三迁,皆有荣名,名垂后世。"弃名者,名至。名显当时,流芳后世,这难道不是范蠡的智慧吗?

世人称誉范蠡"忠以为国,智以保身,商以致富,名成天下"。(李斯语)似乎概括得颇有道理,"忠以为国,商以致富",那是赞誉他的才干和德行,其实才华和德行又怎能与智慧分开呢?关于范蠡究竟算不算忠臣,这是历代学者讨论较多的话题。说他忠,为什么待他大功告成,位极人臣,越王还要分国一半给他的时候,却不听越王命令执意离开呢?这符合儒家的忠君思想吗?甚至有人还将范蠡和后来的诸葛亮、岳飞相比,说他忠诚帝王的程度不如诸葛亮和岳飞。司马迁单独为管仲、晏婴立传，而不独为范蠡立传，笔者认为就有这方面的因素。然而，司马迁对范蠡还是极为赞赏的，在《史记·越王勾践世家》和《史记·货殖列传》中，一是赞扬他"富好行其德"，二是赞扬他"三迁皆有荣名，名垂后世"。

范蠡的一生，要当官，但不贪恋权位；要聚财，而不贪财为己有；三次迁徙，三次成功，但不为名所累。戒贪节欲，把握有度，这才是他善终的原因。弃名而名至，且流芳百代。位居高官，家财千金，善始善终，名留千古，做到这一点，谁能说范蠡不是大智大慧的人呢？

第五讲

戒贪节欲，全身远祸（二）

——论张良

张良是西汉初年刘邦的主要谋士之一，他与萧何、韩信并称"汉初三杰"。两千多年来，世人对张良的评价微词无几，而褒扬敬仰之言颇多。司马光在《资治通鉴·汉纪》中说："夫生之有死，譬犹夜旦之必然；自古及今，固未尝有超然独存者也。以子房之明辩达理，足以知神仙之虚诡矣；然其欲从赤松子游者，其智可知。夫功名之际，人臣之所难过。加高帝所称者，三杰而已。淮阳诛夷，萧何系狱，非以履盛满而不止耶！故子房托于神仙，遗弃人间，等功名于外物，置荣利而不顾，所谓明哲保身者，子房有焉。"清初学者王夫之在《读通鉴论》卷十五中也说："汉高祖疑于所立，乃进而谋者，张良、叔孙通耳。良虽多智，而心固无私；通虽诡合，而缘饰儒术；且皆从容讽议之臣，未尝握兵而持国柄者也。"看来后世之所以对张良赞崇有加，主要是因为张良"等功名于物外，置名利而不顾""虽多智，而心固无私"的缘故，正像史学家司马光所说，功名利禄是一大隘口，很多人难过此关，而张良做到了，真可谓智之大者。那么张良究竟是怎样的一个人呢？

一　张良生平简介

张良，字子房，颍川人，即生于今河南许昌市禹州一带。因为《后汉书》说："张良，出于城父，城父县属颍川也。"又因安徽亳州又名城父，所以有人说张良是亳州人。笔者不赞成后一说法。因为张良三世相韩，战国时颍川隶属韩国，怎么会是亳州人呢？《史记·留侯世家》说："留侯张良者，其先韩人也。大父（祖父）开地，相韩昭侯、宣惠王、襄哀王。父平，相厘王、悼惠王。"如此说来，张良的祖父、父亲二代共辅佐韩国五世国王，加之张良还曾经短暂地辅佐过韩王成，那么，张家三代共为韩国六个君主效力，堪称世宦之家。

我们把张良的一生大致划分为三个时期。

第一个时期——报仇复国时期（汉元年之前）。《史记·留侯世家》记载："悼惠王二十三年，平（张良的父亲）卒。卒二十岁，秦灭韩。良年少，未宦事韩。韩破，良家僮三百人，弟死不葬，悉以家财求客刺秦王，为韩报仇，以大父、父五世相韩故。"就因为张良的祖父、父亲为韩国五世宰相，因此，张良家族的命运也就和韩国王室紧密地联系在了一起。当韩国被秦国灭掉后，张良首先想到的就是报仇复国。因此，他一面组织家奴进行报复秦国的教育和长远的谋划，同时散尽家财，广求勇士刺杀秦王。公元前218年（秦始皇二十九年），终"得力士，为铁椎重百二十斤。秦皇帝东游，良与客狙击秦皇帝博浪沙中，误中副车"。（《史记·留侯世家》）这次刺杀虽然没有成功，但对秦王朝是一个不小的震动。同时，也开了各地反秦斗争的先河。这时的张良年仅二十余岁。由于秦始皇捉拿刺客风声紧急，张良只得隐匿下邳（今江苏睢宁县）以待时机。十年后，即公元前209年，二世元年，陈胜发难，全国各地英雄四起，又一次燃起了张良复仇的火焰。张良也招募青少年百余人，准备投奔高举反秦大旗，又自立为楚假王的景驹，恰好在路上遇见沛公刘邦，就跟随刘邦反秦。张良为刘邦讲解兵书，沛公不但悟得真意，还可用于实践。这使张良对刘邦很有好感，遂有感叹："沛公殆天授！"即便他对沛公产生敬佩之心，但仍未忘掉复国的目标。于是等到沛公见到项梁，项梁立楚王之后为怀王，张良乘机向项梁建议"君已立楚后，而韩诸公子横阳君成贤，可立为王，益树党"。项梁就答应了张良的请求，"使良求韩成，立以为韩王。以良为韩申徒，与韩王将千余人西略韩地，得数城，秦辄复取之，往来为游兵颍川"。（所引皆出《史记·留侯世家》）此时，张良复国的目标初步实现。然而，当他辅佐韩王与秦军在颍川一带进行拉锯式争夺战时，他不得不与沛公合兵一处，这样，连下韩国十余城，韩国故土暂时得到了恢复，于是韩王成留守韩地，张良则从沛公继续南下，西进。终于公元前206年攻入咸阳,俘获秦王子婴,秦朝宣告灭亡。至此,张良报仇复国的目标已经实现。刘邦被封了汉王。汉元年,张良准备离开汉王,回到自己的国家,因此,在为汉王谋划了一番以后,比如请汉中地为汉王,烧栈道以麻痹项羽等,他就离开了汉王,回到了韩国。但他面临的境况远不是他想象的那样,项羽挟韩王成向东作战,不让他回到韩国,并将他由王贬为侯,最终在彭城把韩王成杀掉。这使张良狭隘的复国梦完全破灭,他很有可能意识到,战国时期割据的局面就要结束,恢复韩国,求得一隅安宁的设想是不现实的。因此,张良抄小路逃亡归附了汉王。从此,张良毫无挂碍地辅佐汉王打天下。

第二个时期——倾力辅佐汉王争天下时期(汉二年即公元前205年至汉六年即公元前201年)。这一时期只有短短的五年时间,而这五年却是楚汉相争最为激烈并最终见分晓的五年。在这五年内,张良完成了自身两个大的转变。其一,思想上的转变。张良最初的奋斗目标是报仇复国。当仇已报,而最终国不得复时,他似乎已经醒悟,没有天下的安宁,就没有一隅的太平。没有天下的太平,何谈复国。即使有国,也永无宁日。因此,张良从一个狭隘的复仇、复国主义者,逐渐转变为一个要统一天下,为苍生谋的战略家、政治家。其间,汉王谋士郦食其在汉王被项羽围困在荥阳的紧急关头,建议汉王分封诸侯王的后代,以瓦解项羽的实力,张良就极力反对,这就是有名的借箸谏阻分封。由此可见,张良原来曾力谏项梁封韩之后,并努力辅佐,到现在却极力反对分封诸侯王之后,他的思想,他看问题的角度,都有一个审视天下的质的飞跃。其二,完成了他角色的转变,给自己作了一个准确的定位。这五年,"张良多病,未尝特将也,常为画策臣,时时从汉王"。(《史记·留侯世家》)在此之前,张良曾多次聚拢人马,以图报灭国之仇,尤其是辅佐韩王成时,曾亲率将士与秦军较量,但最终不能战胜秦军,只能在家乡一带游击。当韩王成被杀之后,张良逃归汉王,他能为汉王争天下做些什么?司马迁说他因多病才做了汉王谋士。其实未必,张良非愚钝狂妄之人,他最有自知之明。实践已经证明,带兵厮杀,非其长项,而他饱读兵书,满腹经纶,作为谋士,应是他最好的角色,也最能发挥他的聪明才智。两个转变玉成了张良,使其成为汉初三杰之一,为大汉的建立和统一立下了汗马功劳。

　　张良逃亡归汉以后，被封为成信侯。跟随汉王向东击楚。其间，他经历了彭城之战的惨败，当汉王灰心要舍弃关东大片沃土时，张良为汉王推荐了黥布与彭越，为灭楚奠定了人事基础。汉三年，他以"八不可"快论，力阻汉王分封，充分显示了他高瞻远瞩的政治家的敏锐目光；汉四年，张良献计虚抚韩信为齐王，同年秋天韩信、黥布、彭越负约围项王不至，而汉王反被困阳夏（太康），张良献计，割地以许，最终促成了垓下之战的战役态势，灭掉了项羽。汉五年，汉王称帝，大封功臣，因分封不公，一片骚乱，对刚刚建立的大汉政权形成了威胁。张良献计，先封高祖最憎恶的雍齿为什邡侯，众将心安，稳定了朝政大局……

　　五年间，张良为刘邦出奇谋，谋良策，从争天下到治天下，从军事到政治，从眼前到长远，无不倾心尽力，鞠躬尽瘁，受到了世人的尊崇和敬仰。

　　第三个时期——退隐时期（汉七年即公元前 200 年至汉高祖二年即公元前 186 年）。张良劝高祖都关中，高祖采纳了他的建议。于汉六年（说法不一，一说汉五年）入都关中，张良从高祖入关。《史记·留侯世家》载："留侯从入关，留侯性多病，即道引不食谷，杜门不出岁余。"从司马迁的记述中我们得知，天下初定，刘邦的皇位逐渐稳固，张良又来了一个角色的转变。他托词多病，闭门不出一年有余，这是乱世时代无论如何也做不到的。如今情况不同，时变，势也要变。因此，他要养病，他要修道，目的只有一个，淡出政坛。由"帝者师，逐渐变为帝者宾"。我们在读《史记·高祖本纪》时，就发现汉五年（《史记·留侯世家》为汉六年）入都关中以后，到汉十二年高祖去世，六七年间已经见不到这位汉初三杰之一张良的更多记载。《史记·留侯世家》倒是有如下简单的记载：汉十一年，黥布反，高祖自将兵而东击黥布，"留侯病，自强起，至曲邮，见上曰：'臣宜从，病甚。楚人剽疾，愿上无与楚人争锋。'因说上曰：'令太子为将军，监关中兵。'上曰：'子房虽病，强卧而傅太子。'是时叔孙通为太傅，留侯行少傅事"。汉十二年，高祖"欲易太子，留侯谏，不听，因疾不视事"。由此可见，此时的张良与高祖的关系已经不是高祖争天下时形影不离的"帝者师"，而是可有可无、时现时隐的"帝者宾"了。《史记·留侯世家》中，只详细地记载了这一时期张良的一件事，那就是高祖欲易太子，吕后很担心，但无办法，有人给吕后出主意，让张良给策划一下，又恐张良不应，于是就派建成侯吕泽劫持留侯，强迫他出主意。张良有谋，但鉴于此事乃皇家家事，不便参与。于是借四位高士辅佐太子来委婉劝说高祖，使高祖摒弃易太子念头，于是吕后对张良敬重有加。张良"'愿弃人间事，欲从赤松子游耳'。乃学辟谷，道引轻身"。"后八年卒，谥为文成侯。"（《史记·留侯世家》）

二　张良的政治智慧

张良在我国历史上是一位充满传奇色彩的人物，似乎也成了智慧的化身，后世学者从不同角度进行赞美，给予很高的评价。谨录两则：

《全晋文》卷九十八中有西晋文学家陆机的《汉高祖功臣颂》："文成（即文成侯）作师，通幽洞冥……武关是辟，鸿门是宁，随难荥阳，即谋下邑。销印斗希，推齐劝立，运筹固陵，定策东袭。"历数了张良辅佐高祖争天下的丰功伟绩，赞扬了一番伟业背后的谋略和睿智。唐代司马贞《史记索引述赞》："留侯倜傥，志怀愤惋。五代相韩，一朝归汉。进履宜假，运筹神算。横阳既立，申徒作扞。灞上扶危，固陵静乱。人称三杰，辩推八难。"司马贞对张良一生履历作了概括总结，字里行间充盈着对张良智慧的溢美之词。

在陆机与司马贞对张良的评价中，都列举了张良一生中所经历的重大历史事件。正是张良在这些重大的历史事件中所起的决定性作用，后人才为张良戴上了智慧的桂冠。那么，在这些重大的历史事件中又是怎样彰显张良智慧的呢？谨举几例。

鸿门智斗

这是一件大事，可谓家喻户晓，妇孺皆知。而陆机和司马贞在对张良的评价中，同时提到这一事件。我们认为张良在这一事件中的智慧在于知势知人。知势善借势，知人以制人。

刘邦大军与项羽大军同受怀王之命西进咸阳灭秦。项羽绕道河北解赵之围，而刘邦先入咸阳俘虏了二世，灭掉了秦国。《史记·留侯世家》载："沛公入秦宫，宫室帷帐狗马重宝妇女以千数，意欲留居之。樊哙谏沛公出舍，沛公不听。良曰：'夫秦为无道，故沛公得至此。夫为天下除残贼，以缟素为资，今始入秦，即安其乐，此所谓助桀为虐。且忠言逆耳利于行，毒药苦口利于病，愿沛公听樊哙言。'沛公乃还军霸上。"刘邦刚入秦宫，就有享乐思想，这在天下未定，项羽大军即刻就到，胜负难料，甚至生死未卜的形势下，刘邦竟然要走秦二世的老路，实在是可怕之极。因此，张良分析当时天下形势，晓之以利弊得失，并指出在这样严峻的形势下，刘邦应该"以缟素为资"，继续艰苦奋斗，同时约法三章："杀人者死，伤人及盗抵罪，悉除秦法。"以稳定局势，抚慰民心。这是智斗鸿门的前奏，张良知势而借势，借势而转势。如果没有张良的劝告，刘邦则可能会重蹈二世覆辙，然则张良用智慧化解了潜在危机，使劣势转化为潜在的优势。

汉元年二月，项羽率大军进抵函谷关（灵宝县北），刘邦命紧闭关门以拒项羽。时有刘邦部下曹无伤告密，说刘邦已破咸阳，要在关中称王。项羽大怒，十二月攻破函谷关，要与刘邦决战，刘邦大惊。在这种情况下，张良认真分析当前形势。刘邦拥十万大军，项羽拥四十万大军，一强一弱，对比鲜明，实力悬殊，决不能打。再者，名义上刘邦和项羽还不是彻底翻脸，拒关只是一场误会。那么跑又不能跑，也没有跑的准备，怎么办呢？张良使了一个釜底抽薪之计，充分利用项羽的叔叔项伯从中周旋，说明曹无伤的报告是误报，刘邦无意与项羽为敌，入关后秋毫无犯，吏民造册，府库封存，只等项王到来。怎么能说刘邦背叛项羽呢？项伯这番传话使项羽怒气消了一半，这是智斗鸿门的续曲。张良之谋之所以起到较大作用，其根本原因是张良的知人。张良和项伯是故交，他深知项伯重私交之义，而会忽视国家大义。因此，在这一特殊历史时期，张良不得不从大局考虑，利用项伯的小义来制衡项羽。

项羽火气稍消，设宴鸿门，邀请刘邦赴宴。去与不去，成了刘邦部下争论的焦点。最后张良建议深入虎穴，并安全归来，成为历史佳话。张良之所以主张赴宴，敢于对刘邦的安全负责，仍然是因为他知势知人。其一，赴宴以示诚意，不去，前面的一切伪装都被撕掉，于大势不利；其二，经过项伯的疏通，项羽的火气已经消除一半，剑拔弩张的态势不再；其三，项羽虽性格暴躁，但他有妇人之仁，这一弱点被张良看得一清二楚，再加上有自己和樊哙临机以对，项伯的随时配合，因此他敢对刘邦的安全负责。

智斗鸿门一事充分显示了张良在观势察人上的谋略与智慧。

下邑宏略

可以说下邑之谋是张良为汉王制定的对楚斗争的总方针。有人把下邑之谋比作诸葛亮与刘备的隆中对，也无不妥。的确，之后四五年的斗争都是按照这一斗争策略进行的，并且实践也证明了这一策略的正确性。

下邑宏略的背景：《史记·项羽本纪》载，汉王二年春，"汉王部五诸侯兵（即塞、雍、翟、殷、韩），凡五十六万人，东伐楚。项王闻之，即令诸将击齐，而自以精兵三万人南从鲁出胡陵。四月，汉皆已入彭城，收其货宝美人，日置酒高会。项王乃西从萧，晨击汉军而东，至彭城，日中，大破汉军。汉军皆走，相随入谷、泗水，杀汉卒十余万人。汉卒皆南走山，楚又追击至灵璧东睢水上。汉军却，为楚所挤，多杀，汉卒十余万人皆入睢水，睢水为之不流。围汉王三匝。于是大风从西北而起，折木发屋，扬沙石，窈冥昼晦，逢迎楚军。楚军大乱，坏散，而汉王乃得与数十骑遁去。欲过沛，收家室而西；楚亦使人追之沛，取汉王家；家皆亡，不与汉王相见。汉王道逢得孝惠、鲁元，乃载行。楚骑追汉王，汉王急，推堕孝惠、鲁元车下，滕公常下收载之。如是者三。曰：'虽急不可以驱，奈何弃之！'于是遂得脱。求太公、吕后不相遇。审食其从太公、吕后间行，求汉王，反遇楚军。楚军遂与归，报项王，项王常置军中"。

汉王率五十六万大军击彭城，城破之后，忘乎所以，纵情享乐，以至于被项羽的三万部队打得落花流水。这一仗败得一塌糊涂，五十六万大军，战死的、淹死的、投降的、倒戈的，几乎全军覆没。这一仗败得惨不忍睹，夫妻失散，父子难顾，狼狈不堪。因为天气原因幸免被俘，逃至下邑，汉王万念俱寂，与楚争天下的斗志丧失殆尽。在这种情况下，"汉王下马踞鞍而问曰：'吾欲捐关以东等弃之，谁可以共功者？'良进曰：'九江王黥布，楚枭将，与项王有郄；彭越与齐王田荣反梁地；此两人可急使。而汉王之将独韩信可属大事，当一面。即欲捐之，捐之此三人，则楚可破也。'"（《史记·项羽本纪》）这就是著名的下邑之谋。

下邑之谋是在军事上极为被动的情况下，张良为汉王制定的对楚斗争的宏观策略。这个策略的核心就是分化楚军，借势打势，以弱制强。此后三年，汉王基本上是围绕这一斗争方针与楚国周旋的。在策反黥布，联合彭越，利用韩信与楚斗争中，虽然也出现了一些波折，比如，在促成垓下战役态势时，韩信、彭越不听指挥，与汉王讲条件，拥兵自重等，但汉王的斗争方针没有变，一切矛盾都在这一大政方针的指导下化解。

这一招果然厉害，项羽封黥布为九江王，都六安，九江是楚国东部门户，策反后汉王封黥布为淮南王，地盘更广；彭越原为魏国丞相，掌握兵权，后来攻下梁地，封为梁王，韩信为齐王，这三者形成对楚三面包围之势，指挥中心在西边的汉王府。实践证明，最终灭掉楚国的就是这三人。所以下邑之谋为汉王统一天下描绘了很好的蓝图。

那么，下邑之谋的核心是借势制势，然而所借这三股势力最终又该如何处置呢？张良不讲，汉王不问，但历史已告诉我们结果，汉十一年杀彭越、韩信，十二年杀黥布。替汉王消灭项羽，荡平天下，后世称之为汉初三大名将，在天下初定时却被刘邦一一制服。

阻封八论

汉三年，项羽围汉王于荥阳，郦食其为分化楚之力量，向汉王进谏复立六国后世，汉王采纳了他的建议，并刻玺准备送给六国之后。恰逢张良谒见汉王，汉王一面吃饭，一面将此事讲给张良听，张良听后问："是谁为您出此下策，这要坏您的大事。"汉王惊问为什么。张良拿着一根筷子给汉王比画讲解："'昔者汤伐桀而封其后于杞者，度能制桀之死命也。今陛下能制项籍之死命乎？'曰：'未能也。''其不可一也。武王伐纣封其后于宋者，度能得纣之头也。今陛下能得项籍之头乎？'曰：'未能也。''其不可二也。武王入殷，表商容之闾，释箕子之拘，封比干之墓。今陛下能封圣人之墓，表贤者之闾，式智者之门乎？'曰：'未能也。''其不可三也。发钜桥之粟，散鹿台之钱，以赐贫穷。今陛下能散府库以赐贫穷乎？'曰：'未能也。''其不可四矣。殷事已毕,偃革为轩,倒置干戈,覆以虎皮,以示天下不复用兵。今陛下能偃武行文,不复用兵乎?'曰:'未能也。''其不可五矣。休马华山之阳,示以无所为。今陛下能休马无所用乎?'曰:'未能也。''其不可六矣。放牛桃林之阴,以示不复输积。今陛下能放牛不复输积乎?'曰:'未能也。''其不可七矣。且天下游士离其亲戚,弃坟墓,去故旧,从陛下游者,徒欲日夜望咫尺之地。今复六国,立韩、魏、燕、赵、齐、楚之后,天下游士各归事其主,从其亲戚,反其故旧坟墓,陛下与谁取天下乎?其不可八矣。且夫楚唯无强,六国立者复桡而从之,陛下焉得而臣之?诚用客之谋,陛下事去矣。'"(《史记·留侯世家》)

分封六国之后,是与汉王统一天下的斗争目标背道而驰的。在汉王已采纳分封建议,并将付诸行动的情况下,能否阻止复立六国,关系到能否顺利实现大汉统一的问题。因此张良显得有些激动,边比画,边以反问的口气一连说出了八个不可。这"八不可"之论有人称之为"快论",张良站在统一天下的高度,审时度势,一反自己原来的复国主张,精辟地分析了当时的形势,时移势异,必须适时之变,与时偕行,墨守成规要坏大事。这八论可以说鞭辟入里,字字珠玑,掷地有声,句句中的,直击要害。从语气上,连用八个排比句,前后贯通,环环紧扣,且巧设机关,引诱汉王入彀,大有孟子论事风范。这八论,从形式到内容都不给汉王留下反驳的余地,只有这样,才能使汉王将既成事实的决策改变过来。这需要张良的胆量、勇气与智慧。汉王听了张良的一番分析,认为句句在理,无懈可击,因此,"辍食吐哺,骂曰:'竖儒,几败而公事!'令趣销印"。(《史记·留侯世家》)

在《史记》中,司马迁记载张良辅佐刘邦争天下的时间并不长,从留县和沛公相遇,到劝都关中,也就是六七年间。在这短短的几年中,司马迁展现张良的政治智慧可谓淋漓尽致。除了上面列举的几个典型例子外,在《史记》相关篇章中,随处都能见到张良智慧的身影。比如,智取武关。武关是南阳通往关中的必经之路,刘邦用张良计,顺利夺关,为提前进入咸阳争得了时间。比如,明烧栈道。汉王用张良计,烧毁栈道,以示无东去之意,以此麻痹项羽,为后来韩信暗度陈仓作了铺垫。明烧栈道,暗度陈仓,后人称誉张、韩之间珠联璧合式的默契。还比如,智抚韩、彭。在汉王固陵被困,韩、彭负约的情况下,张良出谋，促成垓下战役态势的完成，对消灭项羽起到了关键作用。还有劝都关中、智封雍齿、阻易太子等，这些事件无不充满了智慧。一个个充满智慧的事件，就像一颗颗明珠，用张良的生命轨迹之线串联起来，形成了一个巨大的智慧光环。它照耀着刘邦争夺天下的道路，点亮了大汉帝国的这盏明灯，为大汉的平稳延续放射出智慧的熠彩。

三　张良的全身智慧

从春秋时期的范蠡到汉初的张良，"鸟尽弓藏，兔死狗烹"的道理上下相传，岂止范蠡与张良两位睿智之人明了这个道理，古代将相重臣无一不将这一道理印到脑子里。似乎这一表述就成了历史规律的宿命。就汉初而言，也印证了这一说法，被后人称为汉初三大名将的韩信、彭越、黥布，无一善果。被汉王称道的汉初三杰，韩信被斩，萧何系狱。然而春秋时期的范蠡、文种同朝为臣，文种死而范蠡却全身而退；韩信被杀，萧何下狱，而张良却能全身远祸，看起来，"鸟尽弓藏，兔死狗烹"既不是真理，似乎也不是规律，应该说结果不同，是智慧的差异。张良之所以得以善终，我们可从下面的论述中找到答案。

张良的义利观

所谓义利观，是一个哲学命题，我们不去更深入地探讨这一最简单而又最复杂的问题，最普通的定义就是人们对道德标准和物质利益二者关系的看法。《论语·里仁篇》中说："君子喻以义，小人喻以利。"《论语·阳货》也说："君子义以为上。"那么，"义"字很抽象，怎样解释呢？《中庸》说："义者，宜也。"也就是说，一个人做事，要符合社会的道德标准，要符合人们心中认同的做人准则。那么，张良是怎样看待和处理义、利二者的关系呢？

《史记·留侯世家》载："平卒。卒二十岁。秦灭韩。良年少，未宦事韩。韩破，良家僮三百人，弟死不葬，悉以家财求客刺秦王，为韩报仇。"张良祖父、父亲曾辅佐五世韩王，官至丞相，可以断言，在财富上有一定的积累。到了张良一辈，因为张良年少，未入仕途，继而国家灭亡。那么，一边是坐守先人财富享受优裕的生活，一边是报国破之仇。张良选择了后者,"悉以家财求客刺秦王"。需要指出的是,我们不能站在现在国家一统的立场上去评价张良的报仇复国行为,而应历史地分析张良的报仇复国行为,应该说张良的行为在当时是最大的义举。在义与利面前,张良取的是义,舍的是利。唯如此,几千年来,张良刺暴秦的佳话代代相传,世人永志。这恐怕是对张良义利观的最好评价。

《史记·留侯世家》又载:"汉元年正月,沛公为汉王,王巴蜀。汉王赐良金百溢,珠二斗,良具以献项伯。汉王亦因令良厚遗项伯,使请汉中地。项王乃许之,遂得汉中地。"我们可以把项伯与张良对比分析,事情起因是这样:刘邦先入咸阳,俘秦二世子婴,欲寝宫中,张良谏,还军霸上。项羽因救赵,后于刘邦入关,一肚子怒气,加上刘邦部下曹无伤说刘邦要在关中称王,并使子婴为相,项羽怒不可遏,要攻打刘邦。在这万分危急的情况下,项羽叔叔项伯因和张良私交甚厚(良曰:项伯杀人,臣活之),向张良泄露了这一军事机密,致使张良与刘邦做好了充分的应对准备。可以说项伯顾及了朋友之义,丢掉了集团大义。而当项伯要张良抛弃刘邦逃命时,张良托词这样不义,还是将项伯引荐给刘邦,刘邦厚待项伯,同时做好了军事准备。张良所谓既顾及朋友私义,又维护了君臣大义。刘邦称王之后,张良要回韩国,刘邦为感谢张良一段时间来,智取宛城、巧夺武关、智斗鸿门等一系列杰出贡献,赏赠张良金银珠宝,而张良却又将这些财宝献给项伯。张良为什么临离开刘邦之前这么慷慨大方呢? 其一,张良在韩地与秦交战不能取胜,总是游击,是刘邦帮助他连下韩城数十座,他对刘邦的贡献,也是对刘邦助其复国的报答。受人巨财,不妥。其二,他熟知项伯贪财,故将珠宝献与项伯,一是答谢鸿门相助;二是还要利用项伯的特殊身份谋求政治利益,而结局是果得汉中沃土;三是楚汉相争的态势逐渐清晰。刘邦同张良一路入关,言听计从,明主、贤臣琴瑟之和已在他的脑海里打上烙印,说不定利用项伯这颗棋子还能谋大事。二人相比,张良是让财守义,而项伯却是见财弃义。

《史记·留侯世家》还载:"汉六年正月,封功臣。良未尝有战斗功,高帝曰:'运筹策帷帐中,决胜千里外,子房功也。自择齐三万户。'良曰:'始臣起下邳,与上会留,此天以臣授陛下。陛下用臣计,幸而时中,臣愿封留足矣,不敢当三万户。'乃封张良为留侯。"皇帝亲自下令让张良在齐这片膏腴之地上食三万户，那可是一笔巨大的财富，然而张良一面感谢高祖的恩典，同时不为这笔财富动心。如不受封也不合时宜，他选择了留地。留属于沛的一个行政辖区。秦时沛是县级行政单位，留属沛辖，那么留充其量只是一个镇。后来高祖建汉后把家乡沛县升级为郡，那么留就成为一个小县。按此推测，留地可能不上万户，而和山东三万户比，不能同日而语。那么，张良为什么要舍弃巨额财富而要选择弹丸留地呢？其一，张良说得明白，这是与高祖初次会面的地方。本来是张良当初为反秦想去投楚假王景拘，道路上却遇到了刘邦，因为奋斗目标一致，所以就跟随了刘邦。明主良臣巧遇留地，是上天的安排，是一个值得纪念的地方。其二，正是这次的巧遇，为大汉的建立奠定了基础，从此在十多年争天下的斗争中，君臣无猜，琴瑟相和，从一个胜利走向另一个胜利。留，这一地方不管是对高祖或是对张良来说都非同小可，选择留地，进一步拉近君臣之间的感情，以示张良永远不忘旧恩。山东三万户封地蕴含的是一个"利"字，留县小地蕴含的是一个"义"字，在张良看来，留县之义要远重于山东之利，舍利求义，谁说张良不是君子，谁说张良不是智者。

义利观是中国传统文化价值观的核心，读《史记》说张良，我们或可从中领悟点什么。

张良的地位观

什么是地位观？地位也是一个复杂的社会学、政治学、经济学的范畴，是人或团体在社会关系中所处的位置，是客观存在的实事。人们对自身地位的认识和看法就是我们所说的地位观。

当今时代，倡导的是树立正确的地位观。两千多年前，"地位观"这一词还不曾出现，但人们对地位的理解和看法并非不存在。那么，张良如何看待这一命题呢？

《史记·留侯世家》有段简单的记载："留侯从上击代，出奇计马邑下，及立萧何相国，所与上从容言天下事甚众，非天下所以存亡，故不著。留侯乃称曰：'家世相韩，及韩灭，不爱万金之资，为韩报仇强秦，天下振动。今以三寸舌为帝者师，封万户，位列侯，此布衣之极，于良足矣。'"这是君臣之间一次推心置腹的交流。陈豨反代地，高祖十一年率师平叛，仗打了一年多，张良随军出征，不离高祖左右，行军打仗非比在皇宫大殿森严，再加上张良早在汉六年就想退隐，所以君臣谈话较随便、真诚。恐怕也是最后一次真诚地交流。当谈到张良自己时，张良说出了上面一段话，这段话至少包含两层意思：其一，再叙自己的家世及自己少年时期的志向。其二，潜台词：幸遇高祖不弃，跟随高祖得以实现报仇复国的凤愿。很可能是高祖又问及张良对今后有什么想法和要求，张良说自从跟高祖争天下，常为高祖出谋划策，而高祖言听计从，高祖也以此争得天下。皇帝是至高无上的，而能为皇帝师，那应该是功高位高，这份荣誉他已经满足了。况且皇帝为他裂土封侯，这样的地位纵向来看他也已很满足了。这与一些嗜血之徒，在天下刚定，册封功臣时，居功自傲，拔剑击柱，盘马弯弓，要名誉、要地位的人形成了鲜明的对比。张良对功名、地位这种淡定的心态，充分表现了他博大的政治胸怀和高尚的人格。张良为帝师，尽到了帝师的责任，受到高祖的器重和信赖，对名誉、地位不贪不要，淡定如水，受到世人敬仰，又怎能不使刘邦这位封建帝王放心呢？

张良捭阖从容的生活态度

张良没有完全照搬儒家对人生的严肃和认真，也没有完全继承道家的玩世不恭、游戏人生的消极成分，而是因时就势，去选择生活的取向，积极应对眼前的一切，形成了他勇于舍弃、捭阖从容的生活态度。分析一下张良之所以能做到这一点，有如下原因。

其一，黄老之学的思想基础。黄老，是黄帝与老子的合称。黄老之学是以道家思想为基础，结合社会发展的需要，引进法家学说，同时吸纳儒家、阴阳家及墨家等诸家的观点，形成的道家的另一支派。司马迁《史记·太史公自序》引其父司马谈的《论六家要旨》说"道家无为，又曰无不为"，其实说的就是黄老之学的核心思想。黄老之学的为与不为都是积极的。"无为而治"就包含着治国治身（养生）两个方面。有学者称，1973 年于长沙马王堆三号墓出土《老子》一书的同时，还有《经法》《十六经》《称》《道原》四篇文章，这正是《汉书·艺文志》里所说的《黄帝四经》，与《老子》合在一起，就是黄老之学的主要内容之一。黄老之学始于战国，到秦汉之际逐渐兴盛。西汉初期的七八十年间，其成为治理国家的指导思想。张良生活在秦汉之际，文武皆通，怎么能不受黄老之学的影响呢？在治世方面，尽管刘邦对学术问题没有更多的理解，但他已经听从了张良等人的建议，以无为而治的黄老学术指导他的政治活动。比如，《史记·高祖本纪》记载："汉元年十月，沛公兵遂先诸侯至霸上。秦王子婴素车白马，系颈以组，封皇帝玺符节，降轵道旁。……遂西入咸阳。欲止宫休舍，樊哙、张良谏，乃封秦重宝财物府库，还军霸上。召诸县父老豪杰曰：'父老苦秦苛法久矣，诽谤者族，偶语者弃市。吾与诸侯约，先入关者王之，吾当王关中。与父老约法三章耳：杀人者死，伤人及盗抵罪。余悉除去秦法。'"刘邦灭掉了秦国，军事斗争暂告一段，怎样治理关中，前面说到张良谏，谏的内容恐怕就包括约法三章的内容。那么这约法三章的治理举措，实际就蕴含着清静简约、无为而治的思想，此可视为西汉初期黄老之治的先声。既然是黄老之学就包含着治国和治身两个方面，那么张良在辅佐高帝完成其争天下的历史使命后，作出"愿弃人间事，欲从赤松子游耳。乃学辟谷，道引轻身"的生活选择也就不奇怪了。

其二，残酷的宫廷斗争。宫廷斗争具体表现在易太子一事。汉十年，天下初定。高祖想废掉太子，立戚夫人所生赵隐王如意。废长立幼自古乱之始也，大臣诤谏，无济于事。张良也曾谏，"不听"。《史记》中记载张良为刘邦出谋划策众多，还没有见到"不听"二字，唯独在易太子问题上高祖非常固执，张良深知这件事情的性质及卷入这场斗争的后果。因此"因疾不视事"，"吕后乃使建成侯吕泽劫留侯，曰：'君尝为上谋臣，今上欲易太子，君安得高枕而卧乎？'留侯曰：'始上数在困急之中，幸用臣策。今天下安定，以爱欲易太子，骨肉之间，虽臣等百余人何益？'吕泽强要曰：'为我画计！'留侯曰：'此难以口舌争也。顾上有不能致者，天下有四人……'"（《史记·留侯世家》）张良知道这一事情的轻重，信守疏不间亲的原则，不愿卷入这场稍有不慎将会引来杀身之祸的宫斗之中。然而，吕后使建成侯吕泽强迫张良拿主意，且态度极为蛮横严厉："为我画计！"在不得已的情况下，张良为吕后出了个主意，倒是最终以"四皓"（东园公、角（lù）里先生、绮里季、夏黄公）来提高太子的威仪，保住了太子之位。通过这件事，更使张良认识到危机的存在，如不进一步采取措施，后果不堪设想。于是托迹神仙,辞世却粒。

其三,严峻的社会现实。随着刘氏政权的日渐巩固,刘邦的狰狞面孔也暴露无遗,先后杀赵相陈豨、燕王卢绾。十一年春杀淮阴,夷三族;夏,烹梁王彭越,夷三族。十二年杀淮南王黥布。至此,汉初三大名将,曾经为刘汉王朝的建立立过汗马功劳的英雄,被刘邦斩杀已尽。被刘邦誉为"三杰"的韩信被杀,萧何下狱,只剩张良。死者已矣,生者又怎能不震恐,厄运随时随地都可能会降到张良身上。目睹韩信、彭越等功臣的悲惨结局,他不能不联想到范蠡和文种的前车之鉴,更深刻地领会到"鸟尽弓藏,兔死狗烹"的残酷含义。

因此,他秉持积极的无为哲学观,主动地、有计划地从帝者师变为帝者宾,再从帝者宾彻底淡出政坛,由一位举足轻重的政治家、军事家,努力地过上了远离尘世的修道归隐生活。此举并非一般人能做到,只有大智大勇者,才能不恋名利,不恋权位,这也正是张良全身远祸的智慧所在。

张良作为优秀的帝王之师,辅佐刘邦打天下,建立了不世功勋,这符合黄老"无为,又曰无不为"的哲学主张;功成而知身退,托仙求道,这也是黄老哲学的内容之一。秦汉之际,乃至西汉初期,受黄老之学影响者,谙熟黄老精髓者,甚至著书立论者,不乏其人,然而能将黄老之学活用于生活实践,全身远祸者,张良而已。本文开篇之初引用司马光和王夫之对张良的评价,从两个不同的角度道出了张良全身远祸的真谛。

第六讲

命耶，智耶
——卫青、李广论

　　卫青、李广皆为西汉名将，二者生辰，史料皆无准确记载。卫青卒于公元前119年，李广自杀于公元前106年，李广早卫青弃世十三年。李广自杀时据说也只有六十有余，汉武帝在位五十四年，这说明卫青、李广的主要生活阅历还在武帝年间。《史记》中二者各有传，司马迁为李广单独作传，有《李将军列传》；将卫青与霍去病合传，有《卫将军骠骑列传》。南宋学者黄震在他的《史记评林》中说："凡看卫霍传，须合李广看。卫霍深入二千里，声震华夷，今看其传，不值一钱。李广每战辄北，困踬终身，今看其传，英风如在。史氏抑扬予夺之妙，岂常手可望哉？"黄老先生的评价又有几分可信呢？我们不去复评，那是他个人观点，但他说"凡看卫霍传，须合李广看"，倒是能给人以启发。

　　读《史记》中卫青、李广二人传记，脑子里总会留下二人形象的轮廓。卫青沉稳、大度、勇武多谋，有将帅之风；而李广率直、机警、勇猛、善射，是一员虎将。二人各有各的性格，各有各的风采。论其出身，卫青出身于家奴，李广为名将之后；论其所终，卫青位至人臣之极，以善终；李广不得封侯，终以自裁。司马迁认为这很不公平，理由也很简单：卫青靠的是卫子夫才得以青云，李广因为命运不好，才有这样的结果，司马迁很为李广抱不平。但二者传记并读，觉得司马迁是带着情绪来表述的，到底是命运使然，或是才能智慧使然呢？可浅述之。

一 政治智慧

卫青、李广都是西汉时期著名的高级将领,在不同时期的军事斗争中,都展示了他们的军事才能。然而,从历史上看,历来军事都是为政治服务的,脱离政治的军事斗争,就有草莽、绿林之嫌。毛泽东同志就曾批判过纯粹军事观点。因此,卫青、李广作为西汉时期的高级将领,不仅要具备一定的军事才能,同时还要有政治智慧。那么,二者的政治智慧怎么样呢?

先考察一下卫青。关于卫青,传递给我们更多信息的还应该是《史记》。司马迁在介绍这一人物时,总是把他私生子、家奴、外戚的身份写得清清楚楚,字里行间也可看出司马迁的一点小心思。这些都是事实。但卫青毕竟是卫青,他不仅是一位出色的军事将领,他还是一位成熟的政治人物。其一,他坚决贯彻、忠实执行汉武帝开边拓土、坚决打击匈奴之策,一改西汉初期几十年汉朝对匈奴那种软弱、忍让的政策,实现汉武帝由防御变为主动进攻的战略意图。在汉武帝积极用兵的时候,这就是对国家的忠,对朝廷的忠,这就是最大的政治,这就彰显了卫青的政治智慧。这种政治智慧也并非谁都具备,文臣武将中就不乏杂音,司马迁就不赞成对匈奴用兵。其二,卫青的政治智慧还体现在他的政治品格上。司马迁在《史记·卫将军骠骑列传》篇末说:"苏建语余曰:'吾尝责大将军至尊重,而天下之贤大夫毋称焉,愿将军观古名将所招选择贤者,勉之哉。'大将军谢曰:'自魏其、武安之厚宾客,天子常切齿。彼亲附士大夫,招贤绌不肖者,人主之柄也。人臣奉法遵职而已,何与招士!'骠骑亦放此意,其为将如此。"司马迁在结束卫青的传论之后,虽然不像对李广那样满腔热情极力予以赞美,但也借苏建之口说出了卫青的政治品格,并给予充分肯定:"其为将如此。"笔者认为司马迁用五个字评价卫青,起码包含两层意思:一是说卫青官至大将军、大司马,位极人臣,但仍低调行事,谨慎结交宾客,充分表现了他的政治智慧;二是说卫青虽为武将,但具备较高的政治素养。为什么这样理解呢?这几句话的第一层意思是借苏建之口有意贬抑卫青。说卫青官虽大而众官员不佩服、不赞美,为什么呢?这里边仍有出身及外戚的阴影，所以苏建或者说司马迁就要劝他不要高高在上，多结交点士大夫朋友吧；第二层意思是卫青的态度。作为臣子，不需结党，官无论大小，只需遵职奉法，这是为臣之道，坦坦荡荡，光明磊落。之所以这样，卫青一是吸取魏其侯窦婴和武安侯田蚡因结党营私而最终身败名裂的政治教训，同时，他也清楚皇帝对朋党的态度。因此，与窦婴、田蚡比，虽然都是外戚，而卫青显然在政治上更成熟一些。

李广与卫青的差距可就大了，他在政治上不仅不成熟，甚至可以说非常糊涂，略举几例以为印证。其一，私受将军印。《史记·本传》记载："吴楚军时，广为骁骑都尉，从太尉亚夫击吴楚军，取旗，显功名昌邑下。以梁王授广将军印，还，赏不行。"文景之时，汉对匈奴一直采取的是和亲政策，数十年没有大的战争，作为武将就缺少了用武之地。景帝时，恰遇七诸侯国叛乱，李广从太尉周亚夫平叛，这给了他一次立功的机会。李广不负众望，斩将搴旗，战功卓著，如不节外生枝，或许会受赏封侯。但他私下接受了梁王给他的将军印，所以，"赏不行"。梁王何许人也？梁王名武，汉景帝的弟弟，窦太后的小儿子。窦太后极为宠爱刘武，因母亲宠爱，景帝对他很放纵，也曾戏言，百年后让弟弟刘武继承皇位。刘武将这句话刻在了脑子里，总想继承大统，太后也极力想促成此事。在声势浩大的叛军的攻击下，景帝政权岌岌可危，刘武迫不及待，授予李广将军印，李广竟然接纳了刘武的将军印。这是什么性质？这是大是大非问题，这是对皇帝忠与不忠的问题，这是人臣移主的问题。因窦太后原因，景帝没有追究梁王。李广并非时运不济没得到封赏，反而干了这样不知轻重的糊涂事，他幸运占了窦太后和梁王的光，否则，谈不上封赏，脑袋早就搬家了。其二，残杀降卒。李广经常怀疑自己是否没有侯爵的相貌，或者是命里就不当封侯。一位看相的先生让他想一想，有没有做过自己后悔的事。"广曰：'吾尝为陇西守，羌尝反，吾诱而降，降者八百余人，吾诈而同日杀之，至今大恨独此耳！'朔曰：'祸莫大于杀已降，此乃将军所以不得侯者也。'"（《史记·李将军列传》）当然这绝不是李广不得封侯的原因，但至少说明李广在采取军事行动时缺乏政治方面的考虑。每一场战争都有它的政治图谋，脱离政治图谋和政治影响的军事行动是莽夫所为。坑杀降卒者，就缺乏政治智慧，这是距李广所处时代很近的项羽的教训，李广就不知道吸取。不但李广谈起这件事感到遗憾,任何一位历史评论家也不会把这件事说成智者所为。其三,意气用事。李广立功心切,往往意气用事,其结果总是事与愿违。元狩四年,李广从大将军卫青击匈奴,为立功封侯,李广多次请求单独出击,皇帝为照顾他年老,不允许。后来,在李广的一再恳求下,才令他为前将军。然武帝和卫青还是不放心,那么多年轻将领,怎么能让这位六十多岁的老者当先锋呢?一是恐李广有闪失,二是怕李广不能当此任,所以下令徙李广出东路,避开正面匈奴的锋锐。"广时知之,固自辞于大将军。大将军不听,令长史封书与广之幕府,曰:'急诣部,如书。'广不谢大将军而起行,意甚愠怒而就部,引兵与右将军食其合军出东道。"(《史记·李将军列传》)合该李广倒霉,出东道又迷了路,等到卫青打了胜仗回来,才遇见了李广。当卫青按军规对李广进行责备时,李广竟不愿对刀笔吏而自杀。尽管司马迁一路为李广唱赞歌,但怎么也掩饰不了李广那种恃才傲物、求功心切的心理特点和人性弱点。

将卫青的传论和李广的传论放在一块读,我们总感觉到,二者虽然都是武将,但卫青的政治意识、政治谋略、政治的执行力和敏感度,都远远高于李广。

二 军事智慧

受《史记》影响,世人都把卫青、李广相提并论,且在某种程度上,李广的名声和影响甚至比卫青的更大一些。谈卫青,总有个无形的框子在框着他,似乎认为,如果不是他的姐姐卫子夫,卫青能否当上将军都是问号;而李广出身将门,一身武艺,镇守边关如铜墙铁壁,人称飞将军,声震华夷,那可是响当当的将军。如要真的将二者分个优劣,可作比较:

身先士卒,爱兵如子。这是二者共同的特点。在《史记·李将军列传》中,每写一个战斗场面,总能看到李广一马当先,冲锋在前。而且还说:"广廉,得赏辄分其麾下,饮食与士共之。"用现在的话说,他把士兵当兄弟,与士兵一起战斗,一起生活,不搞特殊,不摆官架。"乏绝之处,见水,士卒不尽饮,广不近水,士卒不尽食,广不尝食。

宽缓不苛，士以此爱乐为用。"卫青亦如此：《史记·淮南衡山列传》记载，淮南王刘安谋反，顾忌的是大将军卫青，向谋士伍被了解卫青的情况。伍被说："被所善者黄义，从大将军击匈奴，还告被曰：'大将军与士大夫有礼，于士卒有恩。众皆乐为之用。……大将军号令明，当敌勇敢，当为士卒先。休舍，穿井未通，须士卒尽得水，乃敢饮。军罢，卒尽已渡河，乃渡。'"这是二者身上共同的优点，也是二者作为名将的主要因素之一。

从二者的治军风格看，截然不同，或者说李广的治军风格更有个性。《史记·卫将军骠骑列传》中没有过多描写卫青的治军风格，但在《史记·淮南衡山列传》中通过谒者曹梁之口说"大将军号令明，当敌勇敢，常为士卒先"。而在本传中描写他统率数十万大军击匈奴，赏罚分明，治军肃整，责前将军李广，囚右将军苏建就是很好的说明。关于李广治军的风格，司马迁没有将他和卫青并提，也可能是无法类比吧。但在《史记·李将军列传》中，司马迁将李广与程不识放在一起作了对比："广以上郡太守为未央卫尉，而程不识亦为长乐卫尉。程不识故与李广俱以边太守将军屯。及出击胡，而广行无部伍行陈，就善水草屯，舍止，人人自便，不击刀斗以自卫，幕府省约文书籍事，然亦远斥侯，未尝遇害。程不识正部曲行伍营陈，击刀斗，士吏治军簿至明，军不得休息，然亦未尝遇害。"将二者治军风格放在一起对比后，司马迁兼叙兼议地补上了一句："是时汉边郡李广、程不识皆为名将，然匈奴畏李广之略，士卒亦多乐从李广而苦程不识。"这就非常清楚地表明了司马迁的倾向性。

我们怎样去评价这两种治军的风格呢？从古到今，凡能治军者，都把纪律当作军队的灵魂。孙子斩吴王宠姬，以明军纪，虽然吴王感到格外心痛，但他还是夸奖孙子会用兵。周亚夫军细柳，成为历史佳话，治军楷模。"三大纪律、八项注意"是人民军队制胜的法宝，守规矩，才能打胜仗。从这个角度讲，卫青治军严整，号令严明，是将帅带兵的准则，颇有将帅气度与风范；而李广治军松散，军纪松弛，行就随意，士兵不受那么多约束，因此一般士卒都较喜欢分金、吃肉的行伍生活。这种带兵风格固然士卒乐于随从，司马迁也较赞赏，然与李广同时的程不识给出了评价："李将军极简易，然虏卒犯之，无以禁也。"幸运的是李广没有遇到像程不识预测的那样的情况,如果真的遇到那种情况,那就肯定验证了程不识的话了。全面考察李广的治军风格,就会感觉到李广治军少了一些将帅风范,多了一些游击习气。

作为高级将领,还须考察二者的军事指挥艺术和才能。谈到卫青的指挥艺术,由解放军出版社出版的《中国历代军事家》一书中是这样总结的:卫青善于在沙漠草原组织骑兵集团的进攻战役;善于发挥骑兵特长,实施远程奔袭,捕捉战机和包围歼敌。这个总结,既是说卫青的战略战术,也是卫青忠实贯彻武帝战略意图的具体体现。在具体的实施过程中,卫青将他的沉稳、谨慎、大胆、果断有机融合,在每一个战役指挥过程中发挥得淋漓尽致。《史记·本传》记载,元朔二年,汉武帝发动了河南战役,"令车骑将军青出云中以西至高阙。遂略河南地,至于陇西,捕首虏数千,畜数十万,走白羊、楼烦王。遂以河南地为朔方郡"。这次战役由卫青统一指挥,这是一次大规模的远程兵团作战,兵出云中(今内蒙古托克托县),至高阙(内蒙古乌拉特后旗)进军两千余里,采用了大侧迂回,转大包围的战术,聚歼了河南的匈奴部队,仅跑掉了白羊、楼烦二王。这是卫青第一次指挥大兵团作战。实施侧翼包围的目的,就是将匈奴部队压缩在河套,围而歼之。这需要大胆地设计,周密地安排,谨慎而又严密地部署每一个环节,果断而迅速地采取军事行动,出现一处疏漏,就可能造成前功尽弃,或置于被动境地。然而,卫青成功了,他的沉稳、谨慎、大胆、果断的指挥风格,在这次战役中初步得以体现,汉朝从此解除了匈奴对长安的直接威胁,遂置朔方郡。元狩四年(公元前119年),汉武帝令大将军卫青率五万余骑出定襄,寻求左贤王部决战。"兵即度幕(漠),人马凡五万骑,与骠骑等咸击匈奴单于。赵信为单于谋曰:'汉兵既度幕,人马罢,匈奴可坐收虏耳。'乃悉远北其辎重,皆以精兵待幕北。而适值大将军出塞千余里,见单于兵陈而待,于是大将军令武刚车自环为营,而纵五千骑往当匈奴。匈奴亦纵可万骑。会日且入,大风起,砂砾击面,两军不相见,汉益纵左右翼绕单于。单于视汉兵多,而士兵尚强,战而匈奴不利,薄莫,单于遂乘六赢,壮骑可数百,直冒汉围西北驰去。时已昏,汉匈奴相纷挐,杀伤大当。汉军左校捕虏言单于未昏而去,汉军因发轻骑夜追之,大将军军因随其后。匈奴兵亦散走。迟明,行二百余里,不得单于，颇捕斩首虏万余级，遂至寘颜山赵信城，得匈奴积粟食军。军留一日而还，悉烧其城余粟以归。"这次战役先是主动出击，寻找匈奴主力作战。然而当行军千余里，正遇有备以待的匈奴精锐，形势马上变为被动。但大将军卫青临危不乱，沉着指挥，以武刚车布阵以对，同时组织五千骑兵攻打匈奴，这就大大削弱了匈奴以逸待劳的有利条件，由被动转为相当。恰遇大风，飞沙走石，对面无以相认，加上天气渐昏，卫青令两翼包抄匈奴，使匈奴斗志瓦解，突围遁逃。卫青又组织轻骑连夜追赶，完全由被动变为主动，斩获颇丰。这次战役充分体现了卫青临危不惧、临阵不乱、指挥若定、沉着冷静、坚毅、果断的军事指挥艺术。无怪乎司马光称赞他有将帅之才。

《史记·李将军列传》中论"广结发与匈奴大小七十余战"，然而《史记》中记载的，能够体现李广的军事指挥艺术的只有两次。第一次是救中贵人。"匈奴大入上郡，天子使中贵人从广勒习兵击匈奴。中贵人将骑数十纵，见匈奴三人，与战，三人还射，伤中贵人，杀其骑且尽。中贵走广。广曰：'是必射雕者也。'广乃遂从百骑往驰三人。三人亡马步行，行数十里。广令其骑张左右翼，而广身自射彼三人者，杀其二人，生得一人，果匈奴射雕者也。已缚之上马，望匈奴有数千骑，见广，以为诱骑，皆惊，上山陈。广之百骑皆大恐，欲驰还走。广曰：'吾去大军数十里，今如此以百骑走，匈奴追射我立尽。今我留，匈奴必以我为大军诱之，必不敢击我。'广令诸骑曰：'前！'前未到匈奴陈二里所，止，令曰：'皆下马解鞍！'其骑曰：'虏多切近，即有急，奈何？'广曰：'彼虏以我为走，今皆解鞍以示不走，用坚其意。'于是胡骑遂不敢击。有白马将出护其兵，李广上马与十余骑奔射杀胡白马将，而复还至骑中，解鞍，令士纵马卧。是时会暮，胡兵终怪之，不敢击。夜半时，胡兵亦以为汉有伏军于旁夜取之，胡皆引兵而去。平旦，李广乃归其大军。大军不知广所之，故弗从。"

第二次战斗是在元狩二年（公元前120年），李广率领四千骑兵出右北平，博望侯张骞率万余骑与李广向北进发，走的不是一条道路。"行可数百里，匈奴右贤王将四万骑围广，广军士皆恐，广乃使其子敢往驰之。敢独与数十骑驰，直贯胡骑，出其左右而还，告广曰：'胡虏易与耳。'军士乃安。广围圆陈外向，胡急击之，矢下如雨，汉兵死者过半,汉矢且尽。广乃令士持满勿发,而广身自以大黄射其裨将,杀数人,胡虏益解。会日暮,吏士皆无人色,而广意气自如,益治军。军中自是服其勇也。明日,复力战,而博望侯军亦至,匈奴军乃解去。汉军罢弗能追。是时广军几没,罢归。汉法,博望侯留迟后期,当死,赎为庶人。广军功自如,无赏。"

司马迁描写李广指挥的这两次战斗规模都不大,但危险系数都很高,读后都为李广捏把汗。两次战斗几乎都是以突如其来的情况陷李广于绝境,然而李广却能绝处逢生,这是归结于他的运气呢,还是指挥艺术呢?两次战斗最能表现出他的军事素质的是胆大、临危不乱、临阵不惧。第一次战斗是以百余骑的小股部队,面对数千人的匈奴大军,李广反而极为冷静,解鞍卧马,迷惑对方,以智得脱;第二次战斗面对的是十倍于己的匈奴大军,而李广还能冷静应对,先是让其子冲阵,再是亲射匈奴裨将,这些都表现了李广过硬的军事素质及胆大、勇猛的大无畏精神。但我们反过来再探讨一下,假如李广的胆大,再加进心细,周密部署,在行进的路上,前设探哨,后与张骞保持联系,或许就不会遭遇这样被动的局面。尤其是追杀射雕者,作为一军主帅,弃大军于不顾,远离指挥岗位,去进行这样不符合自身职责和身份的行动,去干一件游击队长、侦察排长干的事情,实在是谈不上什么大将风度。如果把李广指挥的几次战斗和卫青指挥的大规模的战役放在一起读,那李广可就是小巫见大巫了。

军事成就。司马迁一共记录了卫青同匈奴的七次交锋,同时借李广之口说李广一生与匈奴大小战斗七十余次。仅看与匈奴交战的次数,李广是卫青的十倍,然战绩如何呢?我们把李广和卫青放在一起去考察,也好做个对比。

《史记·卫将军骠骑列传》:"最大将军青,凡七出击匈奴,斩捕首虏五万余级,一与单于战,收河南地,遂至朔方郡,再益封,凡万一千八百户。"这里司马迁交代得比较笼统。从《史记》其他篇章记载中得知,卫青一生七次出击匈奴,而七战七捷。具体情况如下:第一战是在元光五年(公元前130年),卫青为车骑将军,领军一万出上谷(今河北怀来县),袭龙城,斩获七百余人。这是汉武帝第一次大规模对匈奴用兵。一共派了四路人马,其中,李广为骁骑将军领军一万出雁门,被匈奴俘虏，"得脱归，当斩，赎为庶人"。另外两路人马为公孙敖、公孙贺分别领军一万出代郡、云中。公孙敖损兵七千，当斩，赎为庶人，公孙贺无功。这一战四路人马是平行关系，唯卫青有功，虽然斩获不多，但政治意义远大于军事意义。它打破了西汉以来，几十年匈奴不可战胜的神话，对鼓舞士气，坚定武帝讨伐匈奴的信心起到了不可低估的作用。第二战是在元朔元年（公元前128年），卫青仍以车骑将军的身份率三万军出雁门击匈奴，斩杀、俘获敌人数千名，匈奴大败而逃。这是武帝大规模对匈奴作战的第二战，大胜而归。此战胜利，在军事和政治上都有重要意义。是年李广被重新起用，镇守右北平，无战事。第三战是在元朔二年（公元前127年），匈奴对汉大举进攻，汉武帝令将军李息正面阻击匈奴兵，派车骑将军卫青出云中，至高阙，采取迂回侧击的战术，绕到敌兵侧后，然后迅速南下，形成了对河套地区包围的态势，匈奴白羊王、楼烦王仓皇逃走，汉军斩获、俘虏数千人，夺取牲畜一百多万头。此役的重大意义在于进一步尝试了长驱直入、包抄迂回的大漠用兵战术，完全控制了河套地区，设朔方郡，解除了匈奴对长安的威胁，建立了进一步用兵匈奴的前方基地，具有重大的战略意义。第四战是在元朔五年（公元前124年），汉武帝命令卫青率三万骑兵从高阙出发，苏建、李沮、公孙贺、李蔡四将军从朔方出发击匈奴，四将军受车骑将军卫青节制；同时李息、张次公从右北平出发，击匈奴。趁着匈奴右贤王警惕性不高，卫青率大军飞马深入大漠七百余里，包围了右贤王的营帐，右贤王还在饮酒作乐，惊慌失措只带着美妾和几个护卫弃军而逃，汉军俘获右贤王小王十余人，男女一万五千余人，牲畜几百万头，大获全胜。此次大捷，可谓大漠长途奔袭的典型战例，为后来对匈奴作战积累了宝贵的经验。此捷之后，汉武帝封卫青为大将军。从元朔元年（公元前128年）至此，史料不见李广战事。第五战是在元朔六年（公元前123年），这年春天，卫青以大将军身份，率中将军公孙敖、左将军公孙贺、前将军赵信、右将军苏建，李广作为后将军随卫青出征，出定襄，斩首虏一万余人，两次斩俘一万九千余人。"诸将多中首虏率，以功为侯者，而广军无功。"（《史记·李将军列传》）二出定襄也是卫青与匈奴的第六战。从元朔六年始，骠骑将军霍去病战功日卓，影响日大，因此，三四年间卫青不曾出师。其间，元狩二年（公元前 121 年）李广出右北平，与博望侯张骞异道，丧师四千，杀虏过当，几乎全军覆没。"本传"有载。元狩四年（公元前 119 年）卫青奉命第七次出征，从定襄出发，率五万大军深入漠北寻找匈奴主力作战。与单于交战，大败单于，斩首虏万余人，得单于积粟补给，大胜而归。这次漠北大战，也是卫青与匈奴的最后一战。李广从大将军参加了这次战役，因迷失道路，等大将军卫青得胜返回才遇到了他，而他却畏罪自杀。

将卫青与李广二者的军事战绩放到一起比较，卫青出师七次，而七次获胜，次次记录在案；李广大小战斗七十余次，有案可查者极少，其结果是非全军覆没，就是无功而返，而有罪当斩者就有两次，其军事业绩无法与卫青相比。

全面考察二者的治军风格、指挥艺术、军事韬略及业绩，李广缺少的是卫青的大将军风范和军事智慧。

三　道德素养

司马迁评价卫青"仁善退让"。仁善退让是华夏民族美德的集中概括。历朝历代具备这种传统美德的人可谓数不胜数。然而，能够体现在位极人臣而又是一位军事将领身上，也是难能可贵的。《史记·卫将军骠骑列传》及其他涉及卫青的篇目中，卫青的"仁善退让"，其中每个字都有实例，每个字都有支撑，实实在在，使卫青这一人物有血有肉，形象丰满，体现了"不虚美，不隐恶"的史学家的"实录"精神。

司马迁为李广作评，最煞费心思的两句话影响极大，一句是引用古书上的名言："其身正，不令而行；其身不正，虽令不从。"另一句是引用的谚语："桃李不言，下自成蹊。"然读其"本传"及有关李广的其他史料，总觉得这两句评语缺乏支撑，太笼统，不具体，不准确，有虚美之嫌。一般来说，班固的《汉书》与《史记》内容重叠的部分，多按《史记》原文拓下来，很少变动，但就太史公对李广评价最关键的两句，删去了"其身正"句，会不会是感觉到评价不实的缘故呢？

我们还是先说说卫青。

卫青军功卓著，被任命为大将军、大司马。《汉官仪》："汉兴置大将军位丞相上。"可见卫青位极人臣，又有姐姐当靠山，那可是炙手可热。然而，卫青为人仁善退让，恭谨低调，从不以势压人。

汲黯是武帝时期的重臣，武帝曾称之为"社稷之臣"。此人为人耿直，不善阿谀，敢违武帝诏命不向卫青行跪拜礼，大将军不但不怪罪汲黯，反而"愈贤黯，数请问国家朝廷所疑，与黯过于平生"。(《史记·汲郑列传》)卫青看准了汲黯的品质，似乎在某些方面与自己吻合，于是就主动请教国家大事，二者关系越来越亲密，胜于平常交往的好多人。卫青没有这种良好的素养，很难有这样的结果。

苏建是卫青的一位部将，元朔六年在与匈奴的一次大战中，苏建率部数千人与数万匈奴人作战，力战一日，全军覆没，苏建逃归卫青，按军规当斩。杀与不杀，在卫青的军帐中有两种意见。汉郎官周霸说："自大将军出，未尝斩裨将。今建弃军，可斩以明将军之威。"卫青怎么看这一问题呢？"青幸得以肺腑待罪行间，不患无威，而霸说我以明威，甚失臣意。且使臣职虽当斩将，以臣之尊宠而不敢自擅专诛于境外，而具归天子，天子自裁之，于是以见人臣不敢专权，不亦可乎？"(以上引皆见《史记·卫将军骠骑列传》)足见其仁善、恭谨、低调的性格与品质。果然，武帝不杀苏建，赎为庶人。

李敢是李广的小儿子，曾以校尉身份跟随霍去病击匈奴，有功，封关内侯。李敢总是把父亲李广的死归结为卫青的责任，认为卫青有意排挤、刁难、陷害李广，寻找机会要为父亲报仇，杀掉卫青。李敢趁大将军不备，刺伤了卫青。这可是天大的事，杀国之栋梁以报私仇，有灭门之罪。卫青怎样处理这一问题呢？"匿讳之"。不但不治李敢之罪，而且把这个事情藏匿起来，不让扩大影响和事态。以卫青的地位与身份，杀死一个李敢，简直是轻而易举，而卫青仁善的性格、广阔的胸怀、大度包容的品格永远为后人称道。当然李敢后来死于霍去病之手，则另当别论。

卫青的这种个人品质和素养在李广身上却有不同的表现。《史记·李将军列传》记载，李广被俘获罪，赎为庶人，"尝夜从一骑出，从人田间饮。还至霸陵亭，霸陵尉醉，呵止广，广骑曰：'故李将军。'尉曰：'今将军尚不得夜行，何乃故也！'止广宿亭下。居无何，匈奴入杀辽西太守，败韩将军，后韩将军徙右北平。于是天子乃召拜广为右北平太守。广即请霸陵尉与俱，至军而斩之"。禁止夜行可能是当时的规定，霸陵尉是负责治安的官员，阻止夜行是在执行公务，尽职履责。令李广不能接受的是，亮出了故李将军这个牌子，而霸陵尉还不给这个面子，执法那么死板，为此耿耿于怀，寻机报复。按李广的武艺，杀十个霸陵尉也不是难事。然而，李广很清楚那是犯罪，须暂时忍让，以待时机。恰遇天子重新起用他，于是他就借公事而出了胸中这口恶气，杀了霸陵尉。卫青那么高的地位，李敢刺伤了他还"匿讳之"，而霸陵尉只是伤了他的面子，相形之下，李广显得心胸狭窄，不够大度。《史记·韩长孺列传》也记载了与李广类似的一件事情：韩安国曾经犯法入狱，蒙县的一个狱吏叫田甲的故意侮辱他。韩安国说："死灰难道就不会复燃了吗？"这个狱吏回答说："如果再燃烧就撒尿浇灭它。"可见这狱吏是一个势利小人。过了不久，韩安国又被任命为梁国的内史，秩两千石，成为一位高级官吏。而田甲听说韩升了大官，害怕报复他，于是就逃跑了。韩安国恐吓他说："田甲如果不返回工作，我要杀他全家。"于是田甲又回来并向韩安国谢罪。韩安国笑着讥讽他："你可以撒尿了，像你这样的人也值得我去惩办吗？"最后还是友好地对待田甲。韩安国当时才是诸侯国的一位长史，尚能以恩报怨，而李广为赫赫飞将军，名声在外，却容不下一个正常执勤的霸陵尉，公报私怨，置之死地而后快。后来，韩安国、李广同朝为臣，二者见面李广是否也觉得矮人一截？怪不得韩安国后来官至御史大夫，成为国之大器。而李广每战辄北，最后自杀。

至于李广曾一日杀降者八百余人，每念封侯，心中常因"诸部校尉以下，才能不及中人，然以击胡军功取诸侯者数十人，而广不为后人，然无尺寸之功以得封邑者"而愤愤不平，满腹怨气。这都有失大将风范。

综观卫青、李广二者政治智慧、军事智慧、个人修养等方面，李广实在都逊卫青一筹。卫青被武帝重用，并很快得到提拔、封侯，官至大将军、大司马，这肯定与卫子夫有一定关联，但并不是所有外戚都能像卫青一样建立那样的功绩。后来的二师将军李广利就能说明这一问题。卫青也被武帝看中，但也经过了武帝的反复考验。卫青一生与匈奴七次交战，而前四次都是以车骑将军身份出现的，尽管在有些战役中，武帝已授权节制其他部队。一直等到第五次战役卫青才被封为大将军。可见，武帝授大将军印也是极为慎重的。再者，看卫青封侯也是按当时的规矩逐渐升格的。第一次出战，四路大军唯卫青斩获七百余人，封关内侯；第三次战役，收复河南地置朔方郡，从此解除匈奴对长安的威胁，封卫青为长平侯，食邑三千八百户；第四战是大漠长途奔袭，取得辉煌战果，俘获右贤王小王十余人，男女一万五千余人，牲畜几百万头，加封食邑八千七百户；最后一战，打得很惨烈。靠卫青的军事智慧，取得斩杀俘虏匈奴一万九千多人的战果，被封为大司马。看来汉武帝屡屡加封卫青，或许有卫夫人的面子因素，但更重要的是凭借卫青的政治智慧和军事智慧。

司马迁笔下的李广堪称一员猛将、大英雄。司马迁每每突出他的"善射"，射杀射雕者、射杀胡白马将，被俘逃跑后，取胡儿弓射杀追骑、射猎中石没镞、以大黄弓射杀胡裨将等。一张大弓拉满了李广一身英气，拉出了李广勇武。然而，李广政治上欠成熟，军事上每战辄北。在治军风格上，游击习气浓厚，在他身上总能看到游击司令的影子。就这一点，后世多人评价"可以属人，难以专将""非大将材也"。司马光说："效不识，虽无功，犹不败；效李广，鲜不覆亡。"再加上他的政治品格、胸怀气度，的确难与卫青相比。李广有怨气，与匈奴交战四十余年，大小战斗七十余次，然不封侯，这是莫大的不公平，司马迁也一再为李广抱不平，然而司马迁怎么就将李广的军事业绩遗漏了呢？如果没有漏笔，那在《史记》中怎么就看不到能够封侯的战绩？这真是皇亲贵族有意排斥、压制李广吗？笔者认为这种说法无根据。一是武帝与匈奴开战，正是用人之际，一战被俘，获罪后还马上起用，他并没受到排挤、压制；二是他有很多次单独作战独立指挥的机会，但他都不能很好地把握，不是被俘，就是全军覆没，何谈战功！他的不平之气是心胸狭窄所致。试想他的儿子李敢随骠骑将军击匈奴一战有功，得封关内侯，而李广的资历、威望在朝中哪个不高看三分。就连灌夫骂座，田蚡还借李广的威信找灌夫的茬儿。田蚡说，程不识与李广同为东西宫卫尉，今天你灌夫羞辱程将军，那你就不碍李将军的面子吗？可见李广在朝中的影响。影响归影响，赐爵封侯是有章法的，李广不得封侯是没有达到当时封侯的军功要求。

不愿命运，是才能所系、智慧所系！

四 司马迁留下的难解之谜

司马迁在《史记·卫将军骠骑列传》中，较为全面系统地记录了大将军的一生。《史记》的其他篇章中也有不少关于卫青的片段。对卫青的政治品格、军事才能与智慧、个人素养与操行，都有具体的描写，且能够体现卫青的智慧与品格的每一件事，都是那样真切，记录得那样详细。读卫青本传，似乎挑不出卫青身上的毛病，司马迁的确将他刻画成一个完人。然而，司马迁是怎样评价卫青的呢？《史记·卫将军骠骑列传》有两处最醒目的评语。一处是在介绍骠骑将军霍去病的道德、胸襟时，最后补了一句："大将军为人仁善退让，以和柔自媚于上，然天下未有称也。"另一处是在为卫青、霍去病作传结束时的赞语："太史公曰：苏建语余曰：'吾尝责大将军至尊重，而天下之贤大夫毋称焉，愿将军观古名将所招选择贤者，勉之哉。'大将军谢曰：'自魏其、武安之厚宾客，天子常切齿。彼亲附士大夫，招贤绌不肖者，人主之柄也。人臣奉法遵职而已，何与招士！'骠骑亦放此意，其为将如此。"司马迁对卫青的两处评价，充满了逻辑上的矛盾。在第一处的评语中，司马迁以述评的方式为卫青作质的定论——仁善退让。这是对前面发生在卫青身上一桩桩、一件件具体事例的概括，是对卫青道德品行的充分肯定和褒扬。而下面的两句似乎不能顺理成章。柔和是仁善退让的形象表达，司马迁肯定的正是这些东西，既是肯定、赞美，怎么就用一"媚"字与"让"连起来了呢？媚，这里有讨好，或讨谁喜欢的意思。这种传统美德，既然被社会、被世人认可，那怎么会有"天下未有称也"的结果呢？第二处评语中，司马迁自己不再直接评论，而是借苏建之口，开门见山说出卫青显然官大位显，"而天下之贤大夫毋称焉"。后面卫青在答谢苏建善意劝说时，总结前人的教训，亮出自己的底线："人臣奉法遵职而已"。这其实是对卫青品质的又一次褒扬。奉职守法，正是古代循吏、良吏的基本准则。最后，司马迁似乎还有许多感慨："其为将如此！"包含了他不只是对卫青、霍去病的赞叹，同时，官场上的一幕一幕，正面的，反面的，与之有关联的，无关联的，都隐含在感叹之后的省略号中。

司马迁笔下的卫青近乎一个完人，而司马迁却反复强调天下贤士大夫反而不赞美他，这是什么原因呢？如果不是将武帝大举用兵的偏见转移到卫青身上，如果不是对"外戚"二字本身就持有偏见，如果不是对卫青的出身持有偏见的话，那么，司马迁给后人留下的这个问题将永远是一个不解之谜。

司马迁为李广作传，突出了李广的勇武、善射，描述了他的带兵风格、"数奇"的命运、政治上的缺憾及个人素养上的点滴。读《史记·李将军列传》总觉得司马迁在着意虚美李广。写美，支持的东西不够，反而写李广身上的不足倒是很具体。如写他带兵，扎营随便，士卒自便，军帐诸事简便。这种治兵风格为兵家不认可，更不会效法；斩杀霸陵尉写得有声有色，但体现的是他狭小的胸襟；写他与匈奴作战的场面倒很生动，但结果总是无功，甚至险丧性命等。而司马迁在为李广下评语时并不像评价卫青那样实在，令人信服。

《史记·李将军列传》中也有两处较为醒目的表述：一处是当李广畏罪自杀后，"百姓闻之，知与不知，无老壮皆为垂涕"。另一处是"本传"最后，司马迁的点赞："《传》曰：'其身正，不令而行；其身不正，虽令不从'。其李将军之谓也？余睹李将军悛悛如鄙人，口不能道辞。及死之日，天下知与不知，皆为尽哀。彼其忠实心诚信于士大夫也！谚曰'桃李不言，下自成蹊'此言虽小，可以谕大也。"

司马迁也和褒扬卫青一样反复强调百姓士大夫对李广的爱戴。百姓士大夫为什么对李广这么尊崇？是因为他有一颗忠实心。然而，一忠一实，却没有具体的东西支撑，说他忠于国家，这是为将者的本分，但李广的忠实是有污点的；说他实，他至死追求的都是封侯的虚名，这样的表述有懈可击，这是司马迁赞语中的一虚。"其身正"句，其字面含义很好懂，讲的是以身作则，树立榜样，身教胜于言教，但用这句话来评价李广就会令人费解。这到底是评价李广哪一方面呢？是政治智慧，是军事才能，还是个人素养？不得而知。说卫青为人如何，在他的结论中都能找到实在的事例，很具体、很充分，而对李广这样的评价就显得笼统、不实，这是第二虚。有前面这两虚作基础，后面的"桃李不言，下自成蹊"的喻评，也就很难找到根基，这应该是第三虚。我们可以下一个结论：司马迁对李广的褒扬着实有虚美之嫌。

《史记》为李广作评也和为卫青作评一样出现了逻辑上的矛盾。在《李将军列传》中，出现在读者面前的可不是一个无可挑剔的完人，而且在他身上有一些致命的弱点，比如政治上的不成熟，作为将军缺乏治军的素养和震撼国人的军事业绩，每战辄北，这不该是一位名将的收获；又如杀降卒八百，诱斩霸陵尉，都说明他大将气度和个人品格的缺失。那么，这样一个有优点，又有缺点，且缺点大于阳光之人，司马迁用评价一位完人的评语评价李广，给人的感觉是逻辑上的错位，实在是令人费解。然而，司马迁就是这样赞美李广的。如果不是借李陵之事来抒发自己内心的不平的话，如果不是自己因李陵事件受辱，李陵、李广又是祖孙一家，而对李广偏爱的话，那么司马迁为什么有违史学家"不虚美，不隐恶"的治史原则，而给李广这么高的评价呢，这是他留给后人的又一个不解之谜。

一介布衣的智慧与担当

——卜式简论

用"布衣"二字为卜式身份定格，似乎有贬低卜式身份之嫌，然而，本文论及的智慧与担当，确实多在卜式的"布衣"时段。卜式，何许人也？

一 关于卜式

《史记·平准书》："卜式者，河南人也，以田畜为事。"这就说清楚了：卜式是河南的一介布衣。河南怎样解释？有人作注：黄河以南。这种解释，概念似乎有些模糊。河南，固然不是现在河南省的概念，但它确实是西汉时期的一个行政区，而且大概方位也就占据了现在河南省的一部分。《汉书·地理志》记载："河南郡，故秦三川郡，高帝更名。雒阳户五万二千八百三十九。……县二十三。"根据这一记载得知，《史记·平准书》中所记的河南，就是原秦朝设的三川郡，因有黄河、洛河、伊河，故谓三川。西汉更名为河南郡，雒（洛）阳为治所，辖二十二个县，大约西起洛阳，东到开封，东北到山东菏泽以东这么一个行政辖区。卜式具体的籍贯在哪里呢？目前起码有三种说法，第一种说法是洛阳温人，即今温县；第二种说法是山东巨野，今属菏泽；第三种说法是江苏丰县。第一种说法的依据是，卜式的先祖子夏，为孔子弟子，晋国温人。目前，河南温县、获嘉都有卜氏族谱；第二种说法是根据山东巨野卜氏族谱记载；第三种说法也是根据族谱记载。三种说法存在矛盾，也无从考证。但本文倾向于第一种说法。原因有三：一是江苏支系是从山东迁移过去的，况且不是河南郡，首应排除；二是山东巨野支系族谱是明末清初撰修，据西汉已一千多年，很难说有那么严谨；三是《史记》记载，卜式的主要职业是在山中牧羊，而巨野是鲁豫平原腹地，好像与《史记》记载不甚吻合，因此，本文认为第一种说法可信度更高一些。

《史记》没有给卜式作传，而在《平准书》中用相当长的篇幅记录了卜式的一生。《史记》之后，班固的《汉书》专门为卜式立传，有《公孙弘卜式儿宽传》；宋司马光的《资治通鉴·汉纪十二》也记载了卜式的事迹片段。那么，卜式到底是一个怎样的人物呢？

《史记·平准书》记载：卜式很早就失去了双亲，他与弟弟相依为命，以种地、牧羊为生。等到弟弟长大后，他与弟弟分家时只要了百余头羊，其田宅财物都给了弟弟，然后赶着羊到山里放牧。卜式放牧有本领，十余年后就发了大财，重新置买田宅。而他的弟弟已将分得的家产挥霍一空，卜式就将自己挣来的家产又一次与弟弟平分。之后，像这样的分家又进行了几次。但卜式靠耕牧很快又积累了一大笔财富。恰逢武帝抗击匈奴，卜式上书朝廷，希望将自己家产的一半捐献给国家，以作边用。朝廷认为他这种行为不合常理，没有接受他的申请。后来山东闹水灾，灾民流徙河南，卜式就捐献给河南郡官府一大笔钱用于救济灾民。所有捐赠者的名单报到武帝面前，武帝又一次看到卜式的名字，认为这种做法很好，应该给百姓树立一个榜样，因此，就表彰卜式于天下。武帝派人问卜式："想做官不？"卜式回答："不愿做官。""有什么要求没有？"回答是，什么要求都没有。武帝越发敬重卜式，召他为郎官，卜式不愿。武帝说，郎官的职业是在上林苑中为他放羊，卜式欣然答应。过了一年，卜式把上林苑中的羊养得又多又肥又壮。武帝看见后很高兴，问他是怎么回事。卜式回答说："非独羊也，治民亦独是也。以时起居，恶者辄斥去，毋令败群。"武帝觉得这个人很有意思，就让他做缑县县令以试之。有政绩，就迁为成皋令，后又拜为齐王太傅。卜式任齐相期间，恰逢南越造反，卜式上书皇帝，要与儿子赴前线作战以报效国家。皇帝非常欣赏他急国家之所急的这种精神，认为天下这么多大官，只知道要俸禄，一遇到国家有难，谁也不愿请缨，而卜式不爱财不惜死，实在难得。于是封他为御史大夫、关内侯。后来因卜式反对桑弘羊一系列的财政改革，贬秩为太子太傅。善终。

二 卜式的经营智慧

卜式是一个农民，虽然他可能以畜牧为主，史书上没有记载他有多少田地，每年田地收入多少，"赐田十顷"是走上仕途之后的事，之前主要是以牧羊为主要收入来源。他究竟聚了多少财富，我们现在无从知晓，但有一个数字写得清楚，那就是他上书将自己的一半家产捐给国家助边时，国家不收他的捐资，后来山东发水灾，救济难民时，他就一下捐给了当地政府二十万钱。二十万钱是一个什么样的概念呢？这里还需要了解一点汉代币值的知识。历史学家王仲荦《金泥玉屑丛考》一书中，对于古代钱币和物价有详细的考证：汉初，废秦币，允许民间铸钱，不轨之民为逐厚利将钱铸得又小又薄，像榆荚那样，所以叫荚钱。物价飞涨，至一石米值万钱，于是朝廷发布禁铸令。经过高后、文帝、景帝数载，民间铸钱时放时收，货币杂乱，物价不稳。一直到武帝时，官府成立了铸币机构，严禁私人铸钱扰乱市场，于是市面上只流通一种钱，就是五铢钱（二十四铢为一两）。王仲荦先生认为："若就其通常市价言之，则西汉米价应为百余，谷价应为七八十钱，东汉则略高一点。"王先生所说一石米值多少钱，这个钱应该指的是武帝时期兴起来的五铢钱。古代为官俸禄多用粮食计算，史书中经常写到秩多少石，说的就是这个事情。一石米是多少斤呢？只能是一个大概，其一，米和谷其自重不一样；其二是各地区所用的量器也不尽相同，比如当时的关中地区，有的是一斗为二十五斤，有的则为三十斤。一石十斗，则在二百五十斤到三百斤之间，这只是用现在的衡量概念来计算。那么，卜式主要生活在武帝时代，他向官府捐献二十万钱，应该就是指这五铢钱。二十万钱还以米谷对应，该值几何？按照王先生所说的米价，当买米约两千石，约现在的六十万斤。买谷就更多了。这样算来卜式捐献给当地政府的钱数是相当可观的。

卜式凭什么会聚集这么大一笔财富呢？《史记》《汉书》及其他史料谈及他的土地不多，看起来主要是靠牧羊积累。《史记》说他刚和弟弟分家时，只取了百余只羊，十余年后羊至千余头。其实，这一数字并不算大，按照羊正常的自然繁育，一百多头羊十年后已不止这一数字（正常繁殖是两年三胎，一胎二羔）。应该是卜式这十多年间除去与弟弟再分家、置田宅、贷贫民及其他开支外还剩千余头羊。我们说卜式选择牧羊这一职业是非常成功的。也不是每一个牧民都像卜式那样成功，司马迁将一个羊倌载入史册的似乎只有一个卜式。这说明在牧羊这一职业上体现了卜式的大智慧。

卜式牧羊的智慧在于他把汉初几十年的治国理念运用于牧羊当中。《史记·平准书》："初，式不愿为郎。上曰：'吾有羊上林中，欲令子牧之。'式乃拜为郎，布衣屩而牧羊，岁余，羊肥息。上过见羊，善之。式曰：'非独羊也，治民亦独是也。以时起居，恶者辄斥去，毋令败群。'"卜式作为郎官，穿着破衣草鞋，在上林苑放羊。一年后，武帝来到这里，看见羊又肥又多，就问他牧羊的诀窍。卜式回答道，非独羊也，治民亦如是。如果把它颠倒过来念，非独牧民，牧羊亦是，也不会在文意上引起很大歧义。那就是说，国家治理和百姓牧羊是一个道理。多大的智慧呢？"以时起居，恶者辄斥去，毋令败群。"按时让羊吃草、休息，除去扰乱羊群正常生活的恶羊，牧羊这一事业就一定会成功。就这么简单！而这又算什么智慧呢？殊不知这里面却有卜式的大智慧。

秦朝严刑峻法，百姓动辄触律，苦不堪言。二世即位，陈涉发难，接着是豪杰并起，西向咸阳，秦朝遂灭亡；中原逐鹿，楚汉争天下，五六年间杀得天昏地暗，尸骨遍野，百姓饱受战争之苦；西汉初立，尊奉黄老，崇尚清静无为，尤其是文帝时期，尚俭节欲，形成一种良好的社会风气；至景帝，汉王朝建国七八十年。由于奉行的是"日无为，日无不为"的顺应自然的治国理念，推行一系列安民、富民的政策，西汉经济得到了迅速恢复和发展，百姓安居乐业，繁衍生息，出现了史学界称誉的"文景之治"的良好局面。卜式的智慧就在于他把治国理念运用于牧羊事业上。"以时起居"，就是按照羊的生活习性进行管理，什么时候该出去放牧，什么时候该归栏休息，这有其自然生活习性与规律；春夏秋冬不违天时，日出日落，顺应自然，大自然给羊的生长繁殖设置了良好的环境，牧羊者按照羊生长的自身规律顺应大自然，日无为而日无不为，在当时来论，这是最好的生存之道。"恶者辄斥去，毋令败群"，这是管理方法与手段。侧重于黄老思想的"日无为，日无不为"中的后半句，"无不为"是为"无为"服务。斥去恶者，是让羊群更加清净自然，不受外界干扰，更好地利用自身规律生长，繁衍发展。卜式的这种思想，用他自己的说法，也可以用于治国治民。换言之，他的牧羊思想直接受到西汉初期治国思想的影响，或者说就来自汉初的治国理念；而汉初的治国理念是建立在黄老之学的哲学基础上的。卜式将黄老之学的哲学思想用于指导他的牧羊事业，并获得了很大的成功。这不仅在当时，就是在国民素质不断提高的今天，在千千万万农民中，能做到这点的，也是很了不起的。因此，我们读《史记·平准书》及其他有关卜式的史料记载，不能不赞叹这位农民、牧民的大智慧。

在为卜式智慧点赞的同时，我们也不得不佩服他的胆识与勇气。我国的农耕思想，是奴隶社会到封建社会这一漫长历史时期生存发展的思想基础，史书上不断出现用"本末"二字表述社会职业，以农为本、其他为末的这种思想根深蒂固，而卜式在这种思想的大背景下，主动调整经营结构，以农为副，以牧为主，这不能不说他有创业的胆识和气魄。当然，在卜式身上还始终保留着农民的优秀品质，比如，朴实、忠厚、勤劳、不怕吃苦等，所有这些与他的大智慧高度融合，促成了一位农民的历史影响。

三　卜式的担当和责任意识

读《史记·平准书》《汉书·卜式传》及其他有关卜式的史料，总觉得对这人物有琢磨不透的感觉。他是一个农民，而他的思维方式却挑战了封建社会一位普通农民的思维定式；他是一位牧民，而他的放牧理念隐含着深刻的哲学真谛；他是一介布衣，而他的身上承载着一介布衣少有的责任与担当。他的人生是智慧的，复杂的，光彩的，他是布衣中的佼佼者。

他承载着治家的责任。《史记·平准书》说，卜式的家庭是一个相对特殊的家庭，从卜式父母辞世的那天起，卜式作为哥哥，就主动承担起经营这个家的责任。《史记·平准书》及其他史料里没有更多地记载他与弟弟的交往，只是简要地记载了他和弟弟交往的几个片段：一是

"弟壮，式脱身出分"。这与普通的弟兄分家的情况是不合拍的。用现在的话说，分家其实不叫分了，哥哥照顾弟弟，把祖上留下的那点基业都给了弟弟，自己干出身。二是在分家后各自经营的过程中，"其弟尽破其业，式辄复分予弟者数矣"。"数"，不止一次将自己的家产重新分给弟弟。这两个生活片段总共用了四十来个字，而这两个生活片段的描写是那样的平静自然，没有对话，没有抱怨，也没有训教，悄无声息，一切都是水到渠成。但我们能从这不合常规的家庭分配和静谧的家庭氛围中看到这位哥哥对弟弟的包容、忍让与呵护，看到了这位哥哥以家长自居，对家庭的责任与担当，也看到了这位哥哥在治家方面的胸怀与度量。当然，我们不是赞扬卜式对弟弟破业行为的熟视无睹，我们也无法知道弟弟破业的原因，应该称誉的是，老兄比父，那种父爱，那种父亲对家庭的责任与担当。对照现实生活中有悖这种文化精神的事情，是否也会给人以启发！

他承载着社会责任。尽管武帝召拜卜式为中郎后，卜式仍然穿着破衣、草鞋在上林苑牧羊，保留着农民朴素的本色，但他确实不同于一个普通农民，他经营着个人的事业，承担着治家的责任，同时，他的一双眼睛也时刻不离社会。虽然司马迁并没有着意在这方面用墨，但字里行间还是能看出卜式的责任意识和担当精神。卜式在山中牧羊十余年，积累了一大笔财富，时值边关有事，他就上书把一半家产捐给国家，以助边事。这一举动不但常人难以理解，就连武帝也开始怀疑，派使臣询问卜式，这样不合人情的做法是否有所欲，卜式回答以否；又问"家岂有冤，欲言事乎？"式曰："臣生与人无分争。式邑人贫者贷之，不善者教顺之，所居人皆从式，式何故见冤于人！"（《史记·平准书》）由此看来，卜式根本就不是潜入大山深处十余年不出，一心只想着牧羊事业的牧民，他时刻关注着所居小邑的百姓的衣食教化，百姓有贫者，贷之。贷是什么意思呢？《说文》：贷，施也；《广雅》：贷，予也。文中所说的贷之，就是施舍、给予、接济的意思。这是民生问题，卜式关注着邑镇百姓的生活；不善者教顺之，他还担负着对小邑中一些不守规矩，不遵礼俗，干扰百姓正常生活的"不善者"进行教育、训导的责任。按道理这已超出了一个普通农民正常的责任，也正是因为这些，小邑的人们都尊敬他，顺从他，小邑的生活也宁静安详。

《史记·平准书》还记载，武帝元鼎二年，也就是公元前 115 年，山东闹水灾，徙民无数，加上浑邪王初降，官府费用无以尽赡，卜式为救济灾民，拿出二十万钱捐给河南守，以解灾民燃眉之急。这一善举，绝非一个普通羊倌所能想到做到的。卜式做到了。他身居深山，没有忘掉同邑百姓，身居小邑，关注的是社会民生。他有这种责任意识，更具有敢于担当的精神。

他承载着国家兴亡的责任。也许是"国家兴亡，匹夫有责"这八个字在卜式脑子里印得太深，因此，作为一介布衣，虽然以牧羊积累了一些财富，但当他得知汉朝要与匈奴开战时，他毫不犹豫上书朝廷，"愿输家之半县官助边"，当武帝派使者问及他为何这样做时，卜式一番回答让人惊诧："天子诛匈奴，愚以为贤者宜死节于边，有财者宜输委，如此而匈奴可灭也。"前边讲过，卜式以一半家产捐献给国家用于和匈奴作战，这在当时来说，连丞相公孙弘都说有违常理，不合人情，甚至说是不轨之徒，不予理睬。后来派人问卜式是否有所求，是否想当官，可真是以小人之心度君子之腹。常言说，宰相肚里能撑船，这是形容宰相的胸怀气度，好的宰相胸怀更是如大海一般宽阔，而公孙弘在史学界也是被认可的一位丞相，然而，他为什么就容不下卜式之举呢，反而说是"不轨之臣，不可以为化而乱法"。再看卜式对使者的回答，输边的真正原因是他认为是他应尽的责任。汉朝与匈奴打仗，是国家的大事，也是百姓的大事，"皮之不存，毛将焉附"？正是这一道理，保卫国家是每个国民的责任和义务，因此，在卜式看来，国家有事，有才者尽其能，有钱者尽其力，上下同心，才能彻底战胜敌国。这种行为，为什么作为一国宰相会视之为"此非人情，不轨之臣"呢？这关乎着世风。"是时富豪皆争匿财，唯式尤欲输之助费。"一边是朝廷大臣和富豪，一边是农民和羊倌；一边是争着匿财，一边是上书助费，形成了极大的反差。公孙弘居官日久，人情世故，官场风气，了然于胸，因此才视卜式行为不合人情。卜式上书是责任，一介布衣的责任；卜式上书是担当，一个羊倌的担当。

卜式的责任意识和担当精神还表现在为官任上。卜式因在上林苑牧羊受到武帝的喜欢，尤其是在回答武帝问话时，说到牧羊与治民是一个道理，武帝称奇，因此，让他当了缑氏县令，想考察一下他的治民才能。上任后干得不错，又迁到大县成皋为令，老百姓很拥戴，口碑很好，所以又升为齐王太傅，既而转为齐相。元鼎元年，也就是公元前111年，南越王反，西羌入侵，加上山东水灾，国家面临内忧外患。这时刚任齐相不久的卜式又一次上书说："臣闻主忧臣辱。南越反，臣愿父子与齐习船者往死之。"（《史记·平准书》）我们无法评价卜式的军事才能，然而，当国家有难之时，他把国家之难当成自己的一种责任，为国家抛小家，勇于替国家分忧，替朝廷分忧，虽然皇帝没有批准他领兵赴敌，但他那种勇于担当的精神和责任意识，永远值得赞扬。

四 卜式智慧的衰减与枯竭

卜式是武帝为社会树立的一个榜样。卜式曾先后三次向政府捐钱，以解国家之急，其大背景是富商豪贾、王公大臣争相匿财，而卜式之举显然非同一般，这是卜式的智慧所在。因此，卜式作为一介布衣，一直受到武帝的关注和赞许，于是他的官运也就不是一般的亨通了。他不愿做官，我们认为这不是他的内心话，否则，当武帝与他谈及牧羊经的时候，他为什么还要拉扯到治国方面呢："治民亦独是也。"经过初步考察，在县令岗位上干得很好，于是乎，继封齐王太傅、齐王相，继而调进中央任御史大夫，封关内侯，真可谓步步青云，大鹏展翅。然而，就在卜式位列三公，权用极致时，突然被贬成太子太傅，这是什么原因呢？《史记·平准书》记载："式既在位，见郡国多不便县官做盐铁，铁器若恶，贾贵，或强令民卖买之。而船有算，商者少，物贵，乃因孔瑾言船算事。上由是不悦卜式。"还说："是岁（元封之年）小旱，上令官求雨。卜式言曰：'县官当食租衣税而已，今桑弘羊令吏坐市列肆，贩物求利。亨桑弘羊，天乃雨。'"卜式虽为御史大夫，但当着武帝和大臣的面，咬牙切齿地发表这样的言论，肯定会招致武帝的不悦。武帝不喜欢他，他的官运也就到此告终了。《汉书·本传》为卜式贬职找了一个理由——"不习文章"，这是给卜式搭了一个漂亮的台阶，真正的原因是与桑弘羊的盐铁及市场政策有关。

桑弘羊何许人也？桑弘羊，洛阳人，出身于商人家庭，西汉时期的大政治家、改革家，武帝的财政大臣，历任侍中、大农丞、治粟都尉、大司农、御史大夫等职。在汉武帝的支持下，桑弘羊大刀阔斧，进行了一系列的经济、政治改革，取得了很好的成效，历来被史学家所称道。他的"开本末之途"农工并重的经济思想，在我国经济史上也独树一帜，卓有见识。他的主要改革有以下几个方面：

盐铁专营。桑弘羊首先将利润最为丰厚、政治关联度最大的几个资源垄断行业作为切入点。汉初以来，煮盐、冶铁等这些依靠资源优势来赚取丰厚利润的行业，都在民间，实际上是由一些诸侯及富商大贾把持着，他们依仗强大的经济实力同政府对抗，继而发展到政治和军事上的对抗，景帝时期的七国之乱就是一个典型的事例。武帝吸取历史的教训，采纳桑弘羊的建议，将盐铁及其他垄断行业的经营权从富商大贾手中夺回来，实行盐铁国家专营，这就激起了原来盐铁占有者的极力反对。公元前81年，朝廷召开盐铁会议，桓宽的《盐铁论》记录了当时辩论的激烈场面。桑弘羊以其大无畏的气概，舌战群儒，尖锐地指出了"一其用，平其贾，以便百姓公私"盐铁官卖的经济意义和政治意义，坚定不移地推行盐铁官营，加强中央经济集权，弱化诸侯分裂的经济基础。

置均输、平准。什么叫均输？用现在的话说，就是市场流通环节。《史记·平准书》："弘羊以诸官各自市，相与争，物故腾跃，而天下赋输或不偿其僦费（运费），乃请置大农部丞数十人，分部主郡国，各往县置均输盐铁官，令远方各以其物贵时商贾所转贩者为赋，而相灌输。"桑弘羊在盐铁会议上也指出："往者郡国诸侯，各以其方物贡输，往来烦杂，物多苦恶，或不偿其费。故郡国置输官以相给运，而便远方之贡，故曰'均输'。"均输法的实施，给朝廷带来了巨大的经济效益，司马迁在《平准书》中说："民不益赋，天下用饶。"看起来这项改革利国利民，损害的是诸侯大贾的利益。何谓平准？《史记·平准书》说："置平准于京师，都受天下委输……大农之诸官尽笼天下之货物，贵即卖之，贱则买之。如此，富商大贾无所牟大利，则反本，而万物不得腾踊。故抑天下物，名曰'平准'。"平准措施就是中央掌握经营权，把控市场走向，平抑市场价格，使富商大贾不得牟大利，达到一个物价平稳、社会稳定的双重目的。平准主要是保证物价的平稳，均输主要是调节区域之间的物价及供需；平准集中于京市，均输分设于各郡国；平准侧重市场，均输侧重流通。平准、均输相辅相成，保证了中央财政收入和社会的稳定。不管是均输或是平准，都是将经济私有化收回国有的大变革。

推行算缗、告缗法。所谓算缗法，就是向工商业者施行征收财产税的法律；告缗法是凡隐瞒财产不报或假报，有人告发后实行的一种法律。算缗，就是凡工商业者，要如实向政府呈报自己的财产，二缗抽取一算的税（一缗为一千钱，一算为二百钱）。武帝下令"初算缗钱"，每二千钱交一百二十钱税，合百分之六；如果是小手工业者，减半。财产达到什么程度，乃至车辆船只达到多大载重量还要加倍。这种改革在全国推行起来难度较大，因此就有了告缗法与之配套，鼓励平民揭发偷税行为，以偷税漏税的一半对告发者进行奖励。《史记·平准书》载："杨可告缗遍天下，中家以上大抵皆遇告。杜周治之，狱少反者。乃分遣御史廷尉正监分曹往，即治郡国缗钱，得民财物以亿计，奴婢以千万数，田大县数百顷，小县百余顷，宅亦如之。于是商贾中家以上大率破，民偷甘食好衣，不事畜藏之产业，而县官有盐铁缗钱之故，用益饶矣。"看起来这一法令还是认真严厉的，政府财政收入也是可观的，而其中的弊端司马迁也尖锐地指出来了。

除此之外，桑弘羊在财政上还进行了许多大改革。比如以钱买爵、以钱赎罪、酒类专卖等。这些都是在他的"开本末之途，通有无之用"，农工商共同发展的思想指导下进行的。

桑弘羊为什么要进行改革呢？西汉建国以来，在治国思想上尊奉黄老，清静无为，民间财富的积累迅速增加，国库充盈，一度出现了文景时期的繁荣局面，史称"文景之治"。到了武帝，靠着祖上积累的家业，开始连年对外用兵，大事连连兴作，巨额开支，很快使汉初七十年来的积蓄荡然一空。加上连年天灾，中央财政已经捉襟见肘。而地方一些豪商大贾，依靠资源，操纵着冶铁、煮盐、铸钱等关系着国家经济命脉的行业，形成雄厚的经济实力，从而在经济、政治、军事上与中央对抗。在这样的情况下，武帝任用桑弘羊为财政大臣，进行一系列的经济改革，改革的核心就是打击地方豪强，加强中央集权，收到了预期的改革效果，同时改革中出现的弊端也日益显现。

卜式为什么反对改革呢？其实，非单卜式，司马迁也不是桑弘羊的支持者。我们读《史记·平准书》，总觉得司马迁一方面要顾及史学家的责任，同时字里行间也能看出他对改革的态度。他一方面承认改革使"民不益赋而天下用饶"；另一方面也流露出他对改革的不满情绪，甚至公开指责。卜式作为御史大夫，发表对改革的看法，是其职责所在，加上他的忠朴、厚直，所以他坚决反对盐铁国营化，反对算缗、告缗的税收改革，反对均输、平准政策。他认为盐铁国营后，质量降低了，价格在抬高，而且有些地方政府还强迫百姓买劣质铁器，百姓不满；税收政策挫伤了民间经营的积极性，"船有算，商者少"；认为政府应该依靠赋税进行支出，不能直接参与市场经营，"县官当食租衣税而已，今弘羊令吏坐市列肆，贩物求利"，所以他极力反对。透过这种表面现象，我们是否可以做出这样的结论：其一，卜式反对改革，与改革派的冲突，实际上是两种思想、两种哲学观念的冲突。汉兴以来，七八十年，统治者倡导、遵奉的是黄老之学的清静无为，百姓得以休息，国家以此富裕，但表面一片太平的汉王朝暗流纵横。因此，武帝要用事改革以施展他的雄才大略，黄老之学的无为思想显然不能作指导思想，于是武帝罢黜百家、独尊儒术。一方面是黄老之学的惯性在继续发酵，另一方面新的思想在不断成长，这就形成了两大思想的对立冲突，这种思想冲突具体体现在卜式与桑弘羊身上。其二，卜式的牧羊治国理论，不再适用武帝时期的社会形势。卜式牧羊的成功，有其自己的理论与方法："以时起居，恶者辄斥去，毋令败群。"这种牧羊理论与方法，来自汉初的治国方略，无为而治，与民休息。换句话说，卜式将汉初管理老百姓的方法用于牧羊之中，取得了极大的成功。"非独羊也，治民亦独是也"，卜式为官后，特别是位居御史大夫这一重要职位后，黄老之学统治的惯性在他身上表现明显，再以牧羊法去指导治理国家，就已经行不通了，时变，势变。卜式不知时变，势变。不去研究时、势的变化规律，仍然死抱着治国牧羊、牧羊治国这种僵化的循环理论，只能说明其智慧的衰减与枯竭。

　　人的思想应该紧跟时代步伐，适时之变，才不至于落伍。卜式的这种思想如果上溯五十年，是非常符合时代要求的；卜式反对政府垄断市场，如果放到现在也是符合目前经济形势的，然而放在武帝那一特殊历史时期，就显得不合时宜了。我们不能说桑弘羊的改革是错误的，他的改革在历史上产生了深远的影响。北宋王安石变法，好多内容就取自桑弘羊的改革；新中国成立后，国家实行计划经济，实际上是国家对市场的高度垄断，但它确实为国家的政治经济社会的发展做出了巨大贡献。改革开放后由计划经济逐步转为市场经济。这也是时代的要求。可惜卜式的步伐慢了许多！

司马迁为什么不给卜式作传，而把他写在《平准书》中呢？这倒是一个费解的谜，就目前来看我们还没有找到令人信服的依据。《汉书》为卜式作了传，《资治通鉴》也记录了卜式的生平事迹，司马迁为什么就将他写在《平准书》中呢？读《史记》很难准确地说出司马迁立传选人的标准，以官阶、爵位、贡献？都不是。李广官不高，位不显，却给立了传，那是司马迁赞扬他的品质与威望。卜式为一介布衣，三次捐钱，武帝要把他作为典型，其影响也不比李广小，怎么就将其写入《平准书》呢？试着提出几个理由以就教于大方：其一，司马迁虽然与卜式思想接近，但司马迁非常在乎他的门第出身，总是为他出身名门世宦而自豪，而卜式虽然先祖是名人，但到卜式前后几代已成布衣，无论武帝怎样树典型，司马迁仍说是反响不大。实际上这也是司马迁鄙视布衣的真实思想所在。其二，卜式步入决策高层时间实在是太短。元鼎六年任御史大夫，到第二年（元封元年）就因"不习文章"被贬为太子太傅，就连太傅之职也只是个名分，试想一个不识多少字的人能当好太子的老师吗？像卜式这样身份地位的人不在司马迁立传选人之列。其三，把卜式写到《平准书》中，且篇幅不小。那么卜式在推行平准政策中起到了多大作用？除了他为国为民为家的担当精神外，他只能是武帝经济改革的最直接的反对者，因为他是御史大夫。司马迁是否有意将其作为"平准"的对立面写入史册的呢？

第八讲

杰出的女性，闪光的智慧
——论《史记》中的十位母亲

在我国古代以男权为中心的漫长的历史发展过程中，似乎男性就是历史，历史就是男性。男性创造了历史，历史也成就了男性。因此，一部部历史典籍中，男性成了史学家描写的主要对象，男性成为承载历史的主体，成为历史典籍中人物的主角。随着历史的发展，社会文明程度的不断提高，史学家作史的观点也在变化，《左传》《国语》《战国策》等书中，虽然仍然以记述男性为主，但一些女性也开始浮现于历史故事中，虽寥寥无几，但也让人们看到了多云之夜的几颗星星，给人以惊喜，给人以慰藉。司马迁作为伟大的历史学家，以可贵的精神，秉笔直书，实录社会，因此，《史记》中就出现了不少女性形象。她们身份不同，地位不同，性格各异，当然历史作用也不会相同。受历史的局限，司马迁除了给个别的、对历史发展影响较大的女性立传外，比如就专门为吕雉写了《吕太后本纪》，但大多数都还是简笔勾勒，寥寥数语，其着墨分量与男性相比，微不足道。然而，这种历史观的进步已经显而易见了。尤其是对十位母亲形象的描写，让人读之难忘。在她们身上体现的伟大的母爱，崇高的义举，闪光的智慧，让每一位读者由衷地敬慕，我们发自内心地呐喊：历史也属于伟大的母亲！本文论述的十位母亲，是《史记》中《项羽本纪》中的陈婴的母亲，《晋世家》中介子推的母亲，《外戚世家》中文帝的母亲、景帝的母亲，《陈丞相世家》中王陵的母亲，《赵世家》中的赵太后，《孙子吴起列传》中无名士卒的母亲，《淮阴侯列传》中的漂母，《廉颇蔺相如列传》中赵括的母亲，《酷吏列传》中张汤的母亲等。

一　伟大的母爱

　　司马迁笔下的这十位母亲，虽然身份不同，地位不同，性格不同，历史作用不同，但体现在她们身上的有一个最大的共同点，那就是伟大的母爱。"母亲"这一名词，自古以来就是神圣、伟大的象征。她沉甸甸的，然而，人们总能把她装在心里；她宽厚，让人总能感到她的温暖；有时她已经离我们很远很远了，但总觉得她时时刻刻都在伴随着我们。婴儿学语第一声叫的是妈妈，母亲的圣洁和伟大是上帝赋予的。母亲这一既定的概念永远都不容曲解！母亲的伟大不仅仅是因为她是生命的缔造者，同时，她还是生命的呵护者，这就是伟大的母爱。母爱，有人说是最无私的，但有时候也是最自私的；母爱让人感觉到是最温暖的，但有时又是最冷酷的。司马迁笔下的这十位母亲，在她们身上因为有诸多不同点，所以，母爱的方式也各种各样。

　　有的是出于母亲本能的爱。《史记·项羽本纪》中记载了陈婴母亲的故事。陈婴是东阳县的一个小吏，秦末陈胜揭竿反秦时，中州大地群雄并起，东阳少年杀县令而推举陈婴为王，他的母亲阻止陈婴说："自我为汝家妇，未尝闻汝先古之有贵者。今暴得大名，不祥。不如有所属，事成犹得封侯，事败易以亡，非世所指名也。"这位母亲并不希望自己的儿子叱咤风云，名震华夏，而是和其他母亲一样，希望他一生平安。既然无法阻挡儿子起事，那么就选择一个进退从容的两全之策，平安就是福，平安是母亲对儿子最大的期盼。《史记·淮阴侯列传》记载，韩信为布衣时，穷困潦倒，干啥啥不成，人们看不起他。一位洗衣服的平民母亲"见信饥，饭信，竟漂数十日"。当韩信向这位母亲说以后要报答之类的话时，这位母亲大怒说："大丈夫不能自食，吾哀王孙而进食，岂望报乎？"见到韩信饿得面黄肌瘦，尽管不是自己的亲儿子，且对韩信的游手好闲有厌恶之情，但这位母亲出于母爱的本能，仍然慷慨以资，竟达数十日。穿越历史时空，我们仿佛看到、听到这位母亲对韩信的唠叨和训教。然而，体现在这位母亲身上的母爱是那样的无私、真诚和包容。

　　有的母亲对儿子的爱表现得执着、自私甚至失去理智。《左传》中曾记载着触龙说赵太后的故事。司马迁在《史记·赵世家》中再次刻画了赵孝成王的母亲赵太后的形象。赵孝成王刚刚即位，秦国就借此机会攻打赵国，赵国派使臣出使齐国求救，齐国讲了个条件：出兵可以，但必须把太后的小儿子长安君送到齐国做人质。常言说，十指连心，哪个儿女都是母亲的连心肉，何况长安君还是太后最宠爱的小儿子。齐国提出这样的条件，太后一百个不答应。"大臣强谏。太后谓左右曰：'复言长安君为质者，老妇必唾其面。'"赵太后不答应这一条件，是因为对这个小儿子爱得太深，她陷入了这种狭隘的母爱中不能自拔，以至于忘记了国事，忘记了自己的身份，表现得是那样的不理智，那样的自私，且有损君家声威、国母形象。触龙这位老臣再次劝谏太后，从她对儿子的爱入手，阐明她对儿子的爱要从长远考虑，让他为国家效力，打牢儿子在国家中的政治基础和民意基础，这种爱才是真爱，才能永远。触龙说："位尊而无功，俸厚而无劳，而挟重器多也。今媪尊长安君之位，而封之于膏腴之地，多与之重器，而不及今令有功于国，一旦山陵崩，长安君何以自托于赵？"当太后听了触龙浅显而又深刻的道理后，意识到自己对儿子爱得狭隘，因此，仍然出于对长安君的大爱，她答应将长安君质于齐。当然，这种明大理、识大体的母爱，挽救了国家，也使这位母亲永载史册。汉景帝的母亲窦太后，西汉初期，曾是一位极有影响力的女性。《史记·外戚世家》说："窦太后好《黄帝》《老子》之言，帝及太子诸窦不得不读《黄帝》《老子》，尊其术。"黄老之学的核心就是无为而治。秦朝末年，百姓饱尝暴秦之苦，加之秦汉之际的群雄大战，西汉建国后，人心思静，人心思治。刘邦虽有顺应百姓之心，但其在位期间，平静的日子太少了，他本人就是带着战争的创伤离开人世的。吕后时期，虽无战争，但刘姓与异性的较量，使得刚刚建立起来的刘氏政权岌岌可危，欲治还乱。到了文景二帝，政权复归刘氏，百姓安居乐业，一度出现了史学家称道的"文景之治"的繁荣局面。这一社会繁荣景象的出现，与以黄老之学作为社会发展的指导思想分不开，而窦太后是明确提出黄老之学为当时治世哲学的最有影响力的人物。由于她的身份、地位，以至于连皇帝、太子及窦氏国戚都不得不读《黄帝》《老子》书，实际上朝野上下及整个社会都在尊奉黄老。窦太后是一位智者，因为她顺时势、顺民意。然而，她对儿子却爱得糊涂。窦太后有两个儿子，大儿子刘启（景帝），二儿子刘武封于梁，为梁孝王。窦太后深爱她的两个儿子，尤其宠爱小儿子刘武。《史记·梁孝王世家》多次记载，窦太后宁违祖制，想让刘武继承景帝的皇位。"上与梁王燕饮，尝从容言曰：'千秋万岁后传与王。'……太后亦然。""上废栗太子，窦太后心欲以孝王为后嗣。"汉代初期是否立下了传位的规矩呢？有。窦太后知不知道这样的大事呢？肯定知道。请看《史记·梁孝王世家》中褚先生的补记和评述："窃以为令梁孝王怨望，欲为不善者，事从中生。今太后，女主也，以爱少子故，欲令梁王为太子。"这说出了景帝与梁王恩怨的根源。这种有乱高帝之约的大事，难道就没有人敢劝谏太后吗？她的侄子窦婴就曾直谏："汉法之约，传子嫡孙，今帝何以得传弟，擅乱高帝约乎！"这是景帝在与弟弟刘武喝酒后的一句戏言，然而，这个玩笑开不得。窦太后就借这句玩笑想把事情做实，这样两个儿子都可以做皇帝。当窦婴非常严肃地纠正景帝的这一说法时，"太后意不说"。看起来她是非常清楚大汉祖制的，就是出于对儿子的宠爱，竟连高帝之约都不顾了。这么一位智慧的女性，而作为母亲，在对儿子的爱上，却屡次表现出她的自私与糊涂。这与她顺时势、应民意的治国思想相对照，真是判若两人。

有的母亲的爱表现得悲壮惨烈。《史记·陈丞相世家》记述了王陵的母亲的故事。陵母认为汉王有长者之风，能成大事，当他被项羽抓去以诱王陵弃汉王而投项羽时，陵母为了儿子的前程，竟伏剑而死，以解儿子后顾之忧。为了儿子竟死得如此悲壮！张汤是武帝时大臣，一生廉洁，为国家办了不少大案，却也得罪了不少同僚，后被污自杀。汤母悲痛不已，但不许厚葬儿子，死后还要保存儿子名声。（事见《史记·酷吏列传》）《史记·孙子吴起列传》描写那位无名小卒的母亲，当她听说将军吴起为儿子吮吸疽疮中的脓血时，这位母亲哭了。他不是被将军爱护士卒的行为而感动，而是想到更深一层的结果：将军这样对待儿子，儿子肯定为他卖命，这儿子的命运就不言而喻了。这种心境凄惨悲凉。

司马迁笔下的这十位母亲，不管她们以什么样的方式表现母爱，是以一个普通母亲的温暖呵护儿子，滋养儿子，还是爱得无私，爱得忘我，爱得疯狂，爱得自私，爱得失去理智，我们都没有理由去对这些母亲说长道短，因为母亲是生命的本源，从人性角度讲，母亲之于儿子的爱永远都是伟大的。

二　崇高的义举

"义"的繁体为"義"。《康熙字典》收其在"未集"中"羊部"。许慎的《说文解字》："己之威仪也。从我、羊。""义"是个会意字，下面是人手持戈，是武士，也就是我的意思。上边的羊有两种解释：一种解释是就形状说，"羊"字的上边两点，左右均分，中间左右对称，象征公平、公正之意；另一种解释是就意义来说，羊作为祭祀品表达的是一种信仰，而下面的武士（我）是为信仰而战斗。清代的段玉裁《说文解字注》通过复杂的考证后概括出一个简单的解释："仁者，人也。义者，我也。谓仁必及人。义必由中，制也。义，善也。"不管怎样解释，有一点是相通的，那就是其含义都属于古代的道德范畴。而这种道德，正是社会认可，君子追崇，能为社会输入正能量的公正、合宜的道理或举动。

司马迁笔下的十位母亲，多数人身上不同程度地体现一个"义"字，学术界称之为高义母。先说晋文公的谋士介子推的母亲。《史记·晋世家》记载，晋文公重耳遭骊姬之难，在外漂泊十九年，尽尝人间辛苦，而跟随公子逃亡的几位谋臣，始终不弃不离，忠心不贰，介子推就是其中的一位。等到重耳做了晋国的国君后，就要赏赐这些从者。其他有功者都得到了封赏，就没有轮到介子推，介子推也不向文公去争取。他认为，公子重耳之所以能回到晋国做国君，"天实开之，二三子以为己功，不亦诬乎？窃人之财，犹曰是盗，况贪天之功以为己力乎？下冒其罪，上赏其奸，上下相蒙，难与处矣！"介子推对这种以功邀赏、以赏报恩的交易式的世俗君臣关系极不赞成。究竟介子推说的是真心话呢，还是吃不到葡萄才说葡萄酸呢？母亲进一步做了试探。他的母亲说："'盍亦求之，以死谁怼？'推曰：'尤而效之，罪有甚焉。且出怨言，不食其禄。'母曰：'亦使知之，若何？'对曰：'言身之文也；身欲隐，安用文之？文之是求显也。'"母亲对儿子试探性考验分两个层次：第一层次意思是，赏赐没有轮到咱，儿子曾对二三子有怨言，母亲就说儿子，为何不去求赏呢？光埋怨有什么作用呢？介子推一番回答使这位母亲了解到儿子的几分虚实。接着母亲又进一步探，退一步劝，要不要赏赐都行，但是否让文公知道还有一位介子推。介子推这一番回答使这位母亲彻底放下心来，儿子的确是一位高洁之士。儿子的洁行，也正是母亲所期盼的，需要的。这是母亲考验儿子的第二层次。常言说，知子莫如父母，这位母亲怎么就还试探其子呢？要知道儿子从重耳出亡近二十年，二十年，人的思想该有多大的变化啊！况刚从文公返国，母亲屡屡试探也在情理之中。当她明镜似的看透了儿子的内心世界后，就毫不犹豫地说："能如此乎与女偕隐。"真能做到这一点，母亲与他一起隐居。说明这位母亲的思想境界与子一样高，比儿子更超前，是一位视功名如淡水，安贫乐道，深明大义的母亲。

王陵的母亲是一位刚烈的母亲。《史记·陈丞相世家》记载了她崇高的一幕。王陵是沛县人，刘邦起事时，他也聚党数千人，但没有跟随刘邦。秦灭以后，楚汉相争的大局已经明朗化，王陵才带兵归汉，和刘邦一起与项羽争天下。项羽为了争取王陵，就将王陵的母亲抓到了营中，想以此招来王陵。项羽派使者给王陵报信，王陵的母亲对使者说："为老妾语陵，谨事汉王。汉王，长者也，无以老妾故，持二心。妾以死送使者"，"遂伏剑而死。"陵母非常认可儿子的选择，她认为项羽残暴狭隘，而汉王仁爱宽厚，儿子跟随汉王打天下，是一条正确的道路。为了不拖累儿子，坚定儿子跟随汉王的决心，她选择了以死明志。王陵母亲的死，死得是刚烈悲壮，死得是凛然大义，死得是那样的崇高！司马迁描写陵母虽寥寥几笔，但她的崇高形象使每位读者都永志不忘。

张汤的母亲为伸大义，做出了震惊朝野的选择。张汤是武帝时著名的司法官，在协助武帝推行盐铁专卖，告缗算缗，打击富商豪强，实行高度的中央集权方面立下了汗马功劳。他常以武帝的旨意为法，用法严峻刻薄，曾在查办淮南、衡山、江都三王谋反案件上，穷追狠治，手段近乎疯狂。虽然得到武帝的赏识，甚至是贯宠，但却得罪了不少同僚，连司马迁都不喜欢这样的人，把他列为酷吏。俗话说，欲灭亡，先疯狂。张汤高调处事，心狠手辣，朝野上下既怕他又恨他，难免会有人搜集他的过失。三人成虎，使武帝对张汤有了戒心。最不能令武帝原谅的是有人告张汤与商人暗地勾结，泄密朝廷新政，使商人提前做好了准备，从中牟利而与张汤平分。武帝大怒，治张汤罪，张汤自知此诬难辩，自杀而死。朝廷在查抄张汤的家产时，"家产直不过五百金，皆所得奉赐，无他业"。张汤确实为官清廉俭朴，史家应把他划为廉吏的行列。张汤死后，他的昆弟诸子为了面子都想厚葬他，唯有张汤的母亲不同意，说："汤为天子大臣，被污恶言而死，何厚葬乎！"于是，载以牛车，有棺无椁，草草就把张给埋葬了。武帝听说这件事后，不无感慨地说："非此母不能生此子。"汤母的这一决定怎么就惊动了武帝呢？汤母的第一句话就把矛头直接指向了武帝，张汤是您武帝的重臣，是怎么死的呢？是被恶人诬告而死的。是谁要治罪张汤呢？张汤是最高司法官，只有武帝能治他的罪，作为张家，被污而死，何其怨也！作为皇帝信诬治罪，何其昏也！这本身就不是个体面的事，不需要用体面的埋葬来掩盖不体面的事实。只有用这不体面的殡葬方式，来向世人揭示张汤死的真正原因。可以说张汤的母亲对张汤的冤死怀一腔悲愤之气。但她对上不失礼，却在无情地讥讽皇帝的失察；对诬者无恶言，却在无情地揭露和鞭挞那些无耻小人；她唯一对不住的是她的儿子张汤。这位母亲也像张汤一样，说得出口，下得了手，果敢，刚毅，智慧。她要以这种方式伸张天下大义，上警皇帝，下戒群小。无怪乎刘向在他的《列女传》中专门为汤母立传。

　　前面谈到过《史记·孙子吴起列传》中记载着一位士兵的母亲的故事。母亲听说将军为她的儿子吮吸疽污，凄切悲伤，表现出母亲对儿子的关爱。原文是这样的："起之为将，与士卒最下者同衣食。卧不设席，行不骑乘，亲裹赢粮，与士卒分劳苦。卒有病疽者，起为吮之。卒母闻而哭之。人曰：'子卒也，而将军自吮其疽，何哭为？'母曰：'非然也。往年吴公吮其父，其父战不旋踵，遂死于敌。吴公今又吮其子，妾不知其死所矣。是以哭之。'"一般认为，一个无名小卒生疽疮，将军亲自用嘴为其吸脓血，这是非常感动人、鼓舞人的场面，而这位母亲却有不同的经历和感受。吴公曾为她的丈夫治疽，使丈夫拼死效命吴公，结果战死沙场；今闻吴公又为儿子吮血，有过悲痛经历的母亲一下就看到了儿子的结果，因此啼哭。这位母亲的眼泪里饱含着对儿子的爱，饱含着她对吴公说不清的复杂的感情；同时，她的眼泪也浸润着一个可贵的"义"字。在她的眼泪中，看到的更多的是悲，却没有怨。即便已有丧夫之痛，还有失子之忧，但她没有怨言。因为她明白，吴公爱兵如此,是为了凝聚人心,报效国家;士卒拼死疆场,也为报答将军。只为国家吴公才有这样的举动。国家兴亡,匹夫有责,这位母亲是深明大义的,因此,在痛失丈夫的情况下,让儿子再赴疆场,夫死子继,这又是多么崇高的义举啊!

至于《史记·淮阴侯列传》中记载的漂母,能以无私母爱接济一位素不相识的流浪汉,显示了这位平民母亲的善良与仁爱。然而,当她听到韩信说以后要报答她时,大怒,说:"吾哀王孙而进食,岂望报乎!"这其中又何尝不含一个"义"字?

三　闪光的智慧

《史记·廉颇蔺相如列传》记载的故事中凝缩了两个为人熟知的成语,一个是"狭路相逢勇者胜",讲的是秦国攻打韩国,韩国求救于赵,赵王问手下大将,有无办法救韩,都说路途遥远且险峻狭窄,难救。于是赵王又问大将赵奢,赵奢却说:"其道远险狭,譬之犹两鼠斗于穴中,将勇者胜。"赵王就派赵奢救韩,取得成功。这个典故反映了赵奢作为大将的胆魄和智慧。另一个成语叫作纸上谈兵,讲的是赵奢的儿子赵括,兵法学得很熟,谈起军事理论他父亲赵奢也难不住他,后来被任命为将军。他只知道照搬书本,不知道结合实际灵活运用,结果在长平之战中被秦军打败,自己也丢了性命。这个典故也成了空谈误国的典型案例。这两个成语说的是父子两人。两种不同的军事素质,得出了两种不同的军事结果,一智一愚,历史早有评判。而夹在这两者中间的智慧女性就是赵奢的夫人,赵括的母亲。

《史记·廉颇蔺相如列传》记载:赵孝成王即位,七年,秦将白起率大军在长平(山西省高平附近)与赵军交战,赵国以老将廉颇为统帅。廉颇深知秦兵强悍,所以采用的是防御的战略,在本土作战,以打持久战为宜;秦兵远距离作战,兵力又强,宜在速决。在对垒中秦军奈何不得赵军,于是秦派奸细潜入赵国,散布廉颇的坏话,同时极力吹捧赵括的军事才能。当时赵奢已死。赵王本来就不满意廉颇的用兵方略,于是很容易相信了秦军的谣言,任命赵括为将军,代替了老将廉颇。临行之前,"其母上书言于王曰:'括不可使将。'王曰:'何以?'对曰:

'始妾事其父，时为将，身所奉饭饮而进食者以十数，所友者以百数；大王及宗室所赏赐者尽以予军吏士大夫，受命之日，不问家事。今括一旦为将，东向而朝，军吏无敢仰视之者，王所赐金帛，归尽于家，而日视便利田宅可买者买之。王以为何如其父？父子异心，愿王勿遣！'王曰：'母置之，吾已决矣。'括母因曰：'王终遣之，即如有不称，妾得无随坐乎？'王许诺。"赵括的母亲不懂军事，但她极力反对赵括将兵，当赵王不听谏言，一定要赵括将兵时，这位母亲的情绪近乎发怒、失态。为什么这位母亲不让儿子为将呢？有两个大的前提：其一，丈夫在世时曾对儿子有过评价。赵奢说，打仗是要死人的，为将者须精心谋划，慎重部署，而他的儿子把战争看成那样轻而易举的事，假如以后赵王用儿子为大将，断送赵国前程的一定是这个轻狂傲慢的儿子。丈夫的这个评价，深深地刻在赵括母亲的大脑里。其二，为验证丈夫的话，她对儿子的生活细节进行观察，发现同为大将，儿子与丈夫却有很大不同。一是对将兵的重视程度上，丈夫是"受命之日，不问家事"，一心扑到军事上，没有旁骛，这是干好这个工作的基础；而儿子当上大将以后，"而日视便利田宅可买者买之"，他还眷顾置买庄田，在军事上投入的精力及重视程度远不如其父。二是与士卒军吏的关系上，丈夫为将，礼贤下士，爱兵如子，"身所奉饭饮而进食者以十数，所友者以百数"，与部下关系很密切；而赵括"一旦为将，东向而朝，军吏无敢仰视之者"，高高在上，无视部属，官兵之间有一条鸿沟。三是在对待金钱方面，丈夫是慷慨大方，视金钱如粪土，将朝廷赏赐都赏给军吏士大夫；而儿子视财如命，小气吝啬，将朝廷所赐都藏在自己家里，归为己有。括母通过对儿子日常生活的观察及与丈夫的对比，认为赵括无大将风范，很难像丈夫一样担当起保卫国家的重任，加上耳边经常响起丈夫生前对儿子的评价，因此这位母亲抱着对国家的负责、对儿子的负责、对士卒生命的负责的大义，决心劝阻赵王用儿子为将。当赵王一意孤行，不听劝阻时，这位母亲陷入极大的悲愤和绝望中，她似乎看到了国家倾覆，生灵涂炭，这是儿子用兵的结果。她为有这样的儿子而羞愧。果然，长平之战，赵国前后损兵四十五万，赵括也搭进了性命。秦围邯郸，若不是楚、魏相救，赵国亡矣。我们回过头来再看一下这位母亲，能从小事看大事，能从眼前看长远，能以家事连国事，当那糊涂的赵孝成王刚愎用事时,这位母亲还能保全自己和已经不完整的家,这是一位多么智慧的母亲啊!

孝文帝的母亲薄太后也是一位智者。《史记·外戚世家》较为详细地记载了她的事情。薄氏原是魏王豹宫中的一位宫女,魏豹背叛汉王被汉王所灭,汉王见薄氏有几分姿色,就将她收纳入后宫。入宫后,汉王早把她给忘掉了,薄氏一年多都没见到汉王。当初,薄氏曾有两位要好的女子,一位叫管夫人,一位叫赵子儿,三人相约,谁先富贵,不能相忘。而管、赵二女子也入了汉王的宫室,并已为汉王所幸,二者回想起当初与薄氏的相约,不禁洋洋自得而讥笑薄氏,恰被汉王听见,汉王可怜薄氏,当天召薄氏同枕,从此改变了薄氏的命运。薄氏就见汉王一面,而生下了一个儿子,是为文帝。从此,这位薄氏就再也没见过汉王。薄氏为人低调,与世无争,因此,刘邦死后,吕后将刘邦已幸的诸姬杀的杀,囚的囚,因薄氏不狂不争,所以吕后就放她出宫随儿子刘恒到代地,过上她代国太后的平静生活。等到陈平、周勃诛吕氏,大臣在刘邦的儿子中选皇帝时,都"疾外家吕氏强,皆称薄氏仁善,故迎代王,立为孝文皇帝,而太后改号曰皇太后"。从一个再普通不过的宫女,到大汉朝的太后,这其中有薄氏好的机遇,但最主要的还是这位孝文母亲的智慧。她的智慧主要体现在以下两个方面:一是她善于把握机遇。刘邦后宫嫔妃众多,有的一辈子未被召见,有的召见也未必被幸。薄氏有幸被召,对她来说是天大的机遇,如何去巧妙地把握这次机遇呢?当薄姬被召,司马迁记录她的第一句话就是:"昨暮夜妾梦苍龙据吾腹。"这句话一下子就触动了刘邦最敏感的神经,因为刘邦就自认为是真龙天子。《史记·高祖本纪》中描绘了刘邦母亲刘媪"息大泽之陂,梦与神遇""雷电晦暝""蛟龙于其上"那一神秘的场景,遂有身孕,而生高祖。司马迁晚高祖大半个世纪,都把这一传说写得神乎其神,而与高祖同时薄氏怎么会不知道这些故事呢?因此,薄氏选择的是将刘邦最爱听的、最能触动刘邦的末梢神经的、最能引起刘邦对自己重视的一句话说与刘邦。于是刘邦说:"此贵征也,吾为女遂成之。"这难道不是薄氏的智慧吗?二是她以退为进,以不争去争。刘邦不喜欢太子刘盈,认为刘盈太软弱,不像自己,所以常想易太子。而吕后只给他生了一个男孩,就是刘盈,其他诸子皆非嫡生。换与不换,当时就出现了一场太子之争的政治较量。历来宫廷斗争都是残酷的，这一点薄氏再清楚不过了，所以她能把控自己，远离这场斗争，低调行事，仁善与人，这是以退为进的智慧，这是以不争去争的智慧。且不说她有无当大汉太后的想法，如果没有这样的智慧，那么代国的太后她也是真的做不成。也不是刘邦非嫡子的每一位母亲都能做到这一点，戚姬就是一个典型的例子。由争宠到争太子之位，卷入了那场政治斗争的旋涡中，结果不但没为儿子争到太子位，反而丢掉了封地，丢掉了性命，而她自己也被残为人彘。与薄氏相比，智与不智不言自明。

　　汉景帝刘启的母亲窦太后，是一位大智大慧之人，是西汉初期颇有影响的女性，她的智慧具体体现在坚持用黄老的以无为为有为的哲学思想作为治国理念，从而把"文景之治"推向高峰。窦太后为什么要极力推崇黄老之学呢？为什么要把黄老之学作为治国的指导思想呢？作为一位女性又怎能够实现自己的抱负呢？查阅有关资料，可以归纳为六个字：四体验，两利用。所谓四体验，是说孝景的这位母亲曾经有过四段不凡的经历。第一段经历，是她十三岁以前对战乱生活的体验。《史记·外戚列传》说，窦太后是河北清河观津人，出身平民良家，到十三岁才被选入宫作为吕后的侍女。这位小女子虽未经历暴秦之苦，霸王自刎乌江时她才四岁，也许楚汉之争的中原混战时期她还不大记事，然而，从她记事起到入宫之前，恐怕也不会有一天太平的日子。其间，有韩王信在太原与匈奴谋反，有赵将赵利的谋反，有韩王信余党在河北真定的谋反，有陈豨在代地的造反，还有淮阴侯韩信谋反关中，梁王彭越的谋反，淮南王黥布谋反等。虽然高祖已登基数年，但仍是战争不断，且大部分战争都是在北方。作为平民小女，对这一时段战乱之苦，相信她永远不会忘记。第二段经历是她从十三岁入宫到十五岁对宫廷残酷斗争的体验。这段经历虽然时间不长，但发生的事情也不少。由于惠帝软弱，吕后成为实际掌权者，她残戚姬、杀赵隐王如意、谋杀刘氏后人，宫廷斗争残酷无情。窦氏常在吕后身边，所见所闻无不惊心动魄，令她永生难忘。第三段经历是她二十六岁时，吕太后死，周勃、陈平等大臣迎刘恒为帝，窦氏从此入主汉宫，开始母仪天下的特殊体验。但这个皇位不好坐，这个皇后不好当。孝文帝即位可以说是一站、二看、三迈过。当陈平、周勃派人迎代王刘恒入朝即位时，刘恒非常犹豫，谋臣意见也不一致，因此刘恒并未马上动身，又是占卜，又是派人打探。等到他的舅舅薄昭从长安回来领会陈、周意图后，他才决定起程南下长安。到长安后，刘恒并未马上入宫，他还要看看大臣和刘氏宗族到底是什么态度。他先入自己的官邸，看到的是满朝重臣来迎接，周勃又献上皇帝印玺，刘恒的疑虑打消了一半。然而他还想知道宗室的态度，他说："即帝位是件大事，是不是和楚王商量一下？"陈平说："就因为这是件大事，所以我们反复权衡，您承帝位最合适，天下诸侯和万民都这样认为。"到此，刘恒经过一站、二看才战战兢兢坐到了皇帝的宝座上。这个皇帝没有代王当得舒服。刚当上皇帝，大臣又议立太子之事，这又使文帝诚惶诚恐，似乎有点六神无主，语无伦次，一会儿推荐他的叔叔楚王，一会儿推荐他的哥哥吴王，一会儿又说弟弟淮南王，再三推辞。虽然最终在大臣的议定下立太子刘启，但从这一过程中可以看出孝文皇帝的惶恐心理。作为皇后的窦氏，是孝文帝命运共同体，皇权不稳带来的惴惴不安，只有经历过这一事件的窦皇后自己清楚。第四段经历是景帝时期的七国之乱。公元前154年，即汉景帝三年，以吴王刘濞为首的吴、楚、赵、济南、淄川、胶东、胶西诸王起兵叛乱。这是建国以来，中央集权和地方势力矛盾逐步尖锐化的结果。吕后当权，刘恒为帝都是其中因素。直接导火索是景帝采取晁错的"削藩策"进行改革，以削弱诸侯势力，加强中央集权。叛军以清君侧为名，要求景帝交出晁错，结果景帝无奈杀了晁错，但叛军攻势依旧，景帝派周亚夫、窦婴为将平叛，最后叛乱得以平复。虽然这次战争只进行了三个月，但实际上是争夺皇权的斗争，也使这位五十二岁的窦太后思考了不少问题。

从这四个阶段的经历中窦太后最深刻、最精确的总结是：国家需要安定，政权需要巩固。

怎么样才能稳定和巩固自己的皇权呢？还是坚定不移地推行以无为为有为的黄老之学的治国理念。怎么样才能使黄老之学成为治理国家的指导思想呢？窦太后采取了"两个利用"。第一个是利用高祖的尚方宝剑。高祖建国后，定下了"以民生息"的基本国策，曹参是这一国策的忠实实践者，陈平为相多年，对黄老之学有深入的研究，使这一国策没有改变。文帝的母亲薄太后信奉黄老，文帝十四年，匈奴寇边，文帝要亲征对匈奴作战，这在某一程度上要改变国策，所以被他的母亲薄太后阻止。自建国以来,高祖定下的治国基调就是黄老之学的主要内涵。窦太后利用高祖的尚方宝剑进一步明确治理国家的指导思想,顺理成章,不留痕迹。第二个是利用自己的特殊地位。窦太后活了七十一岁,公元前157年即孝文帝二十三年,文帝崩,景帝即位,窦氏为太后。从汉初吕后开始,窦氏就利用她的特殊地位、特殊的影响去强力推行这一思想。虽然窦太后被封太后两年,她的婆婆太皇太后薄氏才去世,但实际大权已掌握在窦太后手中。从她四十九岁作为太后,到公元前135年即武帝建元六年,七十一岁去世,她实际掌权也只有二十余年。然而,就在这短暂的二十余年中,她充分利用高祖的尚方宝剑和自己特殊的地位,将黄老哲学思想与治国的实践融合得无以复加。

从窦太后记事起,到七国之乱,这五十年的非凡经历,使她认识到,国家需要安定,百姓需要生息,皇权必须巩固,这是她审时的结果;她能借用高祖的权威,利用自己手中的权力,强力推行黄老思想,这是度势的结果,只有审时度势,才能做出正确的决定。她的选择,吻合了历史的选择,适应了时代的要求,推动了社会发展,将"文景之治"推向了一个新的高度。一位女性,能如此掌控大国,岂能说她的智慧不闪闪发光。反过来说,如果在文帝去世后,太后改变国策,用儒家思想变革,试想这时的时机不成熟,首先是人们的思想难以接受,其次是国力不丰,一个晃错小小的动作就差点儿使之丧失政权,如要急于变革,后果不堪设想。

当然,窦太后的这种思想是保守的,也留下了不少后遗症,尤其是在思想上给后来武帝的改革带来了很大阻力。但从历史的角度看,窦太后的功绩是显著的,后世也不得不佩服这位女性的智慧。

有资料统计,说《史记》中记载的女性有四百多人,这应该说是司马迁进步的历史观的表现,在男权社会中,能把大批女性带入历史典籍中,虽用墨不多,但有血有肉,栩栩如生,着实可贵。尤其是对这十位母亲的记载更是影响深远,她们既有女性共同的特点——伟大的母爱,又有不同的人生观、价值观,同时又能利用不同身份、不同地位,从不同的角度,充分发挥她们的智慧,为国家、为社会做出她们应有的贡献。《史记》中的这一群体,永远值得人们尊敬,她们的优秀品质和闪光的智慧,也永远为社会传送着正能量。

下　篇

第九讲

谦让是大智慧

——欲取之，先予之

　　《史记·周本纪》中记载了一个小故事，说的是周文王西昌推行善政，诸侯有什么解决不了的难题都来找他解决。虞国和芮国的国君争田地，争得不可开交，于是就来找文王评理决断。二人进了周国的地界，看见耕田的人都互相让地界，路上行人都互相让路，扶老携幼成为风俗，所以，两国国君都很惭愧，说："我等小人，所争的，正是周人感到耻辱的，我们再去见西伯只能自取其辱。"因此，二人又回到了自己的国家，以相互谦让的方式解决了田地纷争。通过这一故事，可以看出"让"字，亘古以来就是我华夏民族崇尚的大德。

　　班固有言说，司马迁的《史记》是"不虚美，不隐恶，故谓之实录。"这是从史学家的角度对《史记》的评价与概括。我们读《史记》总感觉到字里行间有一股浓郁的情在激荡，在跳跃。仔细品味，那应该是司马迁在李陵事件上，受极刑之后的愤懑之情，请看《史记》记人物的第一篇《伯夷列传》。

　　"伯夷、叔齐，孤竹（商末有孤竹国，在河北唐山一带）君之二子也。父欲立叔齐，及父卒，叔齐让伯夷。伯夷曰：'父命也。'遂逃去。叔齐亦不肯立而逃之。……武王已平殷乱，天下宗周，而伯夷、叔齐耻之，义不食周粟。隐于首阳山，采薇而食之。……遂饿死于首阳山（位于甘肃省渭源县附近）。"

　　司马迁对这两个人是持赞美的态度的，因为二者都是谦谦君子，都为谦让而双双死于首阳山。但司马迁把笔锋一转又说："或曰：'天道无亲，尝与善人。'若伯夷、叔齐可谓善人者非邪？积仁洁行如此而饿死!"接着他继续借题发挥:"且七十子之徒,仲尼独荐颜渊为好学。然回也屡空,糟糠不厌,而卒蚤夭。天之报施善人,其何如哉?盗跖(即柳下跖)日杀不辜。肝人之肉,暴戾恣睢,聚党数千人横行天下,竟以寿终。是遵何德哉?此其尤大彰明较著者也。若至近世,操行不轨,专犯忌讳,而终身逸乐,富厚累世不绝。或择地而蹈之,时然后出言,行不由径。非公正不发愤,而遇祸灾者,不可胜数也。余甚惑焉,傥所谓天道,是邪,非邪?"

鲁迅先生赞誉《史记》为"史家之绝唱,无韵之离骚",这是说《史记》在记录历史事件的同时,也抒发了作者丰富的感情,这一点,我们从摘录的《伯夷列传》中的几个片段中就能深刻地体会到。司马迁在《伯夷列传》中说:"有人说,天道没有什么偏向,但是,它只护佑好人。"围绕这一命题,司马迁连续发问:既然如此,那么像伯夷、叔齐连王位都能让出的人,究竟是好人还是坏人?如果说是好人,这样的好人怎么就落得个饿死的下场呢?这上天到底是公不公?这是第一问。这也倒罢,因为他正在为伯夷、叔齐立传。那么颜回呢?颜回是孔子七十二贤弟子之一,是出了名的大贤人、大善人,屡次受到孔子的赞许。既然颜回是一位大好人,那么就是这么一位大好人怎么早早地就离开人世了呢?这能说天道是公平的吗?这是第二问。众所周知,盗跖可是一个无恶不作的狂徒,聚党滋事,杀人越货,为所欲为,横行天下,这样的坏人竟得以善终,这又是为什么?这是第三问。司马迁继而又说到当时的两种人,好人没有好的报应,恶人却有好报。他大声问苍天,到底还有个是是非非没有?这是第四问。他问的是苍天吗?不是。他大声质问的是汉武帝。

据说,《史记》写成后,汉武帝只看了写他与其父亲景帝的两篇,就大为恼火,差点没把它烧掉。如果看到这段议论,那不仅会烧书稿,说不定人头还要落地。

恼是恼,怒是怒,怨是怨,愤是愤,司马迁毕竟是一位伟大的史学家,心静下来,气平之后,是非曲直仍明于笔端。

谦让,仍然是司马迁着力赞美的品格和智慧。谦让,是我们中华民族的美德,是一个人内涵的彰显,同时,更是一个人智慧的所在。谦让包含着丰富的内容和不同的形式。

一　汉高祖、孝文帝让帝位

人们大多不会把"谦让"二字与刘邦联系在一起。他狎侮、轻慢，"骂詈群臣如奴婢小儿"，他怎么会有谦让之风呢？他少有大志，在咸阳打工期间，就羡慕皇帝的位置，说"大丈夫当如此也！"几十年浴血奋战，为的就是争天下，他怎么会让帝位呢？确有其事。司马迁写高祖其人，褒贬都有。有血有肉，近乎实录。三让帝位，也是司马迁赞美的对象。因此，在《高祖本纪》中就记载了此事。汉王五年，汉王用张良、陈平计促成了垓下战役，一战而灭掉了汉王最强的对手项羽，从此天下大局已定，所有的诸侯及将相都请刘邦即皇帝位。汉王说："'吾闻帝贤者有也，空言虚语，非所守也，吾不敢当帝位。'群臣皆曰：'大王起微细，诛暴逆，平定四海，有功者辄裂地而封为王侯。大王不尊号，皆疑不信，臣等以死守之。'汉王三让，不得已，曰：'诸臣必以为便，便国家。'乃即皇帝位于汜水之阳。"

刘邦三让帝位到底有几分虚伪，几分真诚呢？我们认为真诚地谦让还是要大于虚伪。其一，刘邦从斩蛇起事，到沛地父老杀沛县令而立刘季为沛公，刘季就数让。《史记·高祖本纪》记载：陈胜起事，沛县令想响应陈胜，时萧何、曹参为县吏，劝县令说，你是秦朝的命官，现在背叛秦朝，恐怕沛地子弟不响应你，不如让一个有一定实力的外人来领导，就让樊哙去请刘季。此时刘季已聚几百人。等樊哙把刘季请到，县令却又后悔了，关闭城门不让刘季进城，且还要杀萧、曹二人。萧、曹跳出城墙去保了刘季，沛县父老率子弟杀了沛令，开城门迎接刘季，欲立为沛公。刘季曰："天下方扰，诸侯并起，今置将不善，一败涂地。吾非敢自爱，恐能薄，不能完父兄子弟。此大事，愿更相推择可者。"众人再劝，"于是刘季数让，众莫敢为，乃立季为沛公"。后来与项羽约，先破咸阳者王关中。而沛公先至咸阳并未自封为王，反而还军霸上等项羽发落。项羽自封西楚霸王后，封刘邦为汉王，王巴蜀、汉中，刘邦也接受了。所以考察刘邦在名与实面前，更多的还是看中实。这与陈胜起事六个月就急于称王形成了鲜明的对照。其二，就刘邦谦让帝位的理由来说，倒也令人觉得是发自内心。他似乎认为皇帝是高深莫测，高不可攀的，那应该是世上最贤明的人才能称职，像他这种空言妄语，信口开河，骂詈群臣如骂奴婢的人怎么能称得上皇帝呢？等到群臣再三请求，刘邦才勉强承诺，但前提是，对国家有利。

这三让皇位，就使这位出身低微、一身毛病的刘邦的内涵一下子丰富起来了，人们似乎忘掉了他身上所有负面的东西，他的形象一下子就变得更加高大，换回来的是国人对他更加尊敬崇拜。这不能不说是这位高祖的智慧之所在。

司马迁写孝文帝至德至仁，用"谦谦"两个字概括。《孝文本纪》和《袁盎晁错列传》中都记载了孝文帝五让帝位、一让太子位的事。陈平、周勃诛杀吕氏后，迎接代王刘恒入朝，并说："您是高祖的长子，最适合做高帝的继承人，希望大王即天子位。"代王曰："'奉高帝宗庙，重事也。寡人不佞，不足以称宗庙。愿请楚王（楚王，刘交，高祖之弟）计宜者，寡人不敢当。'众大臣都伏地恳请，代王西向让者三，南向让者再。"一直等到陈平等捧着皇帝的玺符对代王说："继承高帝的皇位是一件极为重要的事情，我们经过认真考虑认为您最合适，就是全天下的人也会认为您最合适。"代王才说："如果宗室将相都认为没有比我再合适的，那我就不敢再推辞了。"

《孝文本纪》记载：孝文帝刚刚即位，有关官吏就向文帝进言，让他早立太子。文帝说："朕既不德，上帝神明未歆享，天下人民未有嗛志。今纵不能博求天下贤圣有德之人而禅天下焉，而曰豫建太子，是重吾不德也。谓天下何？其安之（放下来不议）。"当有司进一步阐明立太子的重要意义时，文帝又说："楚王，季父也，春秋高，阅天下之义理多矣，明于国家之大体。吴王（刘濞，刘邦哥哥刘仲子）于朕，兄也，惠仁以好德。淮南王（刘长，刘邦的小儿子），弟也，秉德以陪朕，岂为不豫哉！诸侯王宗室昆弟有功臣，多贤及有德义者，若举有德以陪朕之不能终，是社稷之灵，天下之福也。今不选举焉，而曰必子，人其以朕为忘贤有德而专于子，非所以忧天下也，朕甚不取也。"

我们读司马迁的《孝文本纪》，总觉得文帝与其他皇帝迥然有别，他温良恭俭，谦让有余，霸气不足。五让帝位，一让太子位，让得恳切，让得到位。《史记·袁盎晁错列传》中，袁盎在谏文帝为淮南王三个儿子册封时说："夫许由一让，而陛下五以天下让，过许由四矣。"

赞美文帝有"高世之行"。尤其是让太子位，感觉是情真意切，句句在理，没有虚假成分，同时指名道姓推荐宗室仁惠者，如楚王刘交、吴王刘濞等。

文帝何以如此谦让，我们认为原因有三：其一，性格所致。文帝性格谦和，加上母亲薄太后仁善。文帝行孝有过曾参，母病，三年不交睫，不解衣，汤药非亲口尝不进，非骄狂霸道之人。其二，不想搅进残酷的宫廷斗争中。他清楚地知道自己的哥哥孝惠皇帝是因看到吕后杀赵隐王，残戚姬，忧郁而死。文帝的弟弟齐王刘恢也险些被吕后害死。自己也正因为母亲薄氏仁厚善良才得以放还代地。他做皇帝的欲望不强。其三，一旦为帝，就其品行而言，他考虑的是国家、社稷、民心民望，不敢以一己私利而违天下。因此，他的谦让让国人感动臣服。

文帝的谦让，让出了一位封建皇帝的品质、威望和谦光，让出了诛杀诸吕后国家的稳定和民心的安稳。文帝在位二十三年，呈现汉初大治的升平局面。这种谦让难道说不是一种智慧吗？

传说许由不接受尧让位，而当时的老父就斥之为沽名钓誉，连许由洗过耳朵的水都不让牛喝。伯夷、叔齐为让位饿死首阳山，这种谦让是不为国家，不去担当，岂能和文帝谦让同日而语！

二　陈平让相

吕后专权，欲王诸吕，问右丞相王陵可否，王陵面折廷争，免相为太傅，遂以左丞相陈平为右丞相。周勃因为在朝廷上与陈平都同意封吕氏为王，因此，周勃仍为太尉。等到吕后死，陈平、周勃密谋诛杀吕氏，续刘氏后人，但吕禄、吕产掌管着南北御林军，而周勃虽为太尉，但不得入军内。陈平与周勃这对老乡又密谋，利用曲周侯郦商的儿子郦寄与吕禄的亲密关系，谋劫郦商，逼其子郦寄往说吕禄，交出兵印，赴赵国守藩。吕禄此时已被封为赵王，果然相信郦寄的话，交出了将印，周勃遂入北军，掌握御林北军大权。陈平又派朱虚侯刘章帮助周勃，这样周勃先杀吕产，后杀吕禄，搜捕吕氏男女老幼皆斩之，迎代王刘恒即皇帝位。

孝文帝即位，认为周勃在平定吕氏这件事情上，亲自率兵诛杀吕氏，功劳最大。陈平从文帝的言谈话语中察觉到了这一点，于是"陈平欲让勃尊位，乃谢病"。"孝文帝初立，怪平病，问之。平曰：'高祖时，勃功不如臣平。及诛诸吕，臣功亦不如勃，愿以右丞相让勃。'于是孝文帝乃以绛侯勃为右丞相，位次第一；平徙为左丞相，位次第二。赐平金千斤，益封三千户。"（《史记·陈丞相世家》）

先说陈平让相。陈平让相基于两点：一是对这位新皇帝的察，二是对周勃的知。文帝认为杀诸吕是武将的事，周勃入北军坐镇指挥，功劳最大。他忽视了幕后总指挥陈平。皇帝的意识不能违背，只有顺从，尽管皇帝没说让陈平让位，那陈平又是何等聪明。周勃为武将，虽然为人还算厚道，但靠攻城略地，斩将搴旗而得以官至太尉，又加上平吕氏之乱是一线指挥，自认功劳最大，那么在心理上虽不狂也骄。基于以上两点，也为达到一个目的，那就是吕氏刚除，皇帝新立，国家要有一个稳定的局面。因此陈平主动让相可以说是高明之举。

这一让，可以说是一石三鸟。一是文帝高兴，陈平的行为遂了文帝的心意；二是周勃高兴，陈平的行为满足了这位老乡的心理欲望，二者不伤和气，关系更加密切；三是陈平主动让相，使文帝对他又有了一个新的认识。只是这位安社稷、续刘氏之后的第一功臣自己受了点委屈。陈平让相理由很充分，先说高祖时周勃功不如自己，这次平吕氏自己功不如周勃，一下子说到了文帝的心坎上。这样让相就显得那样自然，那样诚恳。

"居顷之，孝文皇帝既益明习国家事，朝而问右丞相勃曰：'天下一岁决狱几何？'勃谢曰：'不知。'问：'天下一岁钱谷出入几何？'勃又谢不知，汗出沾背，愧不能对。于是上亦问左丞相平。平曰：'有主者。'上曰：'主者谓谁？'平曰：'陛下即问决狱，责廷尉；问钱谷，责治粟内史。'上曰：'苟各有主者，而君所主者何事也？'平谢曰：'主臣！'陛下不知其驽下，使待罪宰相。宰相者，上佐天子理阴阳，顺四时，下育万物之宜，外镇抚四夷诸侯，内亲附百姓，使卿大夫各得任其职焉。孝文帝乃称善。右丞相大惭，出而让陈平曰：'君独不素教我对！'陈平笑曰：'君居其位，不知其任邪？且陛下即问长安中盗贼数，君欲强对邪？'于是绛侯自知其能不如平远矣。居顷之，绛侯谢病请免相，陈平专为一丞相。"（《史记·陈丞相世家》）

上一次陈平让相是在自己才能居上，为国家而主动让相。让的是那样实在，那样自然，彰显出陈平的博大胸怀和全局观念；这一次周勃让相是在自知才能不及陈平的情况下做出的决定。当然在《史记·绛侯周勃世家》中说是周勃怕权高位极，为全身远祸，才谢病让相。不管怎样，周勃让相，也表现出了这位忠厚老实人的姿态和风格。陈平再次为相，而且是专相，又是那样自然。由上到下，再由下到专，不伤国体，不伤私情，上顺应文帝，下抚慰同僚群臣百姓，风声不起，水波不惊，安详自然，水到渠成。这一幕幕都应该是陈平在导演。这需要多么大的智慧啊！无怪乎司马迁评价陈平："常出奇计，救纷纠之难，振国家之患。及吕后时，事多故矣，然平竟自脱，定宗庙，以荣名终，称贤相，岂不善始善终哉！非智谋孰能当此者乎？"（《史记·陈丞相世家》）

三　叔孙通让贤

叔孙通何许人也？叔孙通是山东薛邑（山东薛城，现在滕州附近）人，秦朝时召为文学博士。秦二世召儒生们提问：征召戍边的士兵攻打某一县城，该怎么办？众儒生说，那是反叛，应派兵平叛。秦二世因为一直信赵高的话，天下太平无事，所以就不高兴，要治他们的罪。唯有叔孙通说，哪有什么反叛，只是些盗贼而已。所以二世就以叔孙通说得好，后来，叔孙通逃离了秦国，投奔了项梁。项梁死后，他又跟随楚怀王；义帝死后，他又侍奉项羽。汉王二年，刘邦入彭城，叔孙通又降汉，从汉王。汉五年，刘邦即帝位，尽去秦朝礼法，于是"群臣饮酒争功，醉或妄呼，拔剑击柱"，无拘无束，肆意妄为。高祖也很担心这种局面，于是叔孙通认为时机已到，开始发挥儒生的作用，为大汉制礼。《史记·刘敬叔孙通列传》描述这样一个场面：长乐宫建成后，大臣朝拜有个仪式：天亮之前有人主持这个仪式，大家按顺序走入殿门，殿廷上布置森严，骑兵、步卒、侍卫持戟而立，殿下几百个侍卫站在台阶上护卫着殿廷，文武大臣、宗室列侯听号令行动，文站东，武站西，按官秩大小依次排列，号令一下，所有人莫不肃然。这时皇帝才乘御辇从屋中慢慢出来，侍卫官举着旗帜呼喊着警戒，这时，引导员引导六百石以上俸禄的王侯，官员按职位高低依次朝拜皇帝，山呼万岁。等典礼结束，进行宴会，所有陪皇帝饮酒的王侯将相们都要弯着腰，低着头，按次序依次给皇帝敬酒祝福，前后共九次，主持人便宣布，宴会到此结束！同时有御史执法。整个过程没有人敢大声喧哗，没有人不感到庄严肃穆，没有人敢拔剑击柱、肆意妄为，违背礼节。于是，高祖说，他今天才知道做皇帝的尊贵呀！"先平明，谒者治礼，引以次入殿门，廷中陈车骑步卒卫宫，设兵张旗志。传言：'趋'。殿下郎中侠陛，陛数百人。功臣列侯诸将军军吏以次陈西方，东向；文官丞相以下陈东方，西向。大行设九宾，胪传。于是皇帝辇出房，百官执职传警，引诸侯王以下至吏六百石以次奉贺。自诸侯王以下莫不振恐肃敬。至礼毕，复置法酒。诸侍坐殿上皆伏抑首，以尊卑次起上寿。觞九行，谒者言：'罢酒。'御史执法举不如仪者辄引去。竟朝置酒，无敢喧哗失礼者。于是高帝曰：'吾乃今日知为皇帝之贵也。'乃拜叔孙通为太常，赐金五百斤。"（《史记·刘敬孙叔孙通列传》）这个仪式总导演，就是叔孙通。乱世本无序可言，所以高祖在打江山时鄙视儒生，侮辱儒生；治世必有序，无序无以为治，所以高祖称帝后，用叔孙通制礼，为规范大汉秩序、稳定大汉社会起到了不可替代的作用。叔孙通可谓知时而进。

"叔孙通之降汉，从儒生弟子百余人，然通无所言进，专言诸故群盗壮士进之，弟子皆窃骂曰：'事先生数岁，幸得从降汉，今不能进臣等，专言大猾（刁顽、不法之徒），何也？'叔孙通闻之，乃谓曰：'汉王方蒙矢石争天下，诸生宁能斗乎？故先言斩将搴旗之士。'"等到叔孙通制礼仪，诸儒生预先排练，成功举行朝会大典仪式，高祖非常高兴，封叔孙通为太常，叔孙通又向皇帝进谏："诸弟子儒生随臣久矣，与臣共为仪，愿陛下官之。"高祖就都封他们为郎官。叔孙通见了他们的弟子，就把皇帝赐的赏物分给他们。"诸生乃皆喜曰：'叔孙通诚圣人也，知当世之要务。'"（以上皆见《史记·刘敬叔孙通列传》）

叔孙通让的是时务，进的也是时务。当天下纷争之时，国家的工作的重心就是战争，在那个时候，如果向皇帝推荐儒生，那是在用人上偏离了国家的工作重心，那是自找没趣，进也白进，白进不如不进。向皇帝推荐能效命疆场，斩将搴旗之徒，虽非兄弟弟子，但它符合当时工作重心的要求，所以皇帝容易接受。相反，天下太平，需要有一个良好的社会秩序，再去推荐那些豪侠、大猾，那是不识时务，而此时需要的正是倡仪礼、讲秩序的儒生，这时再荐儒生不也很合时宜吗？

我们认为，叔孙通先进人后进己，这不能不说是让。先荐人，成人；后进己，玉己。让的不是风格，让的是时务，让的是智慧，把握的是机遇。

四　张良、萧何让封

汉高祖在谈到他为什么能够争得天下时，非常自豪地说，他有三杰。按高祖叙述的顺序是，运筹帷幄、决胜千里的张子房排第一；镇国家、抚百姓的萧何排第二；率百万之众，战必胜、攻必取的韩信排第三。张良善谋略，萧何善管理，韩信善军事。两文一武，足定天下。可惜的是韩信居功自傲，称王谋反。韩信两次被囚，恰恰都是两个文官的手段。一次张良计，捕获韩信于陈。一次用萧何计，捕杀韩信于长乐宫。还有一句俗语说："成也萧何，败也萧何。"由此可见，韩信虽能将兵百万，而在智慧上实在难胜一介文官。

那么，张良、萧何在什么地方明显胜出韩信一筹呢？谦让。谦让在一定的条件下是大谋略、大智慧，是全身远祸之术。举一例窥斑见豹。

《史记·留侯世家》记载："汉六年正月，封功臣。良未尝有战斗功，高帝曰：'运筹策帷帐中，决胜千里外，子房功也。自择齐三万户。'良曰：'始臣起下邳，与上会留，此天以臣授陛下。陛下用臣计，幸而时中，臣愿封留足矣，不敢当三万户。'乃封张良为留侯。"

韩信争假齐王是在汉四年，汉五年被擒，十一年被吕后诛杀，夷三族。韩信是在天下未定时就争，张良是在天下已定时还让；韩信争的是名利，张良让的同样是名利；韩信争名利，却落了个身败名裂的结果，令后世喟叹；张良让名利，反赢得当世敬仰，亦让后世感喟；争名利，而名利皆无，让名利而名利咸至。况且韩信之所以能将兵百万，建不世之功，充分显示军事才能，那是汉王给他搭建的平台，短短四年，就想与汉王平起平坐，少情寡义，更缺乏战略家的目光和智慧。张良让三万户，而求封留地，以示对初遇明主的永远的纪念，不仅是让名利，而让出了情，让出了义，这是不重名利而重情义的体现，无怪乎高祖那么敬重张良，就连歹毒的吕后也认为张良是一位有德的人。争与不争，智与不智，比较自明。

萧何更是一位智慧的人。汉十一年，陈豨反，高祖率大军平乱，而韩信曾与陈豨谋划里应外合，吕后用萧何计擒杀了韩信。高祖听说萧何诱杀了韩信，就派使臣拜萧何为相国，加封五千户，令一都尉带领五百士兵作为相国的护卫。同僚都表示祝贺，唯有一个叫召平的种瓜老翁上门吊祭萧何，说祸将及身了。召平原来是秦朝时候的东陵侯，秦朝灭亡，为布衣，在长安城东种瓜，瓜甜美，人称东陵瓜。他告诉萧何，皇帝在外领兵打仗，你在长安守着朝廷，皇帝对你的赐封不是因为有攻城守寨的战功。韩信在长安谋反，被杀，这是刚发生的事，你看皇帝对你的封赐是何用意？希望你不要接受皇帝的封赐，并且把你的家产全部拿出来支援打仗。萧何听了召平的话，辞谢封赏，皇上非常高兴。（事见《史记·萧相国世家》）

其实，用不着召平出谋，或者召平出谋是一个托词，萧何身居相位，一人之下，万人之上。俗话说，功高震主，一般人都知道这个道理，萧何岂能不懂。萧何平生谨慎，天下未定，萧何独掌巴蜀，作为高祖的坚强后盾，高祖授权他临机决断之权。天下大定之后，萧何更加恭谨谦让、生活节俭。《史记》说萧何置买田宅一定要在穷困偏僻的地方，家里从不修建高大的围墙。他说，后代子孙如果贤能，就学习他的节俭。如果不贤，现在财产再多，也会被有势人家夺去。说到这里使笔者想起了当今中国香港的一位大企业家。他腰缠万贯，多用于公益事业，媒体采访他，他说的两句话与萧何思想如出一辙。记者说："你有那么多钱，听说你对儿女们和对待一般员工一样，舍不得把钱给他们，而却把大把大把钱捐给社会，为什么？"他说："儿子比我强，留钱干什么？儿子不如我，留钱干什么？"很有哲理。这是中华民族的美德、智慧所在。

司马迁在为萧何作史的最后说："萧相国何于秦时为刀笔吏，录录未有奇节。及汉兴，依日月之末光，何谨守管龠（职责），因民之疾秦法，顺流与之更始。淮阴、黥布等皆以诛灭，而何之勋烂焉。位冠群臣，声施后世，与闳夭、散宜生（闳夭、散宜生，二者皆为辅佐武王的周之元勋）等人争烈矣。"

这就是智与不智的区别。

五　将相让

将相让说的是廉颇与蔺相如的故事，两千多年来，家喻户晓，妇孺皆知，传为佳话，也成了同僚共事相包相容，互相理解，互相谦让，共同奋斗的代名词。《史记·廉颇蔺相如列传》将二者合写一传。廉颇是赵惠文王时的将军，而蔺相如则是宦者令缪贤的舍人。大将军是国之栋梁，宦者令是统领宦者的小官，为朝臣所不齿。而蔺相如又是宦者令的舍人，其地位卑贱可知。二者身份可以说是天壤之别。廉颇在赵国是大名远播，而蔺相如则是通过两件事才取得赵王的信任：一是秦王要以十五座城换取赵王的和氏璧，有诈。经宦者令缪贤推荐，相如使秦，结果完璧归赵；二是秦王与赵王在渑池相会，秦王令赵王鼓瑟，欲辱赵王，相如逼秦王为赵王击缶，以牙还牙。相如以他的智慧与胆识，不辱使命，不负国望，不损国利，为赵国赢得了尊严，也杀了秦国的威风，使之不敢小觑赵国。这两件事也使相如赢得了赵王的信任和赏识。赵王拜相如为上卿，位在廉颇之右。这就惹怒了廉颇，才引出下面的一段故事来。"廉颇曰：'我为赵将，有攻城野战之大功，而相如徒以口舌为劳，而位居我上，且相如素贱人，吾羞，不忍为之下。'宣言曰：'吾见相如，必辱之。'相如闻，不肯与会。相如每朝时，常称病，不欲与廉颇争列。已而相如出，望见廉颇，相如引车避匿。于是舍人相与谏曰：'臣所以去亲戚而事君者，徒慕君之高义也。今君与廉颇同列，廉君宣恶言而君畏匿之，恐惧殊甚，且庸人尚羞之，况于将相乎！臣等不肖，请辞去。'蔺相如固止之，曰：'公之视廉将军孰与秦王？'曰：'不若也。'相如曰：'夫以秦王之威，而相如廷叱之，辱其群臣，相如虽驽，独畏廉将军哉？顾吾念之，强秦之所以不敢加兵于赵者，徒以吾两人在也。今两虎共斗，其势不俱生。吾所以为此者，以先国家之急而后私仇也。'廉颇闻之，肉袒负荆，因宾客至相如门谢罪。曰：'鄙贱之人，不知将军宽之至此也。'卒相与欢，为刎颈之交。"

这短短四百来字的故事，在史料中可谓大海一粟，然就深深地植根于人们的思想之中，相如谦让的品格、气度、胸怀、大局意识将永远为世人赞扬。

我们认为相如的谦让有两点原因：一是相如说得明白，国家的平安，国家利益重于一切，以国家安危与个人受辱相比，孰轻孰重，相如心如明镜。二是论资历、战功，对廉颇相让不为丑。尤其是原来的极不对等的身份，一下子跃居廉颇之上。相如的谦让足以能使其心理承受得了。相如的谦让，换来的是将相的团结，国家的太平；失去的是小节，赢得的是大局，赢得的是后世的效法与赞誉。无怪乎司马迁点赞相如说："知死必勇，非死者难也，处死者难。方蔺相如引璧睨柱，及叱秦王左右，势不过诛，然士或怯懦而不敢发。相如一奋其气，威信敌国，退而让颇，名重太山，其处智勇，可谓兼之矣。"给予极高的评价。

谦让是中华民族的传统美德，谦让者是赢家不是输家，在某种条件下，谦让所起到的作用大可安国，小可安身；进一步可能山穷水尽，让一步则柳暗花明。欲得到先舍去，欲取之，先予之。在我们的日常生活中，要学会谦让，让出一份和谐，让出一片文明。

第十讲

会忍也是智慧

——小不忍则乱大谋

"忍"字，从造字结构上看，心上一把刀，就叫忍，那么"忍"字应该隐含着人的一种感受，同时隐含着人的一种能力，不是每个人都能做到"忍"。《说文解字》这样解释"忍"字："忍，能也。"那么许慎对"能"字又是怎样解释的呢？"能者，熊属，足似鹿，从肉。能兽坚中（内心善良智慧），故称贤能。而强壮称能杰也。"由此派生出来能力、能耐等许多词汇。可见，"忍"还真是一种能力，在一定条件下还是一种智慧。许多成语也说明了这一点，比如忍辱负重、忍尤攘诟、能忍者自安、小不忍则乱大谋等。

我们认为，"忍"可以分为两种：第一种是能忍。能忍，说的是人的一种性格和毅力，这种忍可能没有前提，内含积极因素，也有消极因素。常说的"能忍者自安"，就是指这样的忍。第二种是会忍。会忍是有条件、有前提的，忍的目的也非常明确，会忍没有消极因素，彰显的是人的一种能力和智慧。我们对"能忍"中积极的一面持肯定态度，我们更赞美"会忍"所蕴含的智慧。

所谓积极的一面，应当是指人们对待生活的态度，不因小事而计较，不因细枝末节而动怒。唐代高僧寒山问拾得和尚："今有人侮我，冷笑我……则奈何？"拾得答曰："子但忍受之，依他，让他，敬他，避他，苦苦耐他……看他如何结局。"（《寒山问拾得》）老子也说："不争而善胜，不言而善应。""天地所以长久者，以其不自生，故能自生。是以圣人后其身而身先，外其身而身存。"（《道德经》）这是一种生活艺术，也是人的涵养和智慧，不因小事而失大体、闯大祸。所谓消极的一面，就是提倡这样的忍是不讲条件，不讲原则，不论前提，这样的忍在某种形势下就失去了斗争的艺术，牺牲了基本的利益，这是不智的表现。

读《史记》，能忍、会忍、大忍、小忍、隐忍等，例子比比皆是。司马迁本人就具备这种潜质和智慧，我们通过各种各样"忍"的描写，看到了人物的形象和品质，而人类的大智慧在字里行间熠熠发光。

一　忍让是一种品格，彰显的是一种胸怀和风范

忍和让是两个不同的概念，但有时很难分开。忍中有让，让里也有忍，二者互为依存而又互为解读。忍让的范围是正常的人与人的交往，我们经常说的大事讲原则，小事讲风格，其中说的是讲的风格，讲的包容。

《史记·管晏列传》中就记载着管仲与鲍叔牙的交往。管仲因为家里穷，经常骗取鲍叔牙的钱财，而鲍叔牙后来做了齐国宰相，那也是聪颖过人之人，心里明镜一般。但鲍叔牙仍然与管仲关系很好，从来不提这些事情。后来管仲为相后，回忆起他与鲍叔牙交往的经历，以极为敬佩的语调说："当初我家贫穷时，曾与鲍叔牙一起做买卖，分钱的时候往往自己多给自己分一些，但鲍叔牙不认为我贪，因为他知道我家贫穷；我曾经和鲍叔牙做一些事情，总是把事情办砸，让鲍叔牙也很难堪，但鲍叔牙不认为我是个愚蠢的人，因为他知道时机有时有利，有时不利；我也曾几次出来做官，但后来都被免职了，鲍叔牙从不因为我被罢免而认为我无能，因为他知道我没有碰到好时机；我曾几次带兵打仗，但三战三败，而鲍叔牙从不认为我胆小，因为他知道我家里有老母需要供养。"后来管仲辅佐公子纠，鲍叔牙辅佐公子小白，公子纠兵败被杀，管仲被囚，鲍叔牙仍举荐管仲为齐国宰相，自己官居管仲之下。齐桓公不计管仲射钩之仇，任用管仲为宰相，遂霸诸侯。管仲每每忆起这段往事，总是禁不住内心的感慨："生我者父母，知我者鲍子也！"

司马迁为管仲立传，主要是因为管仲在治国理政方面有过人之处，为春秋时期齐国的发展做出过重大贡献。但这个人物身上有不少

毛病，一是贪，做宰相后，富比国君，生活奢侈，这与后来的晏平仲任齐国宰相"食不重肉，妾不衣帛"的节俭力行形成鲜明的对比。二是就其回忆与鲍叔牙交往的那几件事：一块做生意，自己多拿点；办事情总办不好，让人家难堪；做官被罢免，打仗打败仗，自己都给自己找个理由，哪一个理由似乎都难以成立。我们姑且不去评价管仲的小节。

《史记·留侯世家》中也记载着一段众所熟知的故事：张良还在下邳时曾在一座桥上散步，有位老翁，穿着布衣，走到张良身边，故意把鞋掉到桥下，却回过头来毫不客气地对张良说："小子，下去把我的鞋捡上来。"张良很惊讶，怎么还有这么没礼貌的人呢？就想揍他。看他上了年纪，"强忍，下取履。父曰：'履我！'良业为取履，因长跪履之。父以足受，笑而去"。

此时的张良何许人也？那是已经组织力士在博浪沙刺杀秦始皇的张良，刺杀未成逃至下邳躲藏。这至少可说明两点：一是当时的张良已经不是小孩，是一个成人；二是张良是一个有思想、有抱负，满腹青春锐气的青年。那么这样一位人物，老翁直呼"孺子"，故意把鞋扔到桥下，让其下去捡鞋，继而穿鞋，毫无礼貌，也毫无道理。这些有辱人格的小事，怎么也不能与当时张良的身份、任侠之性格相吻合。但张良先怒，后来就忍了。他的忍无非是年轻人对老者的基本礼貌和忍让，没有更多的解读。体现在张良身上的是中华民族的优秀品质，所以才有老翁去而复回并说："孺子可教也。"才有传说中黄石老人授以兵书的故事，大概也是对张良这种忍让的肯定吧！

司马迁为管仲立传，并未标明为鲍叔牙立传，然而我们读《管晏列传》，不会不注意到寥寥几笔的鲍叔牙。读的是管仲的传记，却看到了鲍叔牙的高大形象，鲍叔牙的忍让、包容，展示给读者的是他的品格、气度、大海一般的胸怀和长者的风范。我们甚至对管仲有褒有贬，而对鲍叔牙则是赞美和敬佩。司马迁也说天下人很少赞美管仲的才能，更多的是赞美鲍叔牙的知人和大度。

读了《史记·管晏列传》这篇文章，在我们的现代生活中是否也应该吸取点什么东西。

二 会忍,蕴含着宏远的战略思维

会忍是一种智慧和谋略,它有明确的战略目标,起到的是一种远期效应。《史记》记载有两个典型的例子。

一个是《史记·越王勾践世家》写吴越有仇,越王曾射杀吴王夫差的父亲阖闾。吴王谨记父亲临终遗言,操练兵马,准备报仇。而越王勾践不听范蠡(越王上将军)劝谏,要在这时伐吴,却被夫差打败。举国只剩五千兵马,被困于会稽。怎么办?是拼,是忍?拼,则人死国灭;忍,则君臣受辱,但以后可能还有机会。越王听了范蠡的话:"乃令大夫种(文种)行成于吴,膝行顿首曰:'君王亡臣勾践,使陪臣种敢告下执事:勾践请为臣,妻为妾。'"这是何等屈辱,跪地求饶,纳贡称臣,已经失去了一个正常国家的尊严。一国之君愿给夫差做奴仆,越王的妻子愿献给夫差做小妾。常言说,仇莫深于杀父,恨莫大于夺妻。今越王派文种低三下四向吴王作这种承诺,就此,还恐吴王不允许,这种耻辱对于一国之君的越王来说简直无以复加。但越王为达到他的战略目的,从范蠡计,他忍了。

"吴既赦越,越王勾践反国,乃苦身焦思,置胆于坐,坐卧即仰胆,饮食亦尝胆也。曰:'女忘会稽之耻邪?'身自耕作,夫人自织;食不加肉,衣不重采;折节下贤人,厚遇宾客;振贫吊死,与百姓同其劳。"(《史记·越王勾践世家》)这就是所谓的卧薪尝胆。从会稽受辱,到回国的卧薪尝胆,越王忍了。就因为他会忍,最终实现了他的战略目标,二十余年后他灭掉了吴国。这个暂时的忍,这个承载着战略使命的忍,充满了越王集团的谋略和智慧。

另一个是《史记·高祖本纪》的记载:项王与沛公有约,先入关者王之。项羽奉怀王之命北救赵国,绕了个弯,出了点力,而晚到咸阳。而刘邦捡了个大便宜,走捷径先灭了秦,"秦王子婴素车白马,系颈以组,封皇帝玺符节,降轵道旁(在轵道投降)。诸将或言诛灭秦王。沛公曰:'始怀王遣我,固以能宽容,且人已服降,又杀之,不祥。'……欲止宫休舍,樊哙、张良谏,乃封秦重宝财物府库,还军霸上"。明明是秦王子婴投降了刘邦,但刘邦一不敢取秦之财货美女,二不敢在秦宫殿就寝，只得封存府库，还军霸上休息，以待项羽处置。刘邦是资财货、好美姬之徒，如此作为又是何等憋气。为什么要忍？因为刘邦的实力只是项羽的四分之一，不忍，后果可想而知。《史记·项羽本纪》记载，项羽听说刘邦已降秦王，大怒，要攻打刘邦，并听范增计，设鸿门宴，欲杀刘邦。然而，项羽有妇人之仁，中途变卦，放走了刘邦，遂使范增说，"竖子不足与谋"。项羽没有杀掉刘邦，也主要是因为刘邦灭秦后忍的结果。项羽把气都撒到了咸阳，"引兵西屠咸阳，杀秦降王子婴，烧秦宫室，火三月不灭，收其货宝妇女而东"。刘邦躲过了一劫。

刘邦虽忍，但他也没闲着，他在与关中父老约法三章：杀人者死，伤人及盗抵罪，悉除秦法。这在关中人民饱受战乱和秦之暴政之后，犹如久旱逢甘霖，大得民心。刘邦先破秦，但必待项羽来处置，先入关而项羽背约却不使其王关中。他丢掉了面子，捡回了民心；失去的是尊严、财货，得到的是争天下的机会。可谓会忍，值得忍，也忍得值。这种忍闪耀着刘氏集团智慧的光芒。

三　会忍，蕴含着对事物本质的洞察

历史的发展前进像黄河一样奔流而东，这个方向不可改变，但也不是没有曲折。旋涡逆流，那是前进中的一个插曲，前进是历史的本质特征。有时的旋涡逆流在一定的历史条件下还很难抗拒。有智慧的人，不会将自己置于旋涡逆流中而溺亡，而是适势之变，顺势而为，修正历史前进的方向，这就需要在某些事情上学会忍。

《史记·吕太后本纪》载：孝惠崩，吕后非常悲伤，但就是哭不出泪，干嚎。张良的儿子张辟强年十五为侍中（进入宫中侍奉天子为侍中），看出了太后的心事，对大臣们说："高祖、孝惠都不在了，孝惠又无后，无依无靠，真成了孤家寡人了，那种不安全感很浓。如果能拜吕台、吕产为御林军首领，统率南北御林军，太后称制，那肯定君臣相安，否则诸大臣将祸及身了。"张辟强的这段话是说给重臣们听的。意思是为了大汉江山，各位大臣可暂避其锋芒，忍辱负重，与其周旋，以期远图。

果然，太后临朝，讨论诸吕封王之事，问右丞相王陵。王陵曰："高帝刑白马盟曰'非刘氏而王，天下共击之。今王吕氏，非约也。'太后不悦。问左丞相陈平、绛侯周勃。周勃等对曰：'高帝定天下，王子弟，今太后称制，王昆弟诸吕，无所不可。'太后喜，罢朝。王陵让陈平、绛侯曰：'始与高帝歃血盟，诸君不在邪？今高帝崩，太后女主，欲王吕氏，诸君从欲阿意背约，何面目见高帝地下？'陈平、绛侯曰：'于今面折廷争，臣不如君；夫全社稷，定刘氏之后，君亦不如臣。'王陵无以应之。"

刘汉王朝经历了高祖、惠帝二朝，近二十年来的风雨拼搏，天下基本安定。久历战乱，人心思定，这是历史的要求。后来文、景皇帝的文治以及武帝的武功都是历史的主流。吕后君临天下，其一是位高权重，顺我者昌，逆我者亡。杀韩信，诛彭越，心之毒、手之狠可见一斑。残戚姬，鸩杀其子赵隐王如意，险杀齐王刘肥，幸齐内史献计，将城阳郡献给鲁元公主，才得以脱身。

其二是太后王诸吕，在当时来说，有违祖制，有背盟约，不得人心。太后夺刘氏天下，亡刘氏子嗣的野心已昭然若揭。作为副宰相的陈平，以智者称，亦以智者胜，当然是洞若观火。他既考虑如何全大汉社稷，安刘氏之后，这是历史大趋势；又要考虑眼前的形势，暂时隐忍，避祸全身，以图未来。陈平的聪明就在于他展现给双方的都是"诚实"。同意吕后对吕氏封王，这就博得太后的欢心。吕后在诸大臣极力反对其封吕氏为王的情况下，得到左丞相支持，实在是难得。而且陈平还说出了一个令人信服的理由，使太后感到陈平的忠诚和睿智；而当王陵责备陈平时，陈平的两句话更使王陵惭愧，更感到陈平对刘汉王朝的忠诚和深远的谋略。只有陈平自己清楚，他的意见是违心的，为了大汉社稷，刘氏后续，岂能小不忍去乱大谋。太后不悦王陵，降为太傅，夺其相印，王陵也因此称病免相而归。吕后以陈平为右丞相，这就为后来与周勃合谋诛诸吕奠定了人事基础。

为此，司马迁评价陈平说："及吕后时，事多故矣，然平竟自脱，定宗庙，以荣名终，称贤相，岂不善始善终哉！非智谋孰能当此者乎？"非常精辟。

其实韩信的胯下受辱与此类同。韩信年轻时是无所事事、游手好闲的市井混混，一面以乞讨为生，一面还要腰系宝剑，装作游侠一般。人们瞧不起他，当淮阴少年侮辱他时，韩信忍辱从人的胯下爬出，市人都笑他是个窝囊废，唯有韩信自己心中有数。我们读到《史记·淮阴侯列传》的这段描写，也很费解，真以为韩信外表虽魁梧健壮，实在是一介懦夫。这个谜还是韩信自己解开了。当韩信被徙楚王后，到了他的封地，他找到了当年侮辱他，让他从胯下爬出的那个少年，并提拔他为中尉，告诉他的将相说：此人是名壮士，当年壮士侮辱他的时候，难道他不能杀死壮士，完全可以。但杀死壮士也成不了名，所以忍受，才有了今天。韩信给人的印象是恬不知耻的无赖，其实内心却有宏图大志，且自身的内涵让他非常自信，他的愿望一定能实现。如不忍则与淮阴少年搏斗，实在是离他的奋斗目标太远。所以后来跟随项羽，项羽封其为郎中，他不满足。投奔汉王，寸功未建封为治粟都尉，仍不是他所愿。汉王拜其为大将军，他的才能得以实现，这也印证了他所说的当时之所以受辱的原因。

为什么韩信那么自信，为什么韩信堂堂仪表甘受奇辱？这是他能审时度势的结果。在群雄并起、天下纷争的时代，最能够派上用场的就是军事才能。而韩信恰恰具有这方面的优势，所以等待时机，遇到明主以展雄风，名传后世。这样的忍辱也不能说不是一种智慧了。

四　会忍，往往是对条件转化的推助

在一定的条件下，忍与不忍，会忍与不会忍，决定着事态发展的走向，会忍可能会推助条件、事态向好的方向转化，否则将是另一种结果。

《史记》的《高祖本纪》《留侯世家》《陈丞相世家》《淮阴侯列传》中都记载着同一件事。《高祖本纪》这样记载："韩信已破齐，使人言曰：'齐边楚，权轻，不为假王，恐不能安齐。'汉王欲攻之。留侯曰：'不如因而立之，使自为守。'乃遣张良操印授立韩信为齐王。"《留侯世家》这样记载："汉四年，韩信破齐而欲自立为齐王，汉王怒。张良说汉王，汉王使良授齐王信印。"《陈丞相世家》记载得较为详细："其明年，淮阴侯破齐，自立为齐王，使使言之汉王。汉王大怒而骂，陈平蹑汉王。汉王亦悟,乃厚遇齐使,使张子房卒立信为齐王。"《淮阴侯列传》记载更翔实:"汉四年,遂皆降平齐。使人言汉王曰:'齐伪诈多变,反覆之国也,南边楚,不为假王以镇之,其势不定。愿为假王便。'当是时,楚方急困汉王于荥阳,韩信使者至,发书,汉王大怒,骂曰:'吾困于此,旦暮望若来佐我,乃欲自立为王!'张良、陈平蹑汉王足,因附耳语曰:'汉方不利,宁能禁信之王乎?不如因而立,善遇之,使自为守。不然,变生。'汉王亦悟,因复骂曰:'大丈夫定诸侯,即为真王耳,何以假为!'乃遣张良往立信为齐王,征其兵击楚。"

　　同一件事,记载得有详有略,那是司马迁为不同的人作传时各有侧重。这里边有几个关键点:一是韩信自称齐王,汉王的态度为"汉王欲攻之""汉王怒""汉王大怒而骂""汉王大怒,骂曰"。接着是汉王态度的变化:"乃遣张良操印授立韩信为齐王""汉王使良授齐王信印""厚遇齐使,使张子房卒立信为齐王""因复骂曰:'大丈夫定诸侯,即为真王耳,何以假为!'乃遣张良往立信为齐王。"这一先一后描写汉王对这一事件的态度截然相反。从逻辑上来讲,韩信从楚逃归汉王,官不过是郎中,无名之辈,是汉王成就了他,就连曹参、张苍皆为部属,岂料平齐以后自封为王,不听指挥,与汉王分庭抗礼。攻之,骂之,这都是发自汉王内心,同时也合乎道理。然而瞬间态度突然转变,这里有汉王多大的忍耐和智慧。促成汉王态度一百八十度大转弯的是一个关键的细节,那就是汉王的脚被踩了一下。谁踩了一下汉王的脚?《史记·陈丞相世家》说是"陈平蹑汉王",而《史记·淮阴侯列传》则说是"张良、陈平蹑汉王足",动作都一致,不同的是后边的记载多了一位张良。我们不去考究到底是谁踩了一下汉王,但这个细节太重要了,我们姑且说是陈平所为。陈平这一脚,踩醒了一个汉王,踩死了两位将军,即项羽和韩信。没有这一脚,按汉王原来的态度,韩信不但不会兵至垓下,反而又树立了一个对立面,那么历史恐怕就要重写了。有了这一脚,使形势迅速向好的方向转化,韩信得到了满足,引兵垓下,促成了垓下战役的有利态势,项羽也在这一脚中灭亡。

　　这里边,汉王的会忍,韩信的不会忍。一会,一不会,是智者的较量,是成败的关键。

五 小不忍则乱大谋

我们常讲细节决定成败，刚才说到的那一脚就是一个重要的细节。我们在这里讲的是在小事方面能否忍让，这不但能考验一个人的品质、胸怀、气度，同时在决定大事的走向和成败上，也会起到重要甚至决定性作用。

《史记·外戚世家》记载：孝景帝为太子时，薄太后曾以薄氏女为太子妃，等到孝景即位，就把薄妃扶上了正位，为皇后。可惜薄皇后没有儿子，所以慢慢就失宠了。等到薄太后崩，景帝就废了薄皇后。机会来了，下边该轮到谁当皇后？母以子贵，子以母荣。后宫栗姬的孩子刘荣是景帝的长子。景帝四年，立刘荣为太子，那么栗姬立皇后也只是个时间问题。然而这里有一个小插曲使景帝对栗姬有点意见。刘荣立为太子，长公主嫖（景帝姊）有个女儿阿娇，想嫁给刘荣。栗姬天性爱妒，景帝后宫的几位美人都是通过长公主得以见到景帝而得到宠幸的，在位次上慢慢都超过了栗姬，所以栗姬对长公主有气，就谢绝了长公主这门亲事。后来长公主又把阿娇许给了王夫人的儿子刘彻，王夫人答应了。所以，长公主就很生栗姬的气，在景帝面前说栗姬的长短，景帝也就越发不喜欢栗姬。

后来，景帝得了一次重病，自度可能不会治好。人之将死，其言也善。他就把栗姬叫到跟前，进行所谓最后的嘱托：他死后，栗姬要好好照顾他的孩子们。意思是说，太子已立，你为皇后，要用你皇后的胸怀去抚爱他们，千万不要再出现吕后对待高祖的其他孩子那样了。尽管平时景帝不大喜欢栗姬，但这所谓的临终嘱托，不就说明了景帝立后的意思吗？多好的机会！栗姬竟然没有把握住，"栗姬怒，不肯应，言不逊。景帝恚，心嗛之而未发"。"废太子为临江王，都江陵。栗姬愈恚恨，不得见，以忧死。卒立王夫人为皇后，其男为太子。"

这位栗姬，让煮熟的鸭子飞了，真是缺少智慧。况且帝王佳丽充盈后宫，宠与不宠这很正常。栗姬与景帝有一子，且是长子，已经够幸运了。在景帝病危情况下，给她说说心里话，她就把平常的怨气都发泄出来，好没雅量。到手的皇后没了，反而害了母子二人。如果栗姬在这时表现出的是顺从，是大量，好言宽慰景帝，则大事成矣！这不正是小不忍则乱了大谋吗？这一小不忍，让王夫人捡了个便宜，倒是成就了武帝的大业。

陈皇后阿娇也是如此，她认为刘彻能成为太子是他母亲长公主的功劳，因此娇贵。阿娇做了皇后，却不能为武帝生一个儿子，可她听说卫子夫得幸，寻死觅活，与武帝大闹。武帝非常恼怒，后来阿娇竟以巫事于后宫，结果被废。小事不谨，小事不忍，终酿大错。

就是一些叱咤风云人物，也会因不忍小节而坏大事，甚至葬送自己。周勃的儿子条侯周亚夫，以治军肃整闻名，平七国之乱有功，官至丞相。《史记·绛侯周勃世家》记载：景帝在宫中召见条侯，赐给食物，器皿中只放着一大块肉，没有切肉的餐具和筷子。条侯心里就不高兴了，心想景帝什么意思，这怎么吃？就忍不住叫喊"拿筷子来！"景帝看着他急躁的样子，笑着说：这还不能满足你的需要吗？条侯知道自己太冒失了，就向景帝谢罪。等到景帝刚起身，条侯就趁机快步离去，不辞而别。关于景帝为何不给条侯放置筷子，是疏忽，或是有什么用意，众说纷纭。不管怎样解释，是皇帝召条侯到宫中赴宴，不上筷子，就忍不住了，有失宫中之礼；皇帝看条侯性子急，又是重臣，所以给以笑脸，或许也就是调侃，而条侯又不能忍，匆匆离去，不辞而别，有失君臣之礼。这两个不能忍的小节，使景帝得出一个结论："此怏怏者，非少主臣也。"这才有后来条侯的下狱，国除，不食五日，呕血而死。这又是多么悲惨啊！

我们前面所讲的忍让、会忍、小忍，都是从积极的方面来讲，都是具有前提和条件的，都是为了达到既定目的所采取的临时的态度，其结局都是理想的。

司马迁的《史记》通过一件件事情的记载也彰显了他的观点。司马迁本人既持这种观点，也付诸行动，隐忍苟活，是为了行大孝，播远名，履行一位史学家应尽的职责。

我们讲的忍都是有前提的忍，《史记》里记载的像扶苏的忍从，是愚忍，是懦夫。这不是中华民族所称颂的智慧。

讲完这一讲，我们或许会从中领悟到一些东西：在日常生活中遇到枝节问题，我们要做到能忍；在原则问题上，大是大非面前，既不能违背原则，又不能不讲究斗争艺术。

第十一讲

高调做事，低调做人
——高低之间说智慧

所谓高调做事，从正面解读，用现在的话说，就是愿做事、会做事，又能做成事。所谓低调做人，就是人格的平民化，不骄，不傲，不张狂。高调做事是对一个人做事态度、能力及效果的全过程的概括；低调做人是对一个人的基本素养、品质、性格、胸襟等综合素质的概括，它几乎囊括了人的世界观、人生观、价值观的基本因素。高调、低调，都是一个相对的概念，做事与做人也很难用一个公式去圈框。高调做事者，做人是否就一定也高调，这不是正比关系。低调做人者，就一定做事也低调，这倒也未必。这里很难寻找一个能够适应所有人的规律。但做事与做人有时也有内在联系：一是有助推作用。一个人愿做事，有能力、有智慧去做事，取得了一定的成就，往往会推助私欲的膨胀，会出现事情做得较成功，人物的个性也张扬到极致的情况。这里要强调的是，逆历史潮流去做事，违背社会道德去做事，事情做得再成功，也不属于我们要讨论的"高调"的范畴。二是有抑制和排斥的作用。有的人为社会发展做出了巨大的贡献，可以说做事做得有质量，很高调，但为人很低调，甚至是做事调子越高，为人调子越低，有意无意地自我抑制，自我约束，那是智者的表现。两种作用都是在一定的条件、一定的背景下产生。有时做事和做人也很难分开。做事很能体现一个人物的个性、素养、能力和品格，做人又往往是以他所做的具体事情来评价。

司马迁的《史记》，所记年代久远，所涉内容宏阔，采用体例庞大，但我们认为，它只有两种记载：一是记载了历史事件，二是记载了历史人物。没有人物的事件就没有灵气，没有事件的人物更显得呆滞，事件与人物是历史的灵魂。

就从做事与做人这一角度讲，司马迁笔下记载了两种类型的人物。

一 高调做事，高调做人

《史记》中记载高调做事者，触目皆是，连篇累牍。因为在绵绵的历史长河中，能做事者如天上繁星，然能够载入史册者却屈指可数，凤毛麟角。所以，既载入司马迁的《史记》中，其做事不可谓没有成就，不可谓没有质量。至于那些逆历史潮流而动者，损人而又不利己的小人，也有记载，为数不多，同时对正面人物的描写还有衬托作用。既高调做事，又高调做人者，不乏其人。这类人物也存在两种不同的情况：一种是自身性格所致，自始至终做事做人都是高调；另一种情况是做人还较低调，但随着做事成就的不断取得，做人的调子也逐渐与做事形成了正比。举几个例子作以剖析。

项羽的做事与做人

高调做事。项羽在司马迁的笔下是一位叱咤风云的人物。他与陈胜、吴广都于秦二世元年起事，从秦二世元年（公元前209年）到汉五年（公元前202年）垓下兵败，乌江自刎，短短七年时间。这七年，他攻城略地，斩将搴旗，与秦军交战，所向披靡。降秦名将章邯，虏秦名将王离，杀秦大将涉间，消灭了秦军大量的有生力量，为推翻暴秦做出了无可替代的贡献。特别是巨鹿一战，破釜沉舟，取得巨大胜利，威震诸侯，奠定了他在秦末战乱纷仍、群雄逐鹿中的霸主地位。

《史记·项羽本纪》记载："项羽已杀卿子冠军，威震楚国，名闻诸侯。乃遣当阳君、蒲将军将卒二万渡河，救巨鹿。战少利，陈余（赵国将军）复请兵。项羽乃悉引兵渡河，皆沉船，破釜甑，烧庐舍，持三日粮，以示士卒必死，无一还心。于是至则围王离，与秦军遇，九战，绝其甬道，大破之，杀苏角（秦将），虏王离。涉间不降楚，自烧杀。当是时，楚兵冠诸侯。诸侯军救巨鹿下者十余壁，莫敢纵兵。及楚击秦，诸将皆从壁上观。楚战士无不以一当十。楚兵呼声动天，诸侯军无不人人惴恐。于是已破秦军，项羽召见诸侯将，入辕门，无不膝行而前，莫敢仰视。项羽由是始为诸侯上将军，诸侯皆属焉。"司马迁笔下的这段巨鹿之战的精彩描写，字里行间充溢着赞美之情。项羽那种为推翻暴秦，在这次战争中所表现出的不胜必死的决心，勇往直前的大无畏精神，以及身先士卒横扫千军的英雄气概，真可谓惊天地、泣鬼神。无怪乎"诸侯皆属焉"。巨鹿一战，使秦军受到了重创，也使项羽威名剧增。

接着是第二战，即在漳水之南与秦国名将章邯的角逐。章邯率二十万大军驻扎在现在的邢台一带。因为秦二世责怪章邯数次退却，章邯惊恐，加上有人向章邯进谏说，赵高专权，将军战胜妒之，战败必死，秦将白起、蒙恬即为先例。白起南征鄢郢有功被诛，蒙恬抵御北戎有功遭绳，章将军要引以为鉴！章邯犹豫之中，项羽击之，大败章邯，后来章邯投降了项羽。此次战斗消灭秦军二十万。项羽封章邯为雍王，置楚军中。

至此，秦军的精锐已消耗殆尽，抵御诸侯西进的能力不复存在。项羽率四十万大军西进关中，满腹怒气，杀子婴，烧宫殿，继而想灭掉霸上刘邦的十万军队。时年项羽二十七岁。

我们说，破咸阳，降二世，刘邦占了先机，但他一路未遇秦朝劲敌，是上天安排让他抢了头功。项羽虽晚刘邦至咸阳，但这一路夺关斩将，消灭了秦军的有生力量。如果不是项羽与秦军酣战于赵地，那刘邦也未必就能先至咸阳；如果不是项羽将秦之精锐消灭，即使攻下咸阳，也未必能占有咸阳。从这个角度讲，项羽在推翻暴秦统治中，其作用无可与比。功可谓大矣，做事调子可谓高矣！无怪乎司马迁将项羽列入十二帝纪中，并排在刘邦之前，且赞曰："夫秦失其政，陈涉首难，豪杰蜂起，相与并争，不可胜数。然羽非有尺寸，乘势起陇亩之中，三年，遂将五诸侯灭秦，分裂天下，而封王侯，政由羽出，号为'霸王'，位虽不终，近古以来未尝有也。"（《史记·项羽本纪》）

高调做人。项羽的做人调高之至。项羽活了三十一岁，可以说他短暂的一生其事迹可彪炳史册，其做人轰轰烈烈，无遮无掩，为所欲为。我们把他的高调做人，归纳为三个方面。

一是未行其事，先扬其声。《史记·项羽本纪》记载："秦始皇帝游会稽，渡浙江，梁与籍俱观。籍曰：'彼可取而代也。'梁掩其口，曰：'毋妄言，族矣！'梁以此奇籍。"这个大背景是什么呢？秦始皇还健在。秦始皇是哪一年东巡呢？秦始皇三十七年十月（秦历元月）。七月始皇在返回的途中，死于沙丘（现在的邢台市），二世即位。项梁起事是在秦二世元年八月。项羽这年二十四岁，少有大志，看到秦始皇的车仗，冠盖相连，绵延数十里，旌旗招展，前呼后拥，好不威风，项羽就说其叔"彼可取而代也！"其实项羽这话说的是他叔父，那潜台词应该是吾可取而代之，只是碍于叔父面子，不好直说自己的志向罢了。普通一介草民（叔父项梁还在乡里主持红白大事）敢说明叫响取代皇帝，真可谓不知道天高地厚，世事维艰！与此同时在咸阳服徭役的刘邦见到始皇帝从宫中出游的场面也产生这种愿望："大丈夫当如是也。"真是相距万里，宏愿略同。只是表达方式不一样，一是较低婉，一是较张扬。项羽这种张扬的性格，为书写他光辉而又悲壮的一生奠定了基础。

二是弑上诛下，不顾其名。我们说做人，往往离不开做事，做事往往彰显出其做人。《史记·项羽本纪》记载了这样几件事：第一件事是杀会稽太守殷通。秦二世元年陈胜反秦，会稽太守殷通招项梁说："推翻秦朝时机已到，先起事能制人，后起事则被人制，我想起兵，想召你为将。""梁曰：'桓楚（楚将）亡，人莫知其处，独籍知之耳。'梁乃出，诫籍持剑居外待。梁复入，与守坐，曰：'请召籍，使受命召桓楚。'守曰：'诺。'梁召籍入。须臾，梁眴籍曰：'可行矣！'于是籍遂拔剑斩守头。项梁持守头，佩其印绶。门下大惊，扰乱，籍所击杀数十百人。一府中皆慴伏，莫敢起。"第二件事是杀统帅宋义。宋义与项羽同时受怀王之命，北救赵国。宋义为上将军，项羽次之，范增为末将。由于宋义和项羽在这次战役的思路上不一致，宋义是想先让赵、秦交战，以此消耗秦之力量，然后再战。项羽认为既来救赵就应该立即投入战斗。在这种情况下，"项羽晨朝上将军宋义，即其帐中斩宋义头，出令军中曰：'宋义与齐谋反楚，楚王阴令羽诛之。'当是时，诸将皆慴服，莫敢枝梧。皆曰：'首立楚者，将军家也。今将军诛乱。'乃相与共立羽为假上将军。使人追宋义子，及之齐，杀之。使桓楚报命于怀王。怀王因使项羽为上将军"。第三件事是弑义帝。"汉之元年四月……项王出之国，使人徙义帝，曰：'古之帝者地方千里，必居上游。'乃使使徙义帝长沙郴县。趣义帝行，其群臣稍背叛之，乃阴令衡山、临江王击杀之江中。"

　　项羽杀戮士卒平民，《史记·项羽本纪》中也记载了几件事。第一件事是项羽攻襄城，不下，大怒，"已拔，皆坑之"。第二件事是攻城阳（濮阳东）"屠之"。第三件事是秦将章邯率二十万大军投降项羽，到新安，"项羽乃召黥布、蒲将军计曰：'秦吏卒尚众，其心不服，至关中不听，事必危。不如击杀之'……于是楚军夜击，坑秦卒二十余万人新安城南"。第四件事是"项羽引兵西屠咸阳，杀秦降王子婴，烧秦宫室，火三月不灭；收其货宝妇女而东。人或说项王曰：'关中阻山河四塞，地肥饶，可都以霸。'项王见秦宫皆以烧残破，又心怀思欲东归，曰：'富贵不归故乡，如衣绣夜行，谁知之者！'说者曰：'人言楚人沐猴而冠耳（沐猴，猕猴。意谓猴子冠带不能长久，喻性格暴躁），果然。'项王闻之，烹说者"。

　　我们从司马迁记载的这些事件中可以清楚地看到项羽的做人。他凶忍残暴，弑上诛下，杀戮为常，嗜血成性；不顾名声，不顾影响，不计后果，为所欲为。项羽对自己杀伐的放纵，似乎取决于他的秉性。司马迁惊叹曰："何兴之暴也！"

　　三是末路穷途仍逞其能。项羽兵败垓下，率八百余骑向南突围，汉王派大将灌婴率五千人追赶，等渡过淮河楚军已剩百余骑，到了阴陵（淮南濠州）只剩二十八骑，且又迷失了方向，陷入大泽中，汉军数千人追至。"项王自度不得脱，曰：'吾起兵至今八岁矣，身七十余战，所当者破，所击者服，未尝败北，遂霸有天下。然今卒困于此，此天之亡我，非战之罪也。今日固决死，愿为诸君快战，必三胜之，为诸君溃围，斩将，刈旗，令诸君知天亡我，非战之罪也。'……于是项王大呼，驰下，汉军皆披靡，遂斩汉一将。"乌江亭长劝其东渡乌江，东山再起，项王以无面目见江东父老为由，拒绝东渡，并将乌骓马赐予亭长。"乃令骑皆下马步行，持短兵接战，独籍所杀汉军数百人。项王身亦被十余创。顾见汉骑司马吕马童，曰：'若非吾故人乎？'马童面之，指王翳曰：'此项王也。'项王乃曰：'吾闻汉购我头千金，邑万户，吾为若德。'乃自刎而死。"

　　关于如何评价项羽兵败垓下、身临绝境的所作所为，史学家研究得会更全面、深刻、透彻，这里只是从做人、行事的调子上来分析。其一，项羽至死都不以为自己有过，认为是上天要亡他，并不是他无能，并以八年大小七十余战，从未败北为资本，强调他上面只有天，天底下唯他能。天亡他，他认，人岂能亡他。其二，在被汉军重重包围，身边士卒无几，毫无战斗力的情况下，仍然炫耀自己，"必三胜之""为公取彼一将""为诸君快战"，以逞一时之雄，图一时之快的个人英雄主义及狂傲性格，暴露殆尽。其三，在无路可走的情况下，反弃马步行，短兵相接，以示其能；见故人自刎，献首级于故人邀功，以示其义。一能一义中也将项羽张扬的性格表现得淋漓尽致。

司马迁说："自矜功伐，奋其私智而不师古，谓霸王之业，欲以力征经营天下，五年卒亡其国，身死东城，尚不觉悟而不自责，过矣。乃引'天亡我，非用兵之罪也'，岂不谬哉！"（《史记·项羽本纪》）这个评价说中了要害。

韩信的做事与做人

我们前边谈到过淮阴侯韩信，韩信做事可谓高调，有质量，有成就。韩信先从楚，后投汉，从汉元年汉中拜将，到汉五年灭楚，短短五年工夫，为大汉建立，立下了不世之功，成为刘邦倚重的不可多得的人才。汉元年拜将，倾吐自己满腹韬略，绘就建立大汉、一统天下的宏伟蓝图，真可谓有经天纬地之才、定国安邦之志。随刘邦出陈仓定关中后，以左丞相兼大将军身份，灭魏国，破赵、代，降服燕国，灭掉齐国，最后与诸侯一起灭掉楚国，横扫大半个中国，所向披靡，锐不可当，其军事才能，日月可昭。

韩信既有远大的抱负，又有卓越的军事才能，其功绩为世人所注目，为世人所溢美。真可谓做事高调。

韩信做人调子也不低，但他与项羽做人高调还有区别。项羽做人高调是固有的秉性，而韩信做人的调子开始并不高，他可以忍辱吞气低调做人，为的是寻找机会实现自己的宏大抱负。但是，随着韩信做事的成功，做人的调子也越来越高，表现在以下几个方面：其一，傲慢情绪滋生，对原来跟随高祖打天下的重臣如樊哙、周勃等不屑一顾，而这些刘邦手下的得力爪牙见到他都不敢仰视。其二，私欲膨胀。打下齐国后向刘邦讨要王位，其做人调子在不断提升。其三，政治欲望的增强，使其丢掉了一个臣子做人的政治底线。对抗中央命令，讲条件，谈价钱，忘记了他做事成功的根源，失去了一位大臣对国家的忠贞。

做事高调，做人高调，韩信这位皇帝倚重、世人敬仰的有功之臣，结局悲惨，令人惋惜。

主父偃的做事与做人

主父偃，齐国临淄人。学长短纵横之术，晚年学《易》《春秋》和百家言。主父偃在齐国，齐国诸生排挤他，看不起他，不容于齐。主父偃家里贫穷，借钱粮借不来，就游说燕、赵、中山等地，均不被接纳任用，于是就西入长安。大将军卫青推荐，汉武帝仍不召见。主父偃就干脆毛遂自荐，上书阙下，朝奏，暮召。《史记·平津侯主父列传》记载，他上述所言九事，"八事为律令，一事谏伐匈奴"。武帝御览后，遂召见主父偃，且相见恨晚。

关于这段记载，所言九事，八事为律令，《史记》不载，一事谏伐匈奴载入本传。主父偃谏伐匈奴，恰与武帝大规模用兵匈奴背道而驰，那为什么还采纳了主父偃的建议呢？且拜为谒者，一岁四迁，实在令人费解。但本传确实有这样的记载。

《史记·平津侯主父列传》记载：主父偃当了武帝的近臣，曾向武帝提了三条建议：

其一，推恩令。主父偃上谏武帝说："古者诸侯地不过百里，强弱之形易制。今诸侯或连城数十，地方千里，缓则骄奢易为淫乱，急则阻其强而合从以逆京师。今以法割削之，则逆节萌起，前日晁错是也。今诸侯子弟或十数，而适嗣代立，余虽骨肉，无尺寸地封，则仁孝之道不宣。愿陛下令诸侯得推恩分子弟，以地侯之。彼人人喜得所愿，上以德施，实分其国，不削而稍弱矣。"推恩令一举两得，既使诸侯感谢武帝恩泽，又实质上削弱了诸侯力量。

其二，迁豪猾于茂陵。主父偃又说上曰："茂陵初立，天下豪杰并兼之家，乱众之民，皆可徙茂陵，内实京师，外销奸猾，此所谓不诛而害除。"又是一箭双雕。

其三，置朔方郡。"偃盛言朔方地肥饶，外阻河，蒙恬城之以逐匈奴，内省转输戍漕，广中国，灭胡之本也。"此御胡之长久之计。

这三条建议字字句句都迎合了武帝强化中央集权的心理，应合长期大规模用兵匈奴的需要。因此，武帝是件件采纳。而这些措施的实施，也确实对武帝时期内治外让的为政方略起到了重要的推助作用。主父偃的政绩得到了武帝的赞赏，成了武帝的得力谋士。无怪乎"一岁四升迁"，后任齐国相。

主父偃的做人与其做事同样高调，《史记·平津侯主父列传》也有几件典型事例：

其一，大肆受贿。主父偃作为武帝身边的近臣，且受宠于武帝，"大臣皆畏其口，赂遗累千金"。这位本为大汉做出杰出贡献的"智者"却疯狂敛财，来者不拒，干出了历朝历代君主、百姓都很憎恶之事。

其二，衣锦还乡报复。"元朔二年，主父言齐王内淫佚行僻，上拜主父为齐相。至齐，遍召昆弟宾客，散五百金予之，数之曰：'始吾贫时，昆弟不我衣食，宾客不我内门；今吾相齐，诸君迎我或千里。吾与诸君绝矣，勿复入偃之门。'"行事之绝，不留后路。

其三，发燕事，逼齐王自杀。"主父始为布衣时，尝游燕、赵，及其贵，发燕事。""使人以王与姊奸事劝王。王以为终不得脱罪，恐效燕王论死，乃自杀。"主父偃告发燕王之事是什么事呢？本传没有具体记载。《史记·荆燕世家》里却记载了这件事：刘泽是刘氏宗亲，吕后时因有功封燕王，刘泽的儿子刘嘉封为康王。"至孙定国，与父康王姬奸，生子男一人。夺弟妻为姬。与子女三人奸。"后有人告发，定国自杀，国除为郡。《荆燕世家》说的不是主父告发的，而主父本传说的是主父发燕事，推测是主父为中大夫指使并转奏武帝。主父到齐后，就调查齐王的隐私乱伦之事，据说主父是带着报复的心态去办这件事的。他想让女儿入齐王后宫，王后纪氏不允，齐厉王是与其姊乱伦，主父认为丢了面子，遂逼齐王自杀。连续干了两件残刘氏骨肉的蠢事。

其四，口出狂言，倒行暴施。"人或说偃曰：'太横矣！'主父曰：'臣结发游学四十余年，身不得遂，亲不以为子，昆弟不收，宾客弃我，我阸日久矣。且丈夫生不五鼎食，死即五鼎烹耳。吾日暮途远，故倒行暴施之。'"他是带着久受压抑的情绪，去为人，去做事，去报复社会的。

可以说《史记·本传》记载主父偃为人的这几件事，件件都是要命的事。疯狂敛财是历代封建王朝整治的对象，即便当代社会，反腐仍是重要的政治主题；无情报复故交，是心胸狭窄的表现，为乡里所不耻；残杀皇室宗亲，等于自赴汤火；倒行暴施，口出狂言，更是一介臣子之所大忌。因此，主父偃的结局，只能有一个，那就是"族"。

二 高调做事，低调做人

高调做事，低调做人者《史记》中也不乏记载，这种人身上往往彰显的是能力、担当、品质、胸襟和素养，其内涵核心是大智慧。这种智慧赢得了时人对他的称誉和后世对他的敬仰。晏平仲可谓典型的例子。

晏婴的做事与做人

关于晏子（名婴，谥平，字仲，公元前 578 至公元前 500 年）的记载，《晏子春秋》等书可谓详尽。因此，司马迁在《史记》中为其立传仅用了 384 个字，然就这短短的一篇传记中，有对晏婴概括描写，有具体事例的记载，有正面述评，也有侧面评价。更重要的，也是在《史记》中很少见到的司马迁本人对历史人物的点赞，以及倾慕心情的直露表达。因字数不多，不妨全文录入：

晏平仲婴者，莱之夷维人也。事齐灵公、庄公、景公，以节俭力行重于齐。既相齐，食不重肉，妾不衣帛。其在朝，君语及之，即危言；语不及之，即危行。国有道，即顺命；无道，即衡命。以此三世显名于诸侯。

越石父贤，在缧绁中。晏子出，遭之涂，解左骖赎之，载归。弗谢，入闺。久之，越石父请绝。晏子戄然，摄衣冠谢曰："婴虽不仁，免子于厄，何子求绝之速也？"石父曰："不然。吾闻君子诎于不知己而信于知己者。方吾在缧绁中，彼不知我也。夫子既已感寤而赎我，是知己；知己而无礼，固不如在缧绁之中。"晏子于是延入为上客。

晏子为齐相，出，其御之妻从门间而窥其夫。其夫为相御，拥大盖，策驷马，意气扬扬，甚自得也。既而归，其妻请去。夫问其故。妻曰："晏子长不满六尺，身相齐国，名显诸侯。今者妾观其出，志念深矣，常有以自下者。今子长八尺，乃为人仆御，然子之意自以为足，妾是以求去也。"其后夫自抑损。晏子怪而问之，御以实对。晏子荐以为大夫。

太史公曰：……方晏子伏庄公尸哭之，成礼然后去，岂所谓"见义不为无勇"者邪？至其谏说，犯君之颜，此所谓"进思尽忠，退思补过"者哉！假令晏子而在，余虽为之执鞭，所忻慕焉。

司马迁把管仲和晏婴合传，是因为二者都是齐国的名相，都为齐国的强盛献出了智慧，但在个人的品质、行事风格、为人格调上好像有意识地作了鲜明的对比。

为晏子作传的这篇短文，层次清楚，意蕴鲜明突出，三百多字，一目了然，但又回味无穷。第一层意思，概括地阐述了他的执政时间，"事齐灵公、庄公、景公"五十余年；执政风格，"国有道，即顺命；无道，即衡命"，是说晏子坚持自己"仁政爱民"的施政纲领。国君有道，就顺从国君的命令；国君昏庸，他将权衡国君的命令去行事，从而不使国家走上歧途。最后说他的执政成就，也就是说晏子治国理政的效果。四十年间，使灵、庄、景三世在诸侯国中具有很高的威望。按照本文对高调做事的理解，晏子应该是一位名副其实的高调做事者。

抛开晏子为政之绩，司马迁给我们展现晏子的另一面是他的生活准则和工作态度。作为一国宰相，"食不重肉，妾不衣帛"。这八个字，一说自己，一说家人。他提倡国人节俭，那么先从自己做起，宰相的餐桌上只有一荤一素，宰相的妻子穿的是齐国的粗布，真可谓身体力行；在朝廷上，国君和他说话，他就正言应对，国君的话不涉及他，他就肃立在那里认真听别人说。这寥寥数语就使一位品端行正，不华不奢，行事认真，恭谨下人的三朝重臣的形象跃然纸上。这也和同传的管仲"富拟于公室，有三归（《史记正义》：三归，三姓女也），反坫（用土筑的平台，大臣互敬酒后放杯子的地方，周礼规定只有一国之君才能有'反坫'）"，形成了鲜明的对照。所以孔子说：邦君为两君之好有反坫，管氏亦有反坫。管氏而知礼，孰不知礼？而赞晏子："晏子于君为忠臣，而行为恭敏"，"救民百姓而不夸，行补三君而不有，晏子果君子也"。（《孔子家语·辩政》）

第二层意思是通过记述晏子与越石父的故事，可以看到晏子识贤、思贤、揽贤的政治品格；也可以看到晏子知错能改，礼贤下士，及作为一位大政治家的胸怀和气度。

第三层意思是通过第三者即御者之妻的观察，将宰相和仆人二者的行事风格、修养及内涵作了个极度反差的对比：一是地位身份上的反差，二是修养上的反差。位尊者是"志念深矣，常有以自下者"。位卑者却"意气扬扬，其自得也"。做人之调子高低自现。然而司马迁在这个小故事的最后，却说御者知错知羞后"自抑损"，"晏子荐以为大夫"，给这个小故事画上了圆满的句号，也是对"知错能改"又一次的赞誉。

《史记·管晏列传》篇幅并不长，千字稍余（1017 字），而太史公的点赞就占一百七十多个字，约占篇幅总量的百分之十七，这似乎与《史记》这种文体稍有偏差。但我们不能忘记，《史记》虽是一本史书，但字里行间充斥着作者浓郁的感情，真挚的爱和恨。对有的人物、事件，更能够触动作者的神经，写到酣畅处，如鲠在喉，不吐不快。对于晏子"进思尽忠，退思补过"的思想境界由衷地敬佩，甚至达到了疯狂的地步。司马迁与晏婴虽时隔久远，但这位大史学家、大文学家写到这里已与晏子神交。"假令晏子而在，余虽为之执鞭，所忻慕焉。"晏子的执政成就，晏子的恭谨谦让平民化的高尚品格，晏子忠于职守，清正廉洁，为国家鞠躬尽瘁，知错能改的思想境界，都深深地打动了他，故在点赞晏子的同时，抒发自己之情。这种把自己置入历史人物和事件之中来抒发情志，《史记》中也不多见。因此后人也对司马迁的述评作了评价：唐司马贞的《史记索引》就说司马迁"其好贤乐善如此。贤哉良史，可以示人臣之炯戒也"。

晏子堪称高调做事，低调做人的智者，是一位充满幽默和灵气的智者。

晏子是一代贤相，一代名相，说他是历代文官的典范不为过誉。我们再把镜头下移六百年，聚焦在西汉名将卫青身上。

卫青的做事与做人

卫青，字仲卿，河东平阳（山西临汾）人。他的父亲姓郑，叫郑季，在平阳侯家做事，与平阳侯妾卫媪私通，生卫青。他的姐姐卫子夫也是在平阳公主家得幸武帝，故都随母姓，姓卫。《史记·本传》说卫青"少时归其父，其父使牧羊。先母之子皆奴畜之，不以为兄弟数"。后来为平阳公主（即武帝姐姐）家奴，卫子夫被幸有身孕，遭大长公主的女儿阿娇嫉妒，逮捕卫青，欲杀之，后获救。武帝为保护卫青，召为随从，日益显贵。后任大司马、大将军，封长平侯。卫青可以说经历了一个由奴隶到将军的成长过程。

世人在谈到卫青的升迁时，往往都把卫子夫放到前边，似乎没有这层裙带关系，卫青就不配做将军，就连司马迁本人也未必没有这样的偏见。司马迁在为卫青作传后，借苏建的话流露出了他的思想：太史公说："苏建语余曰：'吾尝责大将军至尊重，而天下之贤大夫毋称焉……'"究其原因，似乎都在卫子夫身上。我们不能排除卫子夫这种因素，但如果就因为卫子夫而把卫青的才能与功绩全都抹杀，也未免有失公允了。

司马迁毕竟是一位伟大的史学家，他在总结卫青一生成就时说："最大将军青，凡七出击匈奴，斩捕首虏五万余级，一与单于战，收河南地，遂置朔方郡……"

从汉武帝元光六年（公元前 129 年）到汉武帝元狩四年（即公元前 119 年）十年间，卫青七次出塞击匈奴，七战七捷。元光六年匈奴兴兵南侵，汉武帝派四路兵马，一路是卫青为车骑将军出上谷（即河北怀来县）迎敌，一路是轻车将军公孙贺出云中（内蒙古境内），大中大夫公孙敖出代郡（大同一带），骁骑将军李广出雁门。四路人马的结果是，公孙敖一万人马折去七千，大败；李广被俘后逃脱；公孙贺无功而返；唯卫青深入敌境，直捣匈奴祭天的龙城，斩获七百人，得胜而归。李广、公孙敖当斩，赎为庶人，公孙贺无功。这一战是汉武帝大举用兵匈奴的首战。龙城一战，也是建汉以来对匈奴作战的首次胜利。它打破了近百年来，匈奴不可战胜的神话，坚定了武帝北方用兵的信心，鼓舞了朝中主战派的士气，为以后对匈奴作战打下了一个良好的基础，其意义重大。

二次战役是出雁门长驱直入，得胜而归。

三次战役是在元朔二年，卫青率兵攻击长期盘踞河南（河套地区）的匈奴，大获全胜，斩获颇多，一举夺回了河套地区，武帝在此设朔方郡，从此解除了匈奴对长安的威胁，建立了进攻匈奴的前沿基地，具有重大的战略意义。

最后一次战役是在元狩四年（公元前 119 年），此次战役规模空前，投入战马十四万匹，步卒将帅五十余万人，与霍去病兵分两路，深入漠北，寻找单于主力决战。卫青所率一路与单于遭遇，将单于围困，斩杀一万九千余人，尽得单于用兵粮草，唯单于率随从逃脱。此次漠北战役，消灭了匈奴在漠南的主力，换得了大汉十几年的太平。武帝为表彰卫青的战功，封他为大司马、大将军，代太尉职。至此，卫青已达到人生的巅峰。

本文中我们讨论的是高调做事，低调做人。按照我们对"高调做事"的理解，卫青做事不可谓调子不高，做事不可谓不尽心尽力，成就不可谓不大。不愧是一代名将，与汉初韩信、周勃之流类比，也并不逊色。然而，这位名噪当世、业垂青史的将军其做人又与韩信迥异。

不扬威，不专权。《史记·卫将军骠骑列传》记载，元朔六年，大将军卫青率大军出定襄，各路军马与匈奴战皆胜。前将军赵信和右将军苏建与匈奴劲敌遭遇，赵信降，苏建弃军自归，大将军问其罪，议郎周霸曰："自大将军出，未尝斩裨将，今建弃军，可斩以明将军之威。"大将军曰："青幸得以肺腑待罪行间，不患无威，而霸说我以明威，甚失臣意。且使臣职虽当斩将，以臣之尊宠而不敢自擅专诛于境外，而具归天子，天子自裁之，于是以见为人臣不敢专权，不亦可乎?"卫青明白，他的生杀大权是天子所授，他的军威是靠多年来自己所作所为建立起来的，有权不敢擅专，树威不靠杀戮，况苏建是在敌众我寡情况下，力战一日，全军覆没，不降自归，说明忠于大汉无二心，杀此将以树威是不智之举。果然汉武帝不杀苏建，"赦其罪，赎为庶人"。

不养士，不结党。春秋时养士成风，之后达官重臣也往往食客塞门。所谓养士，无非就是利用自己的身份和权力，笼络一些略有才技之徒，为己所用，实际上是拉帮结派，结党营私，往往干一些不法勾当。西汉初年这种风气也盛一时。而当苏建劝说大将军卫青效法古人，利用自己至尊至重的地位笼络人才时，"大将军谢曰：'自魏其、武安之厚宾客，天子尝切齿。彼亲附士大夫，招贤绌不肖者，人主之柄也。人臣奉法遵职而已，何与招士!'"（《史记·卫将军骠骑列传》）卫青说的是历史的教训，说的是一个臣子不论官有多大，位有多高，都要恪尽职守、坦荡无私、奉公守法的道理。这个大道理谁都懂，岂止卫青熟知，苏建岂不知晓。关键是从古到今，官大位高之人能够真正地践行这种理法者并非开卷就能触目，魏其做不到，武安做不到，主父偃做不到……而卫青能想到、说到、做到，不张不扬，低调清白，全名当时，载誉后世，岂非智者哉？

不邀功，不贪位。《史记·卫将军骠骑列传》记载，元朔五年（即公元前124年），汉发两路大军击匈奴。一路为车骑将军卫青率三万人出高阙，一路为大行令李息与岸头侯张次功率领出右北平。匈奴右贤王认为卫青行军速度不会那样快，饮酒，大醉。忽报卫青军至，右贤王从梦中惊醒，乘着夜色与爱妾逃走，其余皆被卫青所虏。其中有右贤王小王十余人，男女一万五千余人，牲畜千百万头，大胜而还。汉武帝遣使者持大将军印迎卫青于塞上，就军中拜卫青为大将军，益封卫青六千户，并封卫青三个儿子伉为宜春侯，不疑为阴安侯，登为发干侯。卫青受不了，谢曰："臣幸得待罪行间，赖陛下神灵，军大捷，皆诸校尉力战之功也。陛下幸已益封臣青。臣青子在襁褓中，未有勤劳，上幸列地封为三侯，非臣待罪行间所以劝士力战之意也。伉等三人何敢受封！"这一段谦让词，有虚有实，虚得到位，实得感人。卫青先是把战功一分为二，一是凭借皇上的洪福及英明的决策，二是官兵的英勇奋战，二者结合促成了这次战役的胜利。一上、一下，唯独没有自己的功劳。功归皇上是虚的，但不能不说，且放在第一位，说得到位。归功将士是大实话，但也只能放在第二位，令人敬服。如此谦虚和低调，但却达到了一石三鸟的效果：一是皇上更加信任，二是将士也得到了应有的封赏，三是自己的威望也在谦让中提高。在辞让三个儿子的爵位时，说得情真意切，字里行间都充满了"实在"二字，字里行间也都充斥着"智慧"二字。

不骄不狂，谦和礼让。《史记·卫将军骠骑列传》说："大将军为人仁善退让，以和柔自媚于上。"这个评价似有中肯，似有偏见。"仁善退让"四字是对卫青为人的中肯评价，"和柔媚上"就有司马迁的偏见了。司马迁与卫青同朝为官，卫青是一路顺风，官极人臣之位。司马迁总认为自己出身高贵，但一路坎坷，给祖宗丢尽了脸面，他认为不公平。另卫青为主战派，而司马迁是主和派，政见不一。因此，对卫青颇有微词，后人黄震的《史记评林》说："凡看卫霍传，须合李广看。卫霍深入两千里，声震华夷，今看其传，不值一钱。李广每战辄北，困踬终身，今看其传，英风如在。史氏抑扬予夺之妙，岂常手可望哉？"就为卫青打不平，同时也对司马迁进行了讽刺。

《史记·淮南衡山列传》载：淮南王刘安打算谋反，臆想若起兵，朝廷肯定派卫青来镇压。问谋士，卫青这个人怎么样，才能如何，人品如何。谋士说，他有一个朋友，常随卫青击匈奴，朋友告诉他："大将军遇大夫有礼，于士卒有恩，众皆乐为之用，骑上下山若蜚，材干绝人。"刘安的另一谋士从长安回来，也对刘安说："大将军号令明，当敌勇敢，常为士卒先。休舍，穿井未通，须士卒尽得水，才敢饮。军罢，卒尽已渡河，乃渡。皇太后赐金帛，尽以赐军吏。虽古之名将弗过也。"司马迁尽管对卫青略持偏见，但从他人之口评价卫青的才干和为人时，也难掩这位史学家对卫青的敬仰之情。

《史记·汲郑列传》中也记载汲黯（濮阳人）为人耿直，不能容人之过，有才，为都尉，位列九卿。汲黯学黄老，是朝中主和派，尝与主上言和亲之事，因此，对主战派卫青不感兴趣。"大将军青既益尊，姊为皇后，然黯与亢礼。人或说黯曰：'自天子欲群臣下大将军，大将军尊重益贵，君不可以不拜。'黯曰：'夫以大将军有揖客，反不重邪？'大将军闻，愈贤黯，数请问国家朝廷所疑，遇黯过于平生。"这是卫青的品格，身居高位，对反对自己的人，不但不责怪，反而更加亲近，虚心请教，结果相处得非常融洽，胜过平常结交的其他人。

卫青从一个家奴官至侍中（皇帝亲随）、太中大夫（属郎中令官），参与朝政，掌管议论，在内朝行政上有相当大的权力，后被封大将军，节制所有将领，位在丞相之上，成为皇帝之下最高军政长官，再有其姊卫子夫为皇后，可以说卫青是一个权倾一时、炙手可热的人物。而且，卫青的军事才能是有目共睹的，但他的为人却是不张不扬，不骄不狂，谦和恭俭，礼贤下士，其调子之低与其身份和官位之显，与其为国家的贡献之巨，形成了极大的反差。而这个反差里也恰恰隐藏着卫青的大智大慧。可惜这位高调做事，低调做人的智者，仅活了四十五岁，但他的名字永远被后人铭记。

　　历史上高调做事，低调做人者，比比皆是，如大家熟知的蔺相如，汉初的萧何与张良，陈平与张苍，公孙弘与石奋等。这些人都是大智慧者。

　　本讲我们讨论的是高调和低调的问题，列举了两种类型的人物，一是双高型，即高调做事，高调做人；二是一高一低，即高调做事，低调做人。我们对这两种类型的人物进行了简单的剖析。通读此文，两类人物有一个鲜明的对比，对比结果表明，二者在做事上是一致的，都在为社会发展输入正能量，为推动历史前进做出了突出的贡献，这也是他们能让司马迁援笔作记的原因之一。不一致的地方，在于他们做人的迥异，高调做人者不为人企慕，低调做人者，为万世敬仰；高调做人者，往往结局颇低，低调做人者，往往结局颇高。

　　那么同样是高调做事，为什么就有人选择高调做人，有人选择低调做人，有人选择良好的终结，却有人选择悲惨的结局呢？这就是智慧大小的区别。

　　高调做事，低调做人，高低之间，镶嵌着大智慧。

第十二讲

俭以养德，敬德为民
——论俭

俭，是中华民族传统文化的精粹内容之一。《说文》曰："俭，约也。"意谓要践行俭的含义，就要约束自己的行为。也就是说，自身行为得不到约束，在一定的条件下就难做到"俭"。比如，一个人在生存条件极为艰苦的情况下，是条件的约束，很容易做到"俭"，而在生活条件非常优裕的情况下，如不自我约束，就很难做到"俭"了。俭和奢是一对意义相反的词，《说文》曰："奢，张也。"徐灏曰："奢者侈靡放纵之义，故曰'张'，言其张大也。"中华民族自古以来，都把"俭"作为一种道德准则和生活准则，作为崇德广业的必要条件。"成由节俭败由奢"这句名言，既是对前人说俭论奢的集中概括，也是对几千年历史成俭败奢的真实写照。

一 俭，是我国优秀传统文化主要内容之一

春秋战国时期，是一个人们思想大解放的时期。不同阶级、不同层次的人们，站在不同的角度，抒发自己的思想情怀和政治见解，形成了思想、学术氛围非常浓厚的百花齐放、百家争鸣的时代。儒、道、法、墨、刑、名、阴阳等重要学术流派相继出现，各个学术流派相互吸纳，而又相互排斥。每一家学说都有自己的核心思想，一家学说的核心观点，是其他学派无论如何也难以说服和撼动的。但有一点相共相通，那就是"俭"。

孔子倡导节俭。《论语·八佾》："林放问礼之本。子曰：'大哉问！

礼，与其奢也，宁俭。'"《论语·学而》篇也说："道千乘之国，敬事
而信，节用而爱人，使民以时。"看来孔子是倡导节俭的，儒家思想核
心是礼，那么在践行礼的途径及方式上，他们还是选择了俭，而反
对奢。

儒道思想相乖甚远，但道家更提倡节俭。《道德经》第六十七章：
"我有三宝，持而保之：一曰慈，二曰俭，三曰不敢为天下先。"老庄
主张清静无为，乃至于到后来的黄老之学的"日无为，日无不为"，强
调顺应自然。他所说的三宝，无非是就人对待自然和一切事物的关系上
说，就人的主观上应持的态度。一要慈爱，二要节俭，降低人们自身的
欲望值，三要顺从自然规律。节俭成为道家思想的主要内容之一。

墨家思想与儒家思想被后世同称为显学，在当时都很有影响，二者
可分庭抗礼。墨家学派的代表人物墨翟崇尚节俭，一生反对浪费，这种
节俭思想在各家学说中表现最为突出，对俭的要求标准也最为严格。他
对人们最基本的生活标准都有明确规定。《墨子·节用》："凡足以奉给
民用，则止；诸加费不加于民利者，圣王弗为。"节俭的原则是量腹而
食，量身裁衣，不可浪费。凡是增加费用而不增加老百姓的利益的事，
不能干。具体可涉及衣食住行、婚丧嫁娶等方面，墨家可谓节俭的
典范。

韩非子作为先秦法家集大成者，在俭、奢问题上态度鲜明，而且把
提倡节俭，反对奢侈浪费提到了一个新的政治高度。他提出了奢侈养殃
的思想："为人臣者尽民力以美宫室台池，重赋敛以饰子女狗马，以娱
其主而乱其心，从其所欲，而树私利其间。此之谓'养殃'。"（《韩非
子·八奸》）并把这种"养殃"作为八奸之一。那么祸殃的结果是什么
呢？《韩非子·亡征》说："好宫室台榭陂池，事车服器玩，好罢露百
姓，煎靡货财者，可亡也。"养祸的结果导致亡国。因此，他提出"圣
人不引五色，不淫于声乐，明君贱玩好而去淫丽"。（《韩非子·解老》）
坚决反对统治者的骄奢淫逸。

此外，刑、名、阴阳等学派在倡俭反奢这一观点上，虽无自己独立
的思想体系，但他们都在一定程度上认同这一观点。

由此看来，在我国几千年的文明发展史上，尽管思想浪花朵朵，各
放异彩；尽管学派林立，各执其词，互不相让，有时甚至呈剑拔弩张之

势，但从现在看来，正是这些不同的思想学说汇成一条巨大的文化长河，这就是我们的传统文化。在这条传统文化长河中，发出最耀眼光芒的，在当时有重要的影响，被历代人们接受的，为历史及后世输送着巨大的正能量的文化单元，正是我们所说的优秀的传统文化，也是我们应该很好地传承创新发扬光大的文化。节俭，正是我国优秀传统文化的核心内容之一。

二 《史记》中关于"尚俭"的记载

《史记》中记俭不像述廉一样专门设计有一个模块，即《循吏列传》，而是散见于对历史人物的刻画和事件的描写中，但读《史记》给人的感觉是，"尚俭"二字却贯穿于上至有史以来，下至西汉初期的历史进程中。帝王之俭，臣宰之约，一代代传下来，似一条闪光的银带，时粗时细，可它却不曾中断，永远为社会进步输入正能量。

五帝一辙

《史记·五帝本纪》是《史记》的开篇。司马迁在写到"黄帝"名字由来时说："顺天地之纪，幽明之占，生死之说，存亡之难。时播百谷草木，淳化鸟兽虫蛾，旁罗日月星辰水波，土石金玉，劳勤心力耳目，节用水火材物，有土德之瑞，故号黄帝。"轩辕为帝，能够顺天应时，阴阳占卜，合生死之说，考虑百姓的衣食住舍，兴教化，同时勤于劳作，俭以用材，其德是厚土的象征。土者，色为黄，故为黄帝。写帝喾："普施利物，不于其身，聪以知远，明以察微，顺天之义，知民之急。仁而威，惠而信，修身而天下服。取地之材而节用之，抚教万民而利海之……"写帝尧："其仁如天，其知如神。就之如日，望之如云。富而不骄，贵而不舒。"写舜帝："耕历山，渔雷泽，陶河滨，作什器于寿丘，就时于负夏。……内行弥谨。"从黄帝至舜帝大约有五百年的历史，五百年间，不知经历了几代帝王，但《史记·五帝本纪》中司马迁就选择了这几个人物作纪，《史记》说这几代帝王的最大特点就是有智慧，"聪以知远"，"其知如神"。他们的智慧具体表现在什么地方呢？可用以下十六个字概括：顺天应时，勤于劳作，俭以养德，德以化民。他们用自己的聪明才智，研究琢磨大自然的规律，教化百姓，不误时节，播种五谷，以身作则，厉行节俭，形成一种大家崇尚的道德标准，以此来感化、教育百姓。他们的最终目标都离不开一个"民"字。以朦胧的民本思想为基础，以"劳勤心力耳目"为前提，以尚俭弃奢为社会道德准则，此三者，就构成了一个远古时代帝王统治天下的基本模式。这种模式得到了天下百姓的认可，一代帝王也得到了百姓的拥戴。《史记·五帝本纪》就说："尧辟位凡二十八年而崩。百姓悲哀，如丧父母。三年，四方莫举乐，以思尧。"

从黄帝到舜帝这一相对漫长的历史进程中，尽管每位帝王在治理天下方面各有各的特点，但在"俭以养德，敬德为民"这条道路上则同行一辙。

两篇训词——《伊训》《无逸》

《史记·殷本纪》载："汤崩……伊尹乃立太丁之子太甲。太甲，成汤嫡长孙也，是为帝太甲。太甲元年伊尹作《伊训》，作《肆命》，作《徂后》。"伊尹是商汤的贤相，汤死后，伊尹先后又立了太丁、外丙、中壬、太甲四位皇帝。前三者寿命短暂，太甲立后，不遵汤帝之德，骄奢淫逸，遭到大臣百姓的反对，伊尹将其流放到桐宫（河南洛阳偃师县）。"太甲居桐宫三年，悔过自责，反善，于是伊尹乃迎帝太甲而授之政。太甲修德，诸侯咸归殷，百姓以宁。"这就是《伊训》的出台背景，《伊训》就是伊尹对太甲及大臣以及后世作的训诫之词。

《史记·周本纪》又载："成王少，周初定天下，周公恐诸侯叛周，公乃摄行政当国。……成王既迁殷遗民，周公以王命告，作《多士》、《无佚》。"《史记·鲁周公世家》也载："初，成王少时，病，周公乃自揲其蚤沈之河，以祝于神曰：'王少未有识，奸神命者乃旦也。'亦藏其策于府。成王病有瘳。及成王用事，人或谮周公，周公奔楚。成王发府，见周公祷书，乃泣，反周公。周公归，恐成王壮，治有所淫佚，乃作《多士》，作《无逸》。……作此以戒成王。"

武王伐纣，灭掉了殷商，建立了周朝。不久，武王驾崩，成王立，尚年幼，武帝的弟弟周公旦封于鲁，未之国，代替成王摄政。周公摄政面临两大难题：一是周作为小部落，趁纣王昏乱灭掉殷，建周国，面临的是大殷国遗民的背叛与反抗，需要抚慰；二是成王年少，宫廷内部矛盾尖锐，稍不留意，可能引来杀身之祸。果然，有人谗言周公要篡位，所以等到成王初位，周公就逃到了楚国避难，幸亏有周公为成王祈祷的词被成王看见，召回周公。鉴于这两点，周公作《无逸》来训导成王及所有臣民。

抛开伊尹和周公的其他作品，单说《伊训》《无逸》这两篇训词就足以影响后世几千年。两篇训词共同点颇多：一是作者身份相同；二是所训导的对象大致相同；三是训词的内容基本相同；四是训导的效果都很显著；五是对后世影响都很深远。然而，《史记》有目无篇，给读者留下遗憾。我们不妨顺着《史记》指引的方向，延伸一下视角，去探求一下这两篇训词的原委。

《尚书》收录了这两篇文章，鉴于篇幅，谨择其节。

《伊训》曰："居上克明，为下克忠，与人不求备，检身若不及，以致于有万邦，兹惟艰哉！敷求哲人，俾辅于尔后嗣，制官刑，儆于有位。曰：'敢有恒舞于宫，酣歌于室，时谓巫风。敢有殉于货色，恒于游畋，时谓淫风。敢有侮圣言，逆忠直，远耆德，比顽童，时谓乱风。惟兹三风十愆，卿士有一于身，家必丧；邦君有一于身，国必亡。'"这几句的意思是说，处在上位要明察，作为臣子要尽忠。看别人，不要求全责备，检查自身缺点好像来不及一样，这样，才能拥有万国，这是很艰难的事。普求贤人，使他们辅佐你们的后人，制定《官刑》来警诫百官。内容是，敢有经常在宫中跳舞、室中酣歌者，这叫巫风；敢有贪求财货女色，经常游乐田猎的，叫淫风；敢有轻视圣人教训，拒绝忠谏戒训，疏远年老有德，亲近顽愚稚童的，叫乱风。这"三风十过"，大臣身上有一种就会丧家，君主身上有一种就会亡国。

《无逸》开篇周公就明确地亮出观点："君子所，其无逸。"君子在其位，不要贪图安逸，此言如黄钟大吕，振聋发聩。接着他列举几位贤君勤于政事，俭以养德，受到百姓拥戴的例子；同时也发出严正警告："呜呼！继自今嗣王，则其无淫于观，于逸，于游，于田，以万民惟正之供。无皇曰：'今日耽乐。'乃非民攸训，非天攸若，时人丕则有愆。无若殷王受之迷乱，酗于酒德哉！"周公说，今后继承王位，都不能放纵自己，不能贪图享乐，贪图安逸，贪图游玩，贪图游猎，不能拿着万民的贡献去挥霍。更不能说，今日痛快地玩一次吧。那不是在教民，那也不是在顺天，这样的人有过失不能起到榜样作用。不能像纣王那样沉溺于奢靡，花天酒地，最终亡国。

这两篇训诰都明确地告诉后来的统治者，倡导什么，反对什么，为什么这样倡导，为什么要反对那些作为。训诰提倡的是勤俭。勤奋是成功的基础，是取得成果的前提，"勤俭"二字往往无法截然分开。靠勤奋取得成果的人，对成果倍加珍惜，知道勤劳才有收获的人，就更崇尚勤劳。为什么要倡导勤俭，两篇训词都找出了依据，罗列了先人依靠勤俭取得的业绩。勤俭，是做人的基本准则，是社会文明的道德标准之一。训词明确告诫时人不可贪图安逸，坚决反对奢靡之风。《伊训》提出严禁"三风"，并将其列入刑法去约束。其中巫风、淫风，也正是说的统治者安逸享乐、酗酒醉舞、声色狗马的奢靡生活。与《无逸》中去告诫成王及后人的"无淫于观，于逸，于游，于田"的意蕴不二。为什么要反对乃至禁止这种奢靡生活呢？训词里说得明白："惟兹三风十愆，卿士有一于身，家必丧；邦君有一于身，国必亡。"卿士、君主一旦沉溺于这种生活方式，将招致国破家亡。这是多么震撼人心的训诰啊！

春秋三相

我们这里所说的春秋三位贤相，指的是齐国的晏婴、郑国的子产和鲁国的季文子。这三位贤相都是千古流传的俭以养德、敬德为民的楷模。《史记》从内容上没有做出系统的安排，加上《史记》之前关于这样的名相的故事在其他史籍典册中均有记载，司马迁为避免重复，对三位贤相的事迹记录得不太详细，甚至有些是片言只语，散见于其他事件的记叙之中。然而，是金子总要发光，哪怕是三言五行，片言只语，在浩瀚的历史长河中也会熠熠生辉。

1. 晏婴

司马迁在《史记·管晏列传》中写到晏婴时，开门见山就说他的德行："晏平仲婴者，莱之夷维人也。事齐灵公、庄公、景公，以节俭力行重于齐。既相齐，食不重肉，妾不衣帛。其在朝，君语及之，即危言；语不及之，即危行。国有道，即顺命；无道，即衡命。以此三世显名于诸侯。"司马迁将齐国的两位名相管仲和晏婴合传，《史记》写管仲主要是赞美他为政的智慧，"善因祸而为福，转败而为功"。《史记》写晏婴主要突出他的品质，突出其榜样的效能。他的品德主要来自"节俭"二字，具体事例是对自己、对家人要求严格，"食不重肉，妾不衣帛"，这是晏子践行节俭的具体写照。齐国经历了桓公称霸、管子效力的辉煌时代，丰富的物质基础、强大的国力和颇具影响力的霸主地位，很容易使他们的后人产生安逸骄奢的思想，晏子所处的时代正是君昏臣乱，政局不稳，奢靡之风盛行的时代。作为宰相，他极力反对奢侈之风，他一方面身体力行，为天下做出榜样；另一方面上谏君主遏制此风的蔓延。《史记·齐太公世家》："三十二年，彗星见。景公坐柏寝，叹曰：'堂堂！谁有此乎？'群臣皆泣，晏子笑，公怒。晏子曰：'臣笑群臣谀甚。'景公曰：'彗星出东北，当齐分野，寡人以为忧。'晏子曰：'君高台深池，赋敛如弗得，刑罚恐弗胜，茀星将出，何惧乎？'公曰：'可禳否？'晏子曰：'使神可祝而来，亦可禳而去也。百姓苦怨以万数，而君令一人禳之，安能胜众口乎？'是时景公好治宫室，聚狗马，奢侈，厚赋重刑，故晏子以此谏之。"这是晏子以委婉的方式力谏景公戒奢。彗星出现在齐国的分野，是不祥之兆。因此，景公唯恐坐不牢富丽堂皇的柏寝台，所以感到忧虑。想以祈祷的方式消灾禳祸。在晏子看来，消灾灭祸的最好方式是摒弃奢靡的生活，减少百姓的负担，树立良好的道德风尚，以俭养德，以德抚民，灾祸自消。

2. 季文子

季文子曾作为鲁国的宰相，辅佐鲁宣公、鲁成公、鲁襄公三代君主三十三年，独揽鲁国军政大权，尤其是鲁襄公即位时才三岁，不能理政，政皆出于季文子。可见季文子权有多重，位有多显。然而《史记·鲁世家》记载："季文子卒，家无衣帛之妾，厩无食粟之马，府无金玉。"无怪乎司马迁写到这里即兴补充了一句："季文子廉忠矣！"作为三朝宰相，集军政大权于一身，怎么能俭朴到这种地步呢？简直令人难以置信。然而《国语·鲁语》中的记载证实了这一切。"季文子相宣、成，无衣帛之妾，无食粟之马。仲孙它谏曰：'子为鲁上卿，相二君矣，妾不衣帛，马不食粟，人其以子为爱，且不华国乎！'文子曰：'吾亦愿之。然吾观国人，其父兄之食粗而衣恶者犹多矣，吾是以不敢。人之父兄食粗衣恶，而我美妾与马，无乃非相人者乎！且吾闻以德荣为国华，不闻以妾与马。'"

季文子与仲孙它的这段对话，不由得让我们想起一千多年后，北宋名臣范仲淹的《岳阳楼记》中的名句："先天下之忧而忧，后天下之乐而乐"，表现出来的这位大政治家高尚的情操、博大的胸怀和义不容辞的担当意识，成为中华民族的精神财富。从距范仲淹一千多年前的季文子，到距范仲淹一千多年后的当代社会核心价值观，可以说是一脉相通的。

3. 子产

子产是众所熟知的郑国贤相。《史记·郑世家》说他是郑成公的小儿子，这一说法学术界称之有误。郑桓公是郑国的始封祖，是周厉王的儿子。子产是郑国的公族，姬姓，郑桓公孙子，被称为公孙，名侨，字子产，河南新郑人。《史记·循吏列传》载：郑昭君时用徐执为相，国家混乱不堪，后用子产为相。"为相一年，竖子不戏狎，斑白不提挈，僮子不犁畔。二年，市不豫贾。三年，门不夜关，道不拾遗。四年，田器不归。五年，士无尺籍（士民无一尺的方板书籍，言不教而正），丧期不令而治。治郑二十六年而死，丁壮号哭，老人儿啼，曰：'子产去我死乎！民将安归？'"《史记·郑世家》也载："郑相子产卒，郑人皆哭泣，悲之如亡亲戚。"子产用他治国理政的智慧，在较短的时间内将一个紊乱的国家治理得井井有条，不愧政治家称号，有人称之为春秋第一相。

子产之所以在百姓中享有崇高的威望，除了他治国理政的智慧外，他高尚的品格，实为百姓所敬仰。有一本书叫《贾氏说林》，说道："子产死，家无余财，子不能葬，国人哀亡。丈夫舍玦佩，妇人舍珠玉以赙之，金银珍宝不可胜计。其子不受，自负土葬于邢山。"此说虽非来自正史，但也不是空口无凭。《史记·郑世家》记载了子产问晋平公疾这件事：郑简公二十五年，晋平公有疾，郑简公派子产到晋国探望病情。平公说：占卜说是两位神灵在作祟，一位叫实沈，一位叫台骀，太史们都不知道是哪位神仙？子产回答说：这是高辛氏的两个儿子，一位迁至商丘主祀辰（火）星，一位到太原主祀参星，后来二者成了两个地方的神明。这和您的病没有什么关系。"山川之神，则水旱之疠祭之

(禜:祭祀山川);日月星辰之神,则雪霜风雨不时禜之;若君疾,饮食哀乐,女色所生也。"子产一针见血地指出晋平公的病与神灵无关,病因是久溺于糜烂的宫廷生活。那么晋平公的生活情况究竟糜烂到何种程度呢?《左传·昭公元年》中记载回答了这个问题:"晋侯有疾,郑伯使公孙侨(子产)如晋聘,且问疾。……若君身,则亦出入饮食哀乐之事也。山川星辰之神,又何为焉?侨闻之,君子有四时,朝以听政,昼以访问,夕以修令,夜以安身。于是乎节宣其气,勿使有所壅闭湫底,以露其体。兹心不爽,而昏乱百度。今无乃壹之,则生疾矣。侨又闻之,内宫不及同姓,其生不殖,美先尽矣,则相生疾,君子是以恶之。故《志》曰:'买妾不知其姓,则卜之。'违此二者,古之所慎也,男女辨姓,礼之大司也。今君内实有四姬焉,其无乃是也乎?若由是二者,弗可为也已,四姬有省犹可,无则必生疾矣。"子产说要安排好一天内的四段时间,有节制散发体气,勿使壅塞使身体衰弱,不懂得这样安排,什么事都乱套了。您恐怕是把体气都用在一处了,就生疾了吧。子产还听说,国君不能有同姓的妻妾,如纳同姓为妻妾,子孙不会昌盛。美人您都占完了,怎么会不生病!男女配婚要辨别姓氏,这是礼仪大事。听说您的宫里有四位姓姬的侍妾,您的病因恐怕就在这里。别再留下这四个姬妾了,否则还要生病。《左传》说得很清楚,晋平公是一个什么样的人呢?昏君。他放弃了政事,抛弃了百姓,过着左拥西施、右抱貂蝉,花天酒地、纸醉金迷的糜烂生活。

我们从《史记》和《左传》记载的"子产问疾"一事,可以清楚地看到子产是极力反对奢侈的生活方式的,他追求的一是勤,二是俭。一天四时段的安排是为政之勤,毫不客气地指出晋平公的腐朽,正说明他崇尚的是俭。《史记·郑世家》:"简公二十二年,吴使延陵季子于郑,见子产如旧交,谓子产曰:'郑之执政者侈,难将至,政将及子。子为政,必以礼;不然,郑将败。'子产厚遇季子。"说明子产在为政之始,已经看到了郑国的危机,对延陵季子的意见表示赞同,暗下决心,要治理这种腐败现象。执政后,宽猛相济,法德并用,数年国家大治,小小郑国,显露于诸侯大国之列。子产死,家无余财,子不能葬,其德、其操怎不让百姓永志呢?明代胡广《四书大全》:"郑小国也,介乎晋楚,罢汰侈,崇恭俭,作封洫,铸刑书,惜弊争承,皆以丰财足国，禁奸保民，其用法虽深，为政虽严，而卒归于爱。"清人姜炳璋《读左补义》："大人之忠俭者从而与之，泰侈者因而毙之，此即商鞅法行自贵近始之意。鞅本之以刻薄，而子产行之以忠恕。""子产，智人也。"（王充《论衡·死伪篇》）

汉初二帝

西汉初年，高祖刘邦、文帝刘恒崇尚节俭，身体力行，德布天下，对稳定汉初局势，形成汉初数十年的太平景象起到了积极的作用。

《史记·高祖本纪》载："萧丞相营作未央宫，立东阙、北阙、前殿、武库、太仓。高祖还，见宫阙壮甚，怒，谓萧何曰：'天下匈匈苦战数岁，成败未可知，是何治宫室过度也？'"也许是高祖怎么都不会忘记秦朝灭亡的教训，是高祖亲手灭掉了秦，俘获了秦王子婴。《史记·秦始皇本纪》中描写：二世随始皇车巡，始皇死于中途，赵高扶二世于途中即位，遂杀诸公子。回到咸阳后的第一件事就是修阿房宫。"先帝为咸阳朝廷小，故营阿房宫。为室堂未就，会上崩，罢其作者，复土郦山。郦山事大毕，今释阿房宫弗就，则是章先帝举事过也。""复作阿房宫。……尽征其材士，五万人为屯卫咸阳，令教射狗马禽兽。"那么秦建造的宫室究竟有多大，《史记·项羽本纪》中说项羽入咸阳杀子婴，"烧秦宫室，火三月不灭"。这一场景高祖历历在目，终生铭志。让他永远不忘的还有那个秦王子婴，"冠玉冠，佩华绂，车黄屋，从百司，谒七庙"的奢华场景。秦灭亡的原因大概就在于失德、失民，唯有自己的享乐。因此，倡俭戒奢这根弦始终在高祖脑子里绷得很紧。当他看到萧何建造壮观的宫殿时，表现的不是不认可，不乐意，反感，而是大怒。虽然经过萧何的解释，高祖怒火得以平息，但发自内心的爱憎已彰显无遗。这一怒，怒出了这个刚刚称帝的刘邦的品格；这一怒，怒出了一代帝王的威望，为大汉树立良好的社会公德奠定了基础。

孝文帝刘恒更是一位节俭的楷模。《史记·孝文本纪》说，孝文帝"即位二十三年，宫室苑囿狗马服御无所增益，有不便，辄弛以利民。尝欲作露台，召匠计之，直百金。上曰：'百金中民十家之产，吾奉先帝宫室，常恐羞之，何以台为！'上常衣绨衣，所幸慎夫人，令衣不得曳地,帏帐不得文绣,以示敦朴,为天下先。治霸陵皆以瓦器,不得以金银铜锡为饰,不治坟,欲为省,毋烦民"。每逢天灾,文帝就会颁诏:"令诸侯毋入贡,驰山泽,减诸服御狗马,损郎吏员,发仓庾,以振贫民,民得卖爵。"文帝死后,留下遗诏,要求不得厚葬破业,不得以烦琐礼节祭奠,干扰官民的正常生活和工作。

由中央电视台、河南省纪律检查委员会和河南省新闻出版广电局联合摄制的大型历史文化纪录片《鉴史问廉》中,就以汉文帝作为典型的例子进行解读剖析,在目前乃至今后反腐倡廉常态化的社会背景下,具有不可小觑的积极意义。

三 俭以养德,敬德为民

俭、德、民三者之间的内在逻辑关系

俭以养德,敬德为民,这八个字从古到今往往连在一起,很难分开。诸葛亮《诫子书》中以独特角度教育孩子"静以修身,俭以养德"。其实古代明君贤臣,圣哲达人,没有一个不注重德的培养。德包含着丰富的内容和时代标准,俭是德的主要内容之一。德的内容区分为多个层面,而俭应是这些层面中最基础的东西。因为一个人生下来最基本的欲望就是生存,要生存就要具备人的生存条件,衣食住行等。对生存、生活的需求不同,就出现了俭、奢不同的定义。君子在最基础的生活条件上节制自己,形成一个俭朴的生活作风,这种作风符合人们的道德标准,人们就认为这个人有德。"成由节俭,败由奢",作为一个家庭,具备这种德操,会使家庭兴旺;作为一个国家,崇尚这种道德,会使国家兴盛。培养这种道德,和崇高这种道德的终极目标是为人民,为国家。节俭是生活行为,养德是形态意识,俭是起点,德是升华,德泽百姓是目的。德无俭不全,民无德不安,三者互为依托,相互粘连,几千年来,成为治国安民的法宝,也是我国传统文化的精华。

德的哲学内涵

不同的历史时代,不同的学术派别,对德的内涵都有不同的解读。《史记·五帝本纪》在解释黄帝的名称由来时说:"劳勤心力耳目,节用水火材物，有土德之瑞，故号黄帝。""劳心勤心力耳目，节用水火材物"，前者是获取材物的方法，后者是利用材物的措施。这种勤劳节俭的生活态度，就被视为德。写帝喾、尧、舜、禹，虽在成就上各有千秋，然而他们以德施政，最基本的内涵没有改变。到了三代，德的内容不断丰富，强调修身立德，夏禹就赞成皋陶行九德的观点，"始事事，宽而栗，柔而立，愿而共，治而敬，扰而毅，直而温，简而廉，刚而实，强而义"。意思就是说，要考察一个人的道德品质，要从九个方面来进行，做事情是否宽厚而且庄重谨慎，柔和而又有主见，忠诚能办事，有能力而不傲慢，柔中有刚，直率温和，俭约廉直，刚健而笃实，勇猛而合乎道义。其实这九德包括：办事的态度，办事的能力，办事的风格，个人的涵养，生活作风及廉洁情况。商、周二代治国理念上下承袭，伊尹、周公的训诰中也谈到这些内容，尽管德的含义不断延伸丰富，但两个核心内容仍在其中，那就是勤和俭。春秋战国时期，各家学说并起，争论不休，他们对德的解释各成一体，互有差异，甚至相互对立，水火不容。但无论是哪一家的德字，都不排斥，甚至争相吸纳节俭这一内容。墨家德的核心是"兼爱"，俭是兼爱的要素之一。《墨子·辞过》："圣人之所节俭也，小人之所淫佚也。节俭则昌，淫佚则亡。"墨家提倡节俭，反对淫佚，甚至将其作为君子小人之分。儒家德的核心为礼，温、良、恭、俭、让是这种思想的具体体现。《论语·学而》说："君子食无求饱，居无求安。"孔子对物质的要求就是满足基本生存，反对奢靡。道家把俭作为养德的法宝之一，"一曰慈，二曰俭，三曰不敢为天下先"也成了道家道德的重要组成部分。法家的思想核心是法治，与儒家的仁治背道而驰。法家内部也有不尽相同的观点。法、术、势三派各圆其说，韩非子是法家的集大成者，韩非子在俭与奢的问题上，与其他学派不谋而合。《韩非子·显学篇》："侈而惰者贫，而力而俭者富。"韩非子认为统治者贪图享受就是"养殃"。"人主乐美宫室台池，好饰子女狗马以娱其心，此人主之殃也。为人臣者尽民力以美宫室台池，重赋敛以饰子女狗马，以娱其主而乱其心，从其所欲而树私利其间，此谓'养殃'。"（《韩非子·八奸》）子产实为儒法思想兼有的一个人物，依然是以德享誉，以俭播名。汉初黄老之学大盛，俭仍然是他们倡导的道德标准。

因此,我们说,不同时代有不同的道德标准,德的内涵根据时代的需要不断丰富,不断拓展。尽管在一定历史时期,部分德的内容相互排斥,甚至相互对立,但俭作为道德的最基本内容,从来都没有游离德的范畴,而且是几千年来中华民族道德准则的共识。它在"道德"的哲学领域占据最基础的地位。

为民是养德的终极目标

勤俭持家,是说一个家庭要过得殷实,"勤俭"二字是必需的前提。紧紧手,年年有,这不仅说的是天下百姓和千千万万个家庭,同时也包含着一个国家的理财思路。俭以养德,敬德为民,这是先贤哲人出的一个大命题。它不仅涉及一个人,一个家庭,更重要的是谈统治者的治国理念。一个不俭之人,无所谓他的德,一个道德沦丧之人怎么会治理好国家。治国之要重在安民。因此,作为统治者来说能不能为民,是衡量是否有德的最基本的标准。老百姓安居乐业,国家治而不乱,百姓才拥护你,水能载舟,也能覆舟。黄帝的德在哪里?顺应天时,避存亡之难,劳勤心力耳目,节用水火材物,泽被万民,百姓拥戴他。传说黄帝活了三百岁。《史记索隐》引《大戴礼》:"宰我问孔子曰:'荣伊言黄帝三百年,请问黄帝何人也?抑非人也?何以至三百年乎?'对曰:'生而人得其利百年,死而人畏其神百年,亡而人用其教百年,故曰三百年也。'"孔子说出了黄帝立德为民,因此,在百姓中影响深远。尧、舜立德为民,施恩百姓,所以尧死后"百姓悲哀,如丧父母,四方莫举乐,以思尧"。(《史记·五帝本纪》)郑相国子产施民以德,廉洁修身,"郑相子产卒,郑人皆哭泣,悲之如亡亲戚"。(《史记·郑世家》)司马迁称赞汉孝文帝"德至盛也"。至盛在哪里?在于他的俭,处处作表率,宫中夫人衣不得曳地,帷帐不得纹绣。在遗诏中甚至将祭奠的用布都给规定:"绖举无过三寸,勿服。"反复说不得扰民,从十个中户人家一年的开销,到民间婚丧嫁娶,都考虑得精细、周到。"其令天下吏民,令到出临三日,皆释服。勿禁娶妇嫁女、祠祀饮酒食肉者。"(《史记·孝文本纪》)孝文之德,德泽天下,天下百姓怎么会不拥戴呢?

俭是中华民族的智慧,几千年来,仁人志士,怀揣着治国安民的梦想，不断拥有和丰富这一智慧，铸就了中华民族灿烂的文明，也成就了一代一代的伟业。相反，杜牧的《阿房宫赋》虽有夸张，但也记录了秦王朝的奢靡景象；"一骑红尘妃子笑，无人知是荔枝来"也再现了唐玄宗和杨贵妃的奢侈生活；杜甫的"朱门酒肉臭，路有冻死骨"以对比的手法揭露了王公贵族的豪奢。这些帝王将相的下场有史为证。《史记》中记录生活安逸、奢靡的国君也不少，结局多悲惨，就连辅佐齐桓公称霸的管仲，也因生活奢靡而遭到后人的批评。孔子一方面赞美他的治国才能，同时批评他的不俭。司马迁将其与晏子合传，一俭一奢也有褒贬之意。

我们现在处在中华民族伟大复兴的时代，伟大的中国梦需要我们一代代人的努力去实现，我们的生活条件逐步优裕，但中华民族尚俭的优秀传统永远不能忘记。

第十三讲

奉职循理，廉以立身

——论廉

一　廉吏、循吏说

司马迁应该是一位廉吏。其一，司马迁与李陵关系并不密切，那么，司马迁为什么要为李陵说话？用他自己的话说，那是因为他认为李陵有"国士之风"。他所说的"国士之风"都具备哪些品德呢？"事亲孝，与士信，临财廉，取予义，分别有让，恭俭下人，常思奋不顾身，以徇国家之急。"（《报任少卿书》）这七项内容，大到以身报国，小到个人小节，构成了司马迁所敬慕的"国士""奇士"的风范，也铸就了司马迁大脑中良吏的形象。尤其是李陵的无私欲，不贪财，奉职勤政的德操，恰与司马迁息息相通。其二，我们说司马迁是位廉吏，不仅表现在他对具有廉洁、正直的李陵的敬慕上，而且更表现在他对自身问题的处置上。武帝时代，官吏犯罪可用钱赎，成为一种制度。当司马迁自己"犯罪"之后，竟是"家贫，财赂不足以自赎"，无奈才受了极刑。这与同朝为官的李广、公孙贺"当斩，赎为庶人"相比，司马迁显得寒酸了，这也与他世代为宦的家世极不相称。但我们从中也可看出司马氏历代为官之清廉。

正因为司马迁家族为官清廉，因此，司马迁对廉洁、正直、循法、勤政的历代良吏，高山仰之。也就因为司马迁骨子里蕴藏着这种情愫，所以在他的《史记》中，开创性地设计了一篇《循吏列传》。

什么是循吏？唐代司马贞《史记索隐》说："谓本法循理之吏也。"司马迁《循吏列传》开篇也说："法令所以导民也，刑罚所以禁奸也。

文武不备，良民惧然身修者，官未曾乱也。奉职循理，亦可以为治，何必威严哉？"司马贞说的是按照法令和义理办事的官吏叫循吏，司马迁则强调谨奉职守、遵守义理的官吏叫循吏。司马迁受黄老之学的影响，崇尚的是循理安民，无为而治，而唐代司马贞受时代影响则强调法理并重。

《史记·循吏列传》开创了正史循吏传纪的先河。司马迁为循吏作传，篇幅不长，人物不多，且对人物、事件的选取颇有典型意义。写信阳循吏孙叔敖为楚相，"施教导民，上下和合，世俗盛美，政缓禁止，吏无奸邪，盗贼不起"。典型的事例有五。

庄王以为币轻，更以小为大，百姓不便，皆去其业。市令言之相曰："市乱，民莫安其处，次行不定。"相曰："如此几何顷乎？"市令曰："三月顷。"相曰："罢，吾今令之复矣。"后五日，朝，相言之王曰："前日更币，以为轻。今市令来言曰'市乱，民莫安其处，次行之不定'。臣请遂令复如故。"王许之，下令三日而市复如故。

楚民俗好庳车，王以为庳车不便马，欲下令使高之。相曰："令数下，民不知所从，不可。王必欲高车，臣请教闾里使高其捆。乘车者皆君子，君子不能数下车。"王许之。居半岁，民悉自高其车。

司马迁只从品端政显、举世敬仰的孙叔敖身上选取两件具体的小事为例，到底是想赞扬孙叔敖什么呢？"此不教而民从其化，近者视而效之，远者四面望而法之。"赞扬的是孙叔敖遵循义理教化百姓，使民安之的为政方略。

《史记·循吏列传》记载的第二个人物是郑相子产。司马迁只用了三十多个字，交代了子产的身份及任相的背景——"国乱"。接着说："为相一年，竖子不戏狎，斑白不提挈，僮子不犁畔。二年，市不豫贾。三年，门不夜关，道不拾遗。四年，田器不归。五年，士无尺籍，丧期不令而治。治郑二十六年而死，丁壮号哭，老人儿啼，曰：'子产去我死乎！民将安归？'"这里没有具体的事例，只说子产治国理政的效果，百姓拥戴，人心思归。

第三例写的是"奉法循理"的鲁相公仪休。举一小例："客有遗相鱼者，相不受。客曰：'闻君嗜鱼，遗君鱼，何故不受也？'相曰：'以嗜鱼，故不受也。今为相，能自给鱼；今受鱼而免，谁复给我鱼者？吾故不受也。'"写公仪休主要是赞扬他的廉，一条鱼，微不足道，但在公仪休看来，倒是为官的一条红线，为官者能自给，不能贪。自己能给；再要别人的东西为之贪。千里之堤，可能就溃于蚁穴。

第四例写的是楚相石奢。说他"坚直廉正，无所阿避。行县，道有杀人者，相追之，乃其父也。纵其父而还自系焉。使人言之王曰：'杀人者，臣之父也。夫以父立政，不孝也；废法纵罪，非忠也；臣罪当死。'王曰：'追而不及，不当伏罪，子其治事矣。'石奢曰：'不私其父，非孝子也；不奉主法，非忠臣也。王赦其罪，上惠也；伏诛而死，臣职也。'遂不受令，自刎而死"。司马迁赞扬的是石奢"坚直廉正"不徇私情，以法办事的政治品质。

第五位记载的是晋文公的司法官李离，错听了案情杀了人，便主动对文公说："理有法，失刑则刑，失死则死。公以臣能听微决疑，故使为理。今过听杀人，罪当死。"遂不受令，伏剑而死。说是司法官有规定，错刑了人就要自刑；错杀了人，自己也要抵命。这里赞扬李离伏剑以正国法，知法守法，以生命来维护法律的尊严的廉直精神。

司马迁从多如繁星的历史人物中，只选择了五位人物，合为《循吏列传》，而且从孙叔敖、子产这样的大政治家身上，或选取小事一二，或笼统概括陈述。那么，被司马迁称为循吏的标准是什么呢？从以上事例中，可以概括为以下八个字：清廉、爱民、奉法、循理。司马迁《循吏列传》开创了为循吏作传的先河，后世史学家纷纷效法，二十四史中就有十九部为循吏作传。当然不同时代的历史学家都以不同的标准选取人物。但有一点是相同的，那就是这一标准包含着德与法两个层面。廉洁、奉职、守法是其最基本内容，依循人情物理、依奉法令是循吏行事的基本特征。

那么，司马迁所说的循吏是否与几千年来社会公认的廉吏画等号呢？"循"与"廉"二字的区别在哪里呢？我们看一下《周礼·天官冢宰》的一段文字记载。小宰（西周时期天官的属官）要考核各级官吏的政绩，从六个方面进行考核："一曰廉善，二曰廉能，三曰廉敬，四曰廉正，五曰廉法，六曰廉辨。"根据官吏的善、能、敬、正、法、辨六个方面的情况，最后评判出官吏的高下优劣。这一评判标准，史称"六廉"。《周礼》所说的"六廉"评判标准，或者说我国廉政思想是否就始于周公旦时期，这倒未必。《史记》中记载三皇五帝就有廉的概念和影子，但"六廉"之说在我国漫长的社会发展中一直延续。明代王文禄的《廉矩·试廉精别章》中就说："廉也者，吏之本也，故曰廉善、廉正、廉能、廉敬、廉辨、廉法。甚矣，成周重廉也。"王文禄就赞成"六廉"说，而且认为成周时期非常重视官吏的廉。说得很对，非但成周时期，我国历朝历代都没有放弃对廉的督导，以廉为本的官道思想由来已久，根深蒂固，是我国优秀传统文化的重要组成部分。

怎样去理解官吏的"六廉"标准呢？廉善，是指官吏的品德，性格，行事方式，善于理事导民，受到百姓的好评和爱戴。《礼记·儒行》："近文章，砥砺廉隅。"说的是从书中汲取营养，提高自己的综合素养，只有这样才能有厚实的群众基础。廉能，是说为官的能力，能否胜任这一官职，能否为国为民办事。廉敬，是指官吏的工作态度是否尽心敬业，勤奋守责。廉正，就是为人正直，为政刚直。管仲曾把廉作为治国的四维之一，并说"廉不蔽恶"。这恐怕就是说的廉正。不徇私情，敢于说真话，坚持真理，所谓一身正气。廉法，是指恪守法规，执法严明、公正，维护法律的尊严，执法如山。廉辨，是说为官要心如明镜，是非分明，大事不惑，且思路清晰，言行得体，做事张弛有度，先后有序。这"六廉"标准，如果为其归类，实则可归为三大类：品行，其善，其敬，其正是也；能力，其能，其辨是也；法律意识，廉法是也。这里我们要说的是，廉是为官的基本准则，廉所包含的内容又是非常丰富的。我们现在考核干部，仍然吸纳了德、能、勤、廉这些优秀传统文化中的合理部分。

廉，最早解释为"堂屋的侧边"。随着时代的发展，派生出了一系列引申义。《汉语大字典》对廉的解释就有十八个义项。因为堂屋的侧边角，凸显棱直，就引申出正直，"知而弗敢论，是即不廉也"。与廉法相对的是贪墨，采黑。《孟子·离娄下》："可以取，可以无取，取伤廉。"为官肆意妄为者不叫廉，《释名·释言语》："廉，敛也，自检敛也。"看来为官知道按规矩办事，约束自己也叫廉。

至此，我们基本上弄清楚了古代廉的含义，以及廉吏的标准、廉吏的内涵、廉吏的社会作用、廉吏文化的传承等。那么"廉"字与"循"字是什么关系呢？古代廉吏的标准和司马迁选取循吏的标准又是什么关系呢？我们可以作出如下回答："廉"字与"循"字从某一角度讲，互为交叉，互为诠释。从古书对"廉"字的解释上，和古代圣贤哲人对廉的理解上，"廉"字所包含内容很广，它是一个充分代表社会正能量的抽象字眼，这个字的准确诠释蕴藏在一个人的一言一行中，蕴藏在广大百姓的心中，还蕴藏在中华优秀文化的宝库中。这个字维系着社会的稳定，推动着社会的发展，是一颗永放异彩的明珠。循是遵循、依照，还有传承的意思，但它遵循、依照、传承的东西，用历史的观点去看，都是正面的东西，且所包括的范围也较广。因此，我们说，廉中有循，循中有廉，相互包容，相互诠释。廉吏的标准是以廉为基础，涉及为官的诸多重要方面，如德、能、勤、法、廉、辨。而《史记·循吏列传》中司马迁对循吏选取的标准说得不具体，只说是"奉职循理"，"奉法循理"，但他所选人物展示给世人的仍是德、能、勤、法、廉、辨皆有之。只是《循吏列传》选人标准侧重循，循义理、循法令、循民心。应该说，廉吏、循吏，称谓不同，侧重点不同，内容大致还是相通的。所以才有后人把廉吏称为良吏、循吏、清官之说。

二 《史记》中有关廉吏的记载

司马迁在《史记》中没有用"廉吏"这一字眼专门立传，但是对于廉的记载，就时间上说，从《史记》开篇到《太史公自序》结尾，都有廉的影子；就人物来说，上至帝王将相，下至州县小吏都有廉的故事。或三言两语，散见于篇章之中，或大段陈述，努力塑造人物的廉的形象。不管是三言两语，或是大段陈述，"廉"字从未游离过《史记》的字里行间，这恐怕是《史记》吸引后人的地方，也是后人以《史记》为镜子的重要原因之一。我们不妨选取一二代表作以剖析。

持廉至死的孙叔敖

司马迁在《史记》中对孙叔敖的大段记载有两处。一是在《史记·循吏列传》中把孙叔敖列为循吏第一；二是在《史记·滑稽列传》中，通过演员优孟之口从侧面叙述了孙叔敖的事迹。《循吏列传》中，司马迁侧重写孙叔敖的"循"字，只说他为政能充分考虑，顺从百姓意愿行事，教化百姓，疏导民意，达到不教而化、民心诚服的治理效果，充分展示了孙叔敖的政治智慧。而在《史记·滑稽列传》中，展现的是孙叔敖清廉的官吏形象，揭示的是以廉为本的为官之道。仅录数言："楚相孙叔敖知其（优孟）贤人也，善待之。病且死，属其子曰：'我死，汝必贫困。若往见优孟，言我孙叔敖之子也。'居数年，其子穷困负薪，逢优孟，与言曰：'我，孙叔敖子也。父且死时，属我贫困往见优孟。'优孟曰：'若无远有所之。'即为孙叔敖衣冠，抵掌谈语。岁余，像孙叔敖，楚王及左右不能别也。庄王置酒，优孟前为寿。庄王大惊，以为孙叔敖复生也，欲以为相。优孟曰：'请归与妇计之，三日而为相。'庄王许之。三日后，优孟复来。王曰：'妇言谓何？'孟曰：'妇言慎无为，楚相不足为也。如孙叔敖之为楚相，尽忠为廉以治楚，楚王得以霸。今死，其子无立锥之地，贫困负薪以自饮食。必如孙叔敖，不如自杀。'因歌曰：'山居耕田苦，难以得食。起而为吏，身贫鄙者余财，不顾耻辱。身死家室富，又恐受赇枉法，为奸触大罪，身死而家灭。贪吏安可为也！念为廉吏，奉法守职，竟死不敢为非。廉吏安可为也！楚相孙叔敖持廉至死，方今妻子穷困负薪而食，不足为也！'于是庄王谢优孟，乃召孙叔敖子，封之寝丘（今河南固始县境内）四百户，以奉其祀。"刘宋裴骃《史记集解》引《吕氏春秋》说："楚孙叔敖有功于国，疾将死，戒其子曰：'王数欲封我，我辞不受。我死，必封汝。汝无受利地，荆楚间有寝丘者，其为地不利，而前有妩谷，后有戾丘，其名恶，可长有也。'其子从之。楚功臣封二世而收，唯寝丘不夺也。"裴骃这段引文，对《史记》作了进一步的补充，不仅丰富了孙叔敖"廉"的形象，也彰显了这位楚相的智慧。

关于孙叔敖廉洁形象的记载，除了《史记》之外，其他典籍、稗史、杂记中都有他的影子，如《史记索隐》《吕氏春秋》《韩诗外传》《淮南子·人间训》《新论·国是》《说苑·敬慎》等资料里都有他廉风惠政的故事。说他一生廉洁，多次辞楚王赏赐，家无积蓄，妻不衣锦，马不食粟，大约活了三十六岁。生前两袖清风，死后家徒四壁。其子贫困不堪，靠打柴为生。据说孙叔敖死后，连个棺材都没有准备，当地百姓要为其买置棺木。其妻儿辞而不用，背黄土以葬之。这些记载或许有些夸张。堂堂一国宰相，说是没有准备棺材，也或可信，因为孙叔敖是英年早逝，无准备也很自然；说买不起棺材，不能令人信服。不管怎样，正史、野史、传说稗闻聚积在一起，足以奠定一位廉吏形象厚实的基础。

那么，只是具备与"贪"相对的"廉"，是否就是一位名副其实的廉吏呢？按照上古时代"六廉"的标准，我们不妨对孙叔敖作进一步考察。

关于孙叔敖的籍贯，《史记》没有明确记载，而其他史料里说他是期思（河南固始）人，多数认为他是淮滨人。我们姑且说他是信阳人没有错。孙叔敖一生可谓政绩卓著。《史记·滑稽列传》："孙叔敖之为楚相，尽忠为廉以治楚，楚王得以霸"，这就概括说明了他的功绩。他的功绩具体可表现为以下几个方面：一是他有较为先进的治国理念。他主张施教于民，布政循理，这也是《史记·循吏列传》把他位列第一的缘故，收到了很好的效果。其一，他重视民生，发展经济，颁发法令，整肃军队，便利商贾，使楚国一度出现"家富人喜、优赡乐业、式序在朝、行无螟蜮、丰年蓄庶"的全盛时期。其二，他治水有功，据记载，在他未被任命为楚令尹（宰相）时，就带领当地百姓兴修水利，建成我国最早的大型渠系水利工程——期思陂。后来，也曾在安徽、湖北，沿江沿淮兴修水利，为当地农业发展做出了杰出的贡献。他发展经济有功，"秋冬则劝民山采，春夏以水，各得其所便，民皆乐其生"。（《史记·循吏列传》）鼓励农民，秋冬上山采伐，春夏利用自然水系的便利，买卖经商，使百姓农商共同发展，迅速富裕。其三，他治军有功。他制定严明的军规军法，强化军队的训练，鼓舞士气，备战充分。庄王十七年，即公元前597年，晋楚大战于邲，孙叔敖指挥这次大战，大败晋国，从此中原霸主地位转向了楚国，楚国成为春秋五霸之一。

唐代张守节《史记正义》引用刘向《说苑》的一段话："孙叔敖为令尹，一国吏民皆来贺，有一老父衣粗衣，冠白冠，后来，吊曰：'有身贵而骄人者，民亡之；位已高而擅权者，君恶之；禄已厚而不知足者，患处之。'叔敖再拜，敬受命，愿闻余教，父曰：'位益高而意益下，官益大而心益小，禄已厚而慎不取。君谨守此三者，足以治楚。'"看来，这位老者是带着善意来进行试探性的拜访的，提出了三条建议：

地位高了，就越是要为人谦恭；官做得越大，言行就要更为谨慎；俸禄已经很丰厚了，就不应该索取分外的财物了。而孙叔敖持什么态度呢？他并未慢待这位吊丧的老者，而是"再拜"，以隆重的礼节接待了老者，并说"敬受命"，叔敖会牢记于心的。还有史料这样说："孙叔敖遇狐丘丈人。狐丘丈人曰：'仆闻之，有三利，必有三患，子知之乎？'孙叔敖蹴然易容曰：'小子不敏，何足以知之！敢闻何谓三利？何谓三患？'狐丘丈人曰：'夫爵高者，人妒之；官大者，主恶之；禄厚者，怨归之，此之谓也。'孙叔敖曰：'不然，吾爵益高，吾志益下；吾官益大，吾心益小；吾禄已厚，吾施益博。可以免于患乎？'狐丘丈人曰：'善哉言乎！'"（《韩诗外传·卷七》）

从这两段文字的记载来看，前者孙叔敖作为被动者，接受老者的三条建议；后者当狐丘丈人谈及三利、三患这一问题时，孙叔敖作为主动者回答了应对"三患"的措施，受到了狐丘丈人的赞赏。不管是作为被动者谦恭地接受别人的建议，或是作为主动者本身就具有这种意识，都说明孙叔敖在为官之道上保持着清醒的头脑。

至此，我们可以对孙叔敖下一个小结论：孙叔敖持廉守节，可谓具备一个廉吏的基础；孙叔敖辅佐庄王称霸诸侯，政绩卓著；他治水有功，使水害变水利，富一方百姓；他治军有功，使南蛮之国成中原霸主；他治国有方，"施教导民，上下和合，世俗盛美，政缓禁止，吏无奸邪，盗贼不起"（《史记·循吏列传》），受到百姓的拥戴。按照上古廉吏的"六廉"标准，可谓具备了廉善（百姓的评价）、廉能、廉敬、廉正、廉法、廉辨的官吏评判条件。孙叔敖不仅治国理念清晰，在为官为人上永不糊涂，这完全具备廉辨的条件。不管怎么用框去框，用公式去套，孙叔敖都应该是我国古代一个廉吏的典范。

河南商城青年女作家曹雁雁 2011 年出版的历史题材长篇小说《孙叔敖》，以更加丰富的历史资料，从不同角度，艺术地再现了这位廉吏的形象，值得一读。

守廉惠人公孙侨

公孙侨，姬姓，名侨，字子产，河南新郑人。曾任郑国宰相。《论语·公冶长》："子谓子产：'有君子之道四焉：其行己也恭，其事上也敬，其养民也惠，其使民也义。'"《论语·宪问》也说，有人问及孔子，子产这个人怎么样，孔子回答说："惠人也。"看起来，孔子对子产给予了很高的评价。他首先肯定子产具有君子之风，为人谦逊，恭谨下人，对国君尊敬有礼，使用百姓合乎百姓心愿，对百姓有恩德。惠人，是孔子对子产的核心评价。司马迁《史记》将其列为循吏第二，清代史学家王源则将其称为"春秋第一人"。

　　前面"说俭"一讲，我们简要介绍了子产其人其事，为什么在本讲中还要列举子产这一事例呢？我们之所以在本讲中再说子产，一是因为子产被司马迁列为循吏第二，仅用了123个字来说子产的"循"。本讲则从另一个角度阐述他的"廉"，或可看出"循""廉"内容之交互及差异。二是因为司马迁记远古及春秋，遵循的原则是《史记》之前史料有记载的多不重复。因此，单从《史记》中看某一人物，有的就觉得不太丰满，需要其他史料作以补充。三是因为子产这一人物，确实值得一讲，他完全符合古代"廉吏"的标准，有学者认为，诸葛亮自比管仲、乐毅而不敢与子产比拟。子产既注重礼教德化，又能敬业务实，既注重法制变革，又不像以法著称者那样刻薄威猛，既有外交家纵横捭阖的风范，又不为一己私利而朝秦暮楚，子产几乎是春秋末代的一位完人。

　　我们讲廉吏，还是要讲子产立身的根本——廉。《史记·郑世家》记载，郑简公十二年，简公杀郑相子孔，任命子产为卿，"封子产以六邑。子产让，受其三邑"。接着记载子产到晋国问视平王疾病一事，这些记载说明子产一是为官不贪，二是极力反对奢侈。奢和贪二者往往紧密相连，俭和廉也往往连在一起，但奢和贪不但互为依存，同时也互为支撑；而廉者一定会俭，俭者不一定就廉。从《史记·郑世家》中可以看出，子产为官既俭且廉，但这样的记载有欠具体，似乎有些简单。我们按照《史记》记载给我们的印象，继续查找有关史料，发现有一本书记载子产为官廉政更为具体。元代无名氏的《贾氏说林》中记载："子产死，家无余财，子不能葬，国人哀亡。丈夫舍玞佩，妇人舍珠玉以赗之，金银珍宝不可胜计。然其子不受，自负土葬于邢山（邢山是其父的封邑，在新郑西南的三十公里处）。"这段记载可作为《史记》的补充。作为一位大政治家，改革家，一国宰相，守廉如此，可与淮滨孙叔敖并论，无怪乎后世学者评价二者不分伯仲。

子产任郑相，可以说是临危受命。当时郑国内忧外患。国内为争权夺利，贵族内部自相残杀，一片混乱；国外是楚晋连兵，把郑这样一个小国夹在中间，亲楚则晋征，附晋则楚伐，郑国岌岌可危。简公怒杀郑相子孔，任命子产为相。子产为相后，抱着"苟利社稷，死生以之"（《左传·昭公四年》）的决心，进行了大刀阔斧的改革。

作封洫，作丘赋，整斥吏治。封洫，就是重新划分土地疆界，扼制贵族对土地的肆意侵占，并将农村和城镇区分开来，实行严格的户籍制度，使农民有自己的土地权，安心务农。丘赋，即甲赋。土地私有合法化后，按土地征收赋税，以作军用；同时整顿吏风，对奉职勤俭者奖赏，对骄横奢靡者打击。三者可谓配套推进。《左传·襄公三十年》载："子产使都（城）鄙（农村）有章，上下有服，田有封洫，庐井有伍。大人之忠俭者，从而有之。泰侈者，因而毙之。"这是实现郑国民富国强的有效措施。

铸刑书，立法，宣法，执法。刑书，是法律条文。铸刑书，是将成文的法典铸造在铁鼎上，公布于众。在奴隶制社会，奴隶主掌握着对奴隶的生杀大权，即使有法令，平民无从知晓。广大百姓处在"刑不可知，则威不可测"的恐怖之中。随着社会的发展，为适应国内土地、赋税改革的需要，子产大胆地对法制进行了改革，有效制止了奴隶主的特权，保护了平民的生命财产安全。子产对刑法的改革在我国乃至世界法律思想史上都具有重要意义：他首创了古代法律向平民宣传的先例，明确了公布法典的合礼合法性，肯定了法律限制特权的作用，可以说是后来法家理论的先驱。

不毁乡校，愿为舆论监督。子产不毁乡校可以说是家喻户晓的故事。《左传·襄公三十年》载："郑人游于乡校，以论执政。然明谓子产曰：'毁乡校，何如？'子产曰：'何为？夫人朝夕退而游焉，以议执政之善否。其所善者，吾则行之；其所恶者，吾则改之，是吾师也，若之何毁之？吾闻忠善以损怨，不闻作威以防怨。岂不遽止，然犹防川，大决所犯，伤人必多，吾不克救也，不如小决使道，不如吾闻而药之也。'"可以说子产执行不回避矛盾，"以忠善损怨，不以作威防怨"的思想，是建立在以民意为基础之上的执政理念，这是子产改革的动力，也是改革取得最终成功的关键。

子产执政，虽然是心系国家，志在百姓，但改革从来就不会一帆风顺，子产也是如此。《左传·襄公三十年》说子产"从政一年，舆人（指百姓）诵之，曰：'取我衣冠而褚之，取我田畴而伍之。孰杀子产，吾其与之！'"《左传·昭公四年》也载："郑子产作丘赋，国人谤之，曰：'其父死于路，已为虿尾。以令于国，国将若之何？'"这种诽谤和诅咒，一是对改革的不理解，有怨气，二是对涉及自身利益的改革怀恨在心，极力反对。然而子产却泰然自若，信心坚定，他说："苟利社稷，生死以之，且吾闻为善者不改其度，故能有济也。民不可逞，度不可改。"这充分展现了这位改革家的政治气魄和为国为民勇往直前的决心。

看准了方向，下定了决心，怎样去落实一系列改革措施呢？效果又将如何呢？子产曾说："政如农工，日夜思之，思其始而成其终。朝夕而行之。行无越思，如农之有畔，其过鲜矣。"因此，"及三年，又诵之，曰：'我有子弟，子产诲之。我有田畴，子产殖之，子产而死，谁其嗣之？'"（《左传·襄公三十年》）三年改革成果初步显现，百姓得了实惠，国人由恨转爱，由怒变喜。司马迁《史记·循吏列传》更是将其功绩进行高度概括和评价："为相一年，竖子不戏狎，斑白不提挈，僮子不犁畔。二年，市不豫贾。三年，门不夜关，道不拾遗。四年，田器不归。五年，士无尺籍，丧期不令而治。治郑二十六年而死，丁壮号哭，老人儿啼，曰：'子产去我死乎！民将安归？'"子产赢得了百姓的无限拥戴。

综上所述，我们再用"六廉"标准去衡量评价一下子产，可以说，以廉为根本，廉善、廉能、廉敬、廉正、廉法、廉辨，此六者，无一不备。子产也堪称廉吏楷模。

《史记》中时常出现用"廉"字或用"廉"字组成不同的词组去评价人物。比如《鲁周公世家》中，在用大篇幅记载三朝宰相季文子的丰功伟绩后，接着说：季文子"家无衣帛之妻，厩无食粟之马，府无金玉，以相三君"。简笔勾勒了季文子既俭又廉的形象，司马迁忍不住借"君子"之口说："季文子廉忠矣。"《史记·越世家》："庄生虽居穷阎（里巷），然以廉直闻于国。"《史记·儒林列传》说："董仲舒为人廉直。"《史记·张丞相列传》中说：申屠嘉为丞相，"为人廉直"。
《史记·循吏列传》说楚昭王宰相石奢，"坚直廉正，无所阿避"。《史
记·汲郑列传》说："庄廉。"再说："郑庄、汲黯始列为九卿，廉，内
行修法"，等等。不管是廉忠、廉直、廉正，都是以"廉"字为基础，
都应该划为廉吏的行列，只是司马迁根据不同人物的性格特征、行事风
格及所处的具体环境等，更加鲜明地突出人物的某一方面。还有一些人
物，司马迁在为其立传时并未见其"廉"字，然事件描写，彰显至廉。
例如《循吏列传》中的鲁相公仪休、晋文公的司法官李离，本传中就
无"廉"字，然前者让鱼不受，可谓清廉；后者"过听杀人"，"伏剑
而死"，可谓廉法。如此者比比皆是。

三 结束语

读《史记》鉴史议廉，我们有如下感受和认识：

其一，翻开《史记》扑面而来的是一股清风。从《史记》的开篇
《五帝本纪》中叙述黄帝名称之由来："劳勤心力耳目，节用水火材物。
有土德之瑞，故曰黄帝。"黄帝的俭以为民，到尧"妻之（舜）二女，
观其德于二女"以对天下负责任的态度选拔接班人，到《史记》末篇
《太史公自序》，作为史官，遭李陵之祸后，无财自赎，乃发奋著书，
欲"通古今之变，成一家之言"，遂成千古绝唱。在这数千年历史的文
字记载中，字里行间弥漫着一种"廉"的气氛，游荡着一缕爽人的清
风。从春秋贤相诸如晏婴、子产、孙叔敖等人物形象的塑造，到汉初名
臣直士如萧何、窦婴、郑庄、汲黯等人物事件的记载，在漫漫的历史长
河中，形成了一条巨幅的清廉形象的人物连接带。这条连接带，连接着
上古到西汉，连接着吏的顶端和末端，甚至在我们的脑海中下意识地还
在进行历史的延伸。正是这些廉吏，推动着历史的前进和发展，维系着
社会的秩序和稳定。然而，司马迁很少刻意去塑造廉洁形象，《循吏列
传》中虽然单独作一模块，但所记人物寥寥，且侧重"循"。廉吏形象
欠丰满，这可能是因为《史记》记事把握的原则是，其他史料已记载
的，《史记》尽可能简约的缘故。《史记集解》引班固的话："司马迁据
《左氏》《国语》，采《世本》（世本：据说是赵国史书，记载黄帝以来

的史事，共十五篇，后来多家编辑，有《世本八种》）《战国策》，述《楚汉春秋》，接其后事，迄于天汉。其言秦汉详矣。至于采经摭传，分散数家之事，甚多疏略，或有抵牾。"班固是就《史记》整体记事格局及个别地方出现的矛盾进行评价的。我们感觉，较为明显的是人物形象，特别是突出廉吏形象还欠丰满，许多人物还需从其他史料中寻找资料加以补充。这不是《史记》的缺失，因为《史记》毕竟不是"廉吏传"，这应该归于我们欣赏的角度。

其二，《史记》对上古廉文化的继承、创新及对后世影响。《周礼》所称廉吏的评判标准，是以廉为根本，提出"六廉"作为考核官吏的指标体系。《史记》没有专门为廉吏作传，但《循吏列传》所列五位官吏皆为司马迁认为是好的官吏，按照"六廉"评判标准评价，《循吏列传》中的第一、第二位，都应该是廉吏的典范，其后三人各有侧重。廉吏的概念与循吏的概念在《循吏列传》中得到了较大程度的重合。这不能不说是《史记》对廉文化的继承。为循吏作传，是《史记》的开创，此后的正史中多为循吏立传。《史记·太史公自序》也为循吏作了定位："奉法循理之吏，不伐功矜能，百姓无称，亦无过行。"班固的《汉书》得以继承。《汉书·循吏传》："汉兴之初，反秦之敝，与民休息，凡事简易，禁网疏阔，而相国萧、曹以宽厚清静为天下帅，民作'画一'之歌。……至于文、景，遂移风易俗。是时循吏如河南守吴公、蜀守文翁之属，皆谨身帅先，居以廉平，不至于严，而民从化。"可知班固给循吏的定位是"上顺公法，下顺人情"（颜师古注《汉书》语）。然而，这里还有不可忽视的字，就是"廉"。《新唐书·循吏列传》："吏良，则法平政成；不良，则王道驰而败矣。"选拔上级官吏，要从刺史、县令中挑选，"三省侍郎缺，择尝任刺史者，郎官缺，择尝任县令者，……是以授受之间，虽不能皆善，而所得十五。……致之之术，非循吏而何？"那么，《新唐书》就把循吏说成了良吏，这个选拔的过程，"廉"字作为考察指标之一，不可或缺。《宋史》基本承袭了《新唐书》的说法："承平之世，州县吏谨守法度以修其职业者，实多其人，其间必有绝异之绩，然后别于赏令，或自州县善最"者，称为循吏。那就是《唐书》中说的百里挑一的良吏。《明史·循吏列传》："明太祖惩元季（建国初）吏治纵驰，民生凋敝，重绳贪吏，置之严典。府州县吏来朝，陛辞，谕曰：'天下新定，百姓财力俱困，如鸟初飞，木初植，勿拔其羽，勿撼其根，然惟廉者能约己而爱人，贪者必腹人以肥己，而等戒之。'……今自守令超擢至公卿有勋德者，事皆别见，故采其终于庶僚，政绩可纪者，作《循吏传》。"可以看出，《明史》的循吏标准非常简单，首先是廉洁，其次是有政绩，最后是中下级的官吏。其实，《明史》中所说的循吏，几乎可以和廉吏画等号。《清史稿》："圣祖平定三藩之后，与民休息，拔擢廉吏，如于成龙……，皆由县令洊历部院封疆，法理蒸蒸，于斯为盛。……《明史》所载，以官至监司为限，今从之。尤以亲民为重，其非由守令起家者不与焉。"《清史稿》选取循吏的标准，也把"廉"放在第一位，其次才是政绩、官阶，基本上沿袭《明史》的选循标准。《清史稿·循吏列传一》为河南上蔡张埙立传，附为张埙立传，张埙于康熙十七年作登封县令。他为官断案"誓不取一钱，不枉一人"，衙前立一巨石上刻"永除私派"四个大字。在任五年，政绩卓著，政风清逸，百姓在自己门前写有"官清民乐"的字样。后提拔为广西南宁通判，"去之日，民遮道哭，玄祠于四方，肖像祀焉，榜曰'天下清官第一'。"《清史稿》就干脆把循吏说成清官。可见，《史记》之后，虽然从体例上说历代正史都继承了《史记》的《循吏列传》，但循吏的选取标准和叫法都有所变化——从循吏到良吏，再到廉吏，再到清官。《史记·循吏列传》几千年间只选了五位官吏，其中四位为宰相，一位为司法官。而到《清史稿》中，295 年间，就为 116 位官吏立传。由此，我们可以作一个小结：

第一，《史记·循吏列传》对上古廉文化有继承，有疏漏。但它对后世廉文化的影响不可低估。历代史书选取循吏的标准，越来越突出一个"廉"字。廉文化作为中华民族的文化精粹，在历代史书《循吏列传》中得以延续、发展与弘扬。

第二，从《史记》以来，循吏的内涵在不断延展和变化，由《史记》定位的奉职循理，到廉洁为政。清官，是百姓最喜欢的称谓，从循吏到清官，阐明了一个道理，官当以廉为本，非廉者不清。廉吏、清官叫法不同，但在人们心中二者的内涵是契合的。

第三，历代史书上的《循吏列传》反映出一个思想趋势，那就是对廉文化越来越重视。从范围上说，记载人物越来越多；从官吏层次上说，重心越来越下移，越来越重视基层官吏队伍的发掘，这是国家大厦的基石。

廉文化内容丰富，博大精深，我们认为它基本涵盖两大方面：一是道德层面，二是法律层面。以德立身，以法全身，是我们践行优秀廉文化的核心。不管是《周礼》说的"六廉"标准，或是《史记》及后者说的循吏、良吏、廉吏、清官，都是从德与法两个方面进行衡量的。一个无德之人，不管是哪朝哪代都是为社会、为世人所鄙弃的。无德之人，身之不立，何以为官？但从古到今无德为官者不乏其人，这是官吏队伍中的渣滓、败类，它侵害的是人民的利益，吞噬的是国家机体，败坏的是官风民风，是官中另类，无怪乎从古到今考察官吏都把德放到第一位。法就是起平衡的作用。国家大法就是平衡社会，稳定社会，维系社会秩序的基石。古代由礼治到礼法并用，是社会的进步，没有法，国家就会紊乱，特权就会肆虐。为官懂法、执法、守法是全身的保障和智慧。德和法的高度融合，才能共同铸成一个周正的"廉"字。

在我们大力弘扬廉文化的当今，不仅是我们广大的执政者要真懂一个"廉"字，廉文化更应该植根于我们的下一代，因为，从大处讲，它是国家兴盛、发达的前提；从小处讲，它又是一个人立身处世的根本，不可不鉴之思之！

第十四讲

智慧与阴谋

一 智慧、阴谋词义的内涵及二者的关系

"智慧"一词，解释起来还是有一定难度的，古今词典对这一词理解的角度不同，给出的定义也不一样。这个词非常抽象，但又很具体；既显得深奥而又让人觉得浅近；非常复杂，而又似乎是那样简单。本文无意对"智慧"一词的词义作深入的探讨和研究，更不希望把这个词理解得深奥、艰涩、复杂化，而是倾向于这一词义的大众化、平民化。有一本工具书就把"智慧"解释成"聪明才智"，我们觉得既妥帖又不费解。对"智慧"一词的诠释，从古代文献到现代资料，都是正面的。人的智慧为社会输入的是正能量，社会才得以进步和发展，中华文明才得以不断地创造、继承和发扬。智慧是推动历史前进的助推器。

"阴谋"一词解释起来并不复杂。1999年上海辞书出版社出版的《辞海》普及本中就有一个义项："暗中计议；诡秘的计谋。《史记·齐太公世家》：'周西伯昌之脱羑里归，与吕尚阴谋修德以倾商政。'又《史记·陈丞相世家》：'我所阴谋是道家之所禁。'后多指暗中策划做坏事。"一个义项，包含两层含义：一是指行为动作方式，再就是指行为属性与本质。1983年商务印书馆出版的《辞源》对"阴谋"一词作出如下解释："1、兵谋。2、秘密计谋。"在第二个义项中列举的就是《辞海》中的两个例子。《辞源》在先，《辞海》在后，依据《辞海》，抑或是依据《辞源》。不管是依据哪个版本，我们从二者举例来看，"阴谋"一词最初出现在古代文献里，所表述的意义并不一定是反面的。西伯是阴谋以修德方式颠覆残暴的商政，而陈平自己说自己阴谋，

而被后人说成智谋，可见，这些文献里所说的阴谋的含义，并不是贬义；《辞海》中解释的"后多指暗中策划做坏事"，那是词义的发展与变化的结果。而《辞源》中第一义项解释为兵谋，例子为《国语·越语下》："阴谋逆德，好用凶器始于人者，人之所卒也。"这似乎又是贬义。"阴谋"一词在古文献里，根据语境不同或褒，或贬。这说明，这一词的本意的倾向性并不是那么固定。为什么后来就纯属贬义呢？阴和阳相对，我们中华民族崇尚的是光明磊落，阳光、透明，因此，发展到后来就把"阴谋"一词解释成专指暗地算计人，做坏事。

智慧和阴谋在某种意义上说是相通的，都是用谋。区别在于用谋是为社会添加的正能量或是负能量，是道德、法律的认可与否。

《史记》字里行间镶嵌着智慧，《史记》所记载的历史长河中荡漾着智慧的清涟。《史记》中所记载的智者多如繁星。为了国家，为了人民，为了天下太平，他们从不同角度，以不同方式，闪耀着智慧之光，这一切的一切照亮了历史发展前进的道路。本书前面所讲述的就是这些星星亮点。因此，本篇不再累赘。

二 《史记》对"阴谋"的鄙视和鞭挞

历史就像一面镜子，智慧永远是这面镜子最光亮的部分，照耀着社会前进的道路，丰富着文明的内涵；而阴谋则像是这面镜子上的点点斑痕，影响着这面镜子的光亮度，是华夏民族历史文明中的瑕疵。司马迁作《史记》没有遗漏这些不光彩的东西，这是史学家的缜密。

《史记》不仅真实地记录了这些人物、事件，而且注入了浓烈的感情。《史记·伍子胥列传》连续记载三件事："楚平王有太子名曰建，使伍奢为太傅，费无忌为少傅。无忌不忠于太子建。平王使无忌为太子娶妇于秦，秦女好，无忌驰归报平王曰：'秦女绝美，王可自取，而更为太子取妇。'平王遂自取秦女而绝爱幸之，生子轸。更为太子取妇。"

"无忌既以秦女自媚于平王，因去太子而事平王。恐一旦平王卒而太子立，杀己，乃因谗太子建。建母，蔡女也，无宠于平王。平王稍益疏建，使建守城父，备边兵。顷之，无忌又日夜言太子短于王曰：'太子以秦女之故，不能无怨望，愿王少自备也。自太子居城父，将兵，外交诸侯，且欲入为乱矣。'平王乃召其太傅伍奢考问之。伍奢知无忌谗太子于平王，因曰：'王独奈何以谗贼小臣疏骨肉之亲乎？'无忌曰：'王今不制，其事成矣。王且见擒。'于是平王怒，囚伍奢，而使城父司马奋扬往杀太子。行未至，奋扬使人先告太子：'太子急去，不然将诛。'太子建亡奔宋。"

"无忌言于平王曰：'伍奢有二子，皆贤，不诛且为楚忧。可以其父质而召之，不然且为楚患。'王使使谓伍奢曰：'能致汝二子则生，不能则死。'伍奢曰：'尚为人仁，呼必来。员为人刚戾忍诟，能成大事，彼见来之并禽，其势必不来。'王不听，使人召二子曰：'来，吾生汝父；不来，今杀奢也。'伍尚欲往，员曰：'楚之召我兄弟，非欲以生我父也，恐有脱者后生患，故以父为质，诈召二子。二子到，则父子俱死。何益父之死？往而令仇不得报耳。不如奔他国，借力以雪父之耻，俱灭，无为也。'伍尚曰：'我知往终不能全父命。然恨父召我以求生而不往，后不能雪耻，终为天下笑耳。'谓员：'可去矣！汝能报杀父之仇，我将归死。'尚既就执，使者捕伍胥。伍胥贯弓执矢向使者，使者不敢进，伍胥遂亡。……伍尚至楚，楚并杀奢与尚也。"

司马迁在这段文字的记载中，刻画了五位人物：费无忌、楚平王、伍奢父子三人。通过三件事的描写，使楚平王的昏庸、费无忌的佞阴、伍奢的忠顺、伍尚的憨厚、伍员的睿智都跃然纸上。特别是写费无忌，虽用墨不多，一个阴险、歹毒，官大人小的形象深深地印在读者脑海里，令人鄙视，令人憎恶。费无忌的阴招起到了如下负面效果：一是乱了人伦。劝说平王将自己的儿媳占为己有，作为太子少傅，亏他能想出这个主意，也亏他能向平王说得出口，有辱"老师"二字尊名。他践踏了华夏民族从古到今的人伦道德底线，又恰遇楚平王这一好色的昏君，佞臣、昏君上演了一出不知羞耻的滑稽戏。他们永远被钉在道德的耻辱柱上。二是间离了骨肉。费无忌为邀宠，先乱了人伦，这使太子建颜面全无，不无怨气。无忌为平王卒后计，先杀太子，离间骨肉，使太子出逃。这一方面，作为大臣，为个人安危，不顾国家的利益和稳定，利用平王的昏庸，除掉储君，实为祸国之始；另一方面，他违背了疏不间亲的道德原则，使父子相残，亦为乱家之贼。三是戕害忠臣。因为要讨好平王，费无忌就做出乱伦的阴招；因为出阴谋使平王乱伦，恐太子怨恨，就又做出了离间平王父子的阴招；因为伍奢是太子太傅，所以就又要杀掉伍奢；还因为伍奢两个儿子贤，就要把伍氏父子斩尽杀绝。何等阴险，何等歹毒，何等残忍！

司马迁写完这篇传记后，说了一句"怨毒之于人甚矣哉！"是否就是对费无忌这样的阴谋家的评价和抨击。在记载历史事件、刻画人物的同时，司马迁发自肺腑地感慨和憎恶，字里行间流露出对这一人物的鄙视。唐代司马贞也在《史记索隐述赞》中写道："谗人罔极，交乱四国。"愤恨不平之气溢于言表。

赵高是一个十足的大阴谋家，他的故事大都耳熟能详。我们看看《史记·李斯列传》是怎样刻画这个大阴谋家的丑恶嘴脸的。秦始皇三十七年十月，开始东巡，以镇抚东南天子气。这次出巡极为不利，博浪沙遇到了张良刺杀，虽然张良刺秦没有成功，但对秦始皇是一个极大的震恐，是对大秦帝国皇威的首次挑战，唱响了后来全国各地反秦的先声。这次跟随始皇出游的重要人物有丞相李斯、中车府令兼行符玺令事赵高，还有秦始皇二十多个孩子中最小的一个胡亥。这年七月，秦始皇在返回的途中来到了沙丘（邢州），始皇病甚，写了一封信给公子扶苏。当时扶苏在北疆大将蒙恬部作监军，让扶苏速往咸阳商议始皇后事，"书已封，未授使者，始皇崩。书及玺皆在赵高所，独子胡亥、丞相李斯、赵高及幸宦者五六人知始皇崩"。（《史记·李斯列传》）这是赵高阴谋的背景，也是他权欲、私欲膨胀的开始。其后，一个阴谋又一个阴谋，直到身败而死。

阴谋一：废长立幼。"赵高因留所赐扶苏玺书，而谓公子胡亥曰：'上崩，无诏封王诸子而独赐长子书。长子至，即立为皇帝，而子无尺寸之地，为之奈何？'胡亥曰：'固也。吾闻之，明君知臣，明父知子。父捐命，不封诸子，何可言者！'赵高曰：'不然。方今天下之权，存亡在子与高及丞相耳，愿子图之。且夫臣人与见臣于人，制人与见制于人，岂可同日道哉！'胡亥曰：'废兄立弟，是不义也；不奉父诏而畏死，是不孝也；能薄而材谫，强因人之功，是不能也。三者逆德，天下不服，身殆倾危，社稷不血食。'高曰：'臣闻汤武杀其主，天下称义焉，不为不忠。卫公杀其父，而卫国载其德，孔子著之，不为不孝。夫大行不小谨，盛德不辞让，乡曲各有宜而百官不同功。故顾小而忘大，后必有害；狐疑犹豫，后必有悔。断而敢行，鬼神避之，后有成功，愿子遂之。'胡亥喟然叹曰：'今大行未发，丧礼未终，岂宜以此干丞相哉！'赵高曰：'时乎，时乎，间不及谋！赢粮跃马，唯恐后时！'"（《史记·李斯列传》）看来胡亥作为始皇的小儿子还是懂得大礼的。他并无篡位之心，认为始皇不封诸子，"固也"，"明父知子"，如有异心，是不义、不孝、不能，是逆德之举。且丧事未终，即行篡谋，恐天下共戮。然而，赵高怀着弄权的私心、野心，凭三寸簧舌，引诱并威胁，大有话已出口，不达目的祸便及身，不达目的誓不罢休的决心，说服了胡亥。胡亥勉强同意后，即皇帝位最大的障碍就是丞相李斯。赵高不让胡亥出面，自己去和李斯说立君之事，李斯听后非常惊讶，说："安得亡国之言！此非人臣所当议也！"然而，在赵高反复陈述利害以后，李斯这位曾为秦国立下汗马功劳的智者，犯了一个天大的糊涂：他竟苟合了赵高的意见，这一时的糊涂就酿成了终身大错，葬送了大秦王朝，葬送了李斯家族。

阴谋二：杀扶苏，清异党。当李斯苟合了赵高的意见后，大事已成过半，最不能使赵高放心的还是长子扶苏，他与名将蒙恬手握数十万军队，如果兴师问罪，将奈之何？于是这第二步就开始谋杀扶苏。"于是乃相与谋，诈为受始皇诏丞相，立子胡亥为太子。更为书赐长子扶苏曰：'朕巡天下，祷祠名山诸神以延寿命。今扶苏与将军蒙恬将师数十万以屯边，十有余年矣，不能进而前，士卒多耗，无尺寸之功，乃反数上书直言诽谤我所为，以不得罢归为太子，日夜怨望。扶苏为人子不孝，其赐剑以自裁！将军蒙恬与扶苏居外，不匡正，宜知其谋。为人臣不忠，其赐死，以兵属裨将王离。'"（《史记·李斯列传》）。使者到达边地，扶苏忠厚，泣之自尽。蒙恬怀疑有诈，不肯自杀，使者将其逮捕，押往阳周（今陕西长子县北）杀害。赵高的心腹大患已经清除，接着就在大臣及皇族中来了个大清洗："杀大臣蒙毅等，公子十二人僇死咸阳市，十公主矺（裂刑）死于杜，财物入于县官，相连坐者不可胜数。"（《史记·李斯列传》）。至此，赵高以逆天害理、泯灭人性的残忍手段，为二世称帝扫除了障碍。

阴谋三：蒙蔽胡亥。赵高即奉胡亥登帝位，又清异党，按说已经实现了他的目标。然而他的权欲还在膨胀，因此说二世曰："天子所以贵者，但以闻声，群臣莫得见其面，故号曰'朕'。"……二世用其计，乃不坐朝廷见大臣，居禁中，赵高常侍中用事，事皆决于赵高。（《史记·李斯列传》）赵高唯恐二世听到大臣揭露他的罪行，故使阴招，不让大臣见二世的面。二世不出禁中，诸事皆由赵高传达，大臣奏事及二世下诏都要经过赵高的消化，可奏则奏，不可则弃，或奏一说二，或诏二传一；二世下指示，实际上是赵高在下指示，下与不下，或深或浅，都由赵高定夺，连丞相李斯都不得见二世，可见赵高专权之极。

阴谋四：杀丞相。李斯作为丞相，诸事要奏，却见不到二世，就把自己的意思告诉赵高，赵高爽快答应李斯，说瞅准二世闲暇时通知他。"于是赵高待二世方燕乐，妇女居前，使人告丞相：'上方闲，可奏事。'丞相至宫门上谒。如此者三。二世怒曰：'吾常多闲日，丞相不来。吾方燕私，丞相辄来请事。丞相岂少我哉？且固（轻视我）我哉？'赵高因曰：'如此殆矣！夫沙丘之谋，丞相与焉。今陛下已立为帝，而丞相贵不益，此其意亦望裂地而王矣。且陛下不问臣，臣不敢言。丞相长男李由为三川守，楚盗陈胜等皆丞相傍县之子，以故楚盗公（讼）行，过三川，城守不肯击。高闻其文书相往来，未得其审，故未敢以闻。且丞相居外，权重于陛下。'二世以为然，欲案丞相，恐其不审，乃使人案验三川守与盗通状。"（《史记·李斯列传》）李斯听说此事，知道赵高阴谋，因此，就上书二世告赵高的状，告他是一贱人，贪得无厌，富可敌国，专横肆为，残杀无辜。二世听后，不但不信李斯，反而将李斯上书的内容又告诉了赵高。赵高说，李斯有所顾忌的是他，如果他死了，那就该对二世下手了。因此，二世就将李斯案件交与赵高审理。"二世二年七月，具斯五刑，论腰斩咸阳市。斯出狱，与其中子俱执，顾谓其中子曰：'吾欲与若复牵黄犬俱出上蔡东门逐狡兔，岂可得乎！'遂父子相哭，而夷三族。"（《史记·李斯列传》）司马迁说："李斯以闾阎历诸侯，入事秦，因以瑕衅，以辅始皇，卒成帝业，斯为三公，可谓尊用矣。斯知六蓺之归，不务明政以补主上之缺，持爵禄之重，阿顺苟合，严威酷刑，听高邪说，废适立庶。诸侯已畔，斯乃欲谏争，不亦末乎！人皆以斯极忠而被五刑死，察其本，乃与俗议之异。不然，斯之功且与周、召列矣。"《史记·李斯列传》这段话说李斯悲剧入木三分。

阴谋五：弑主以代。赵高杀了李斯，二世拜赵高为丞相，事无巨细都由赵高决断，赵高仍不满足，颠倒黑白，指鹿为马，肆意妄为，设下圈套让二世在游猎期间射杀行人。"高乃谏二世曰：'天子无故贼杀不辜人，此上帝之禁也，鬼神不享，天且降殃，当远避宫以禳之。'二世乃出居望夷之宫。留三日，赵高诈诏卫士，令士皆素服持兵内乡，入告二世曰：'山东群盗兵大至！'二世上观而见之，恐惧，高即因劫令自杀。引玺而佩之，左右百官莫从；上殿，殿欲坏者三。高自知天弗与，群臣弗许，乃召始皇弟，授之玺。"（《史记·李斯列传》）子婴即位，使韩谈刺杀之，夷其三族。

至此赵高的阴谋要到了极致，他的生命也走到了尽头。赵高出身低贱，但大脑中充满了私欲。秦始皇死后，随着他的阴谋不断地得逞，他的私欲也在不断地膨胀，以至于膨胀到想夺大秦皇位，真乃滑稽可笑。赵高的阴谋几乎毁灭了秦朝，也毁灭了自己。

《史记》之后，个别文人要为赵高翻案，并唱赞歌。理由有三，一是说赵高是赵国皇室子弟，秦灭赵后，赵高为报灭国之仇而报复秦国，赵高是一个爱国者。二是说赵高不是一个阉宦，是一个文武双全的能人。三是说赵高是一位书法家、文字学家，在某一领域对历史有贡献。本文认为，赵高的案不好翻。他是否是宦官，在书法、文字上对历史有多少贡献，这都不是我们讨论的话题，都掩盖不了大阴谋家的嘴脸。如果赵高真是为了复国报仇，退几步来说，充其量他也是一个狭隘的复国主义者。张良早期着力复国，并击秦报仇，但一旦他认清天下大势，就义无反顾地放弃韩国，辅佐刘邦统一天下。这是大势所趋，历史发展的必然。且张良用谋，心中装着天下的统一，装着百姓的安危，借箸八论，表现了张良审时度势的远大目光和博大胸襟。即便是赵高也怀揣着复国之梦，在大秦统一近四十年后，赵高还去搞分裂，岂不成了开历史倒车之人吗！况赵高眼睛盯着的是权，行的是不义、不忠，逆德害理的阴招，残杀无辜，搅乱天下，祸国殃民，真可谓罪不容诛。读《史记》中几篇关于赵高的记载，似乎没有发现赵高的可赞之处。如赵高可颂，则道德、天理何在！

《史记》中记载这些历史长河中的污点也不少，比如《淮南衡山列传》中，记载淮南王刘长，凭着是高祖儿子的身份，骄横跋扈，目无王法，肆意妄为，落得个失国身死的结局。他的四个儿子中的刘安、刘赐，文帝怜悯他们，封他们为淮南王、衡山王。淮南、衡山不思报恩，反而私结党徒，阴谋造反。司马迁说他们与文帝是骨肉至亲，被封为诸侯王，拥有广阔的封域，却不尽力遵循自己的职责来辅佐天子，而心怀邪恶乖僻的阴谋，叛逆篡权，两代相继，不思悔改，落得个身死国灭，为天下耻矣。主父偃半生潦倒，后得卫青引荐，"一岁四迁"。官升得快，私欲膨胀亦快，待为齐相，骄狂不知自己为谁，大肆敛财，阴谋逼杀齐王，等待他的结局也只有一个"族"字。

大凡眼盯着权和利，使阴招损害国家、人民、他人利益者，是否都可称之为阴谋，而善玩阴谋者，其结局与费无忌、赵高同。

三　智慧、阴谋辩

本文开篇就谈到了智慧和阴谋两个词的解读。智慧和阴谋共同点都在于谋。智慧多半也不一定是阳谋，阴谋从某一角度讲就是智慧。现代工具书中通俗的解释是，用谋略办好事就是智慧，谋划做坏事就是阴谋。其实这种解释精准与否，还有待探讨。尤其是对历史事件的看法，角度不同评价就有出入，时代不同看法就有差异。我们读史书不一定就要苟合史学家对历史的评价，尽管史学家的评价多是中肯、有见地、对历史负责任的，但他们未尝没有时代、角度、思维等方面的局限性。司马迁纪智慧赞美之情溢于言表，纪阴谋憎恶之心流于笔端。是否所羡所憎都那么得体呢？我们举蒯通为例进行分析：

为蒯通辩诬

司马迁在《史记》中记载了一位非常不受喜欢的人，这个人叫蒯通。《史记·田儋列传》中这样评价蒯通："甚矣蒯通之谋，乱齐骄淮阴，其卒亡此二人！"司马迁说，蒯通一番阴谋坑杀了韩信和齐王田广。班固的《汉书·蒯伍江息夫传》也说："蒯通一说而丧三俊，其得不亨者，幸也。"评价之中，班固表现出一种切齿的愤恨。蒯通，何许人也？为什么就让这两位史学家这么厌恶呢？

《史记》没有把蒯通事件的原委讲清楚，而《汉书》说他是范阳人

（隶属赵之涿郡），本名蒯彻，司马迁为避汉武帝刘彻之讳，给他另起个名字叫蒯通。此人多谋，但《史记》《汉书》不说他是智者，反而将其谋划为阴谋之属。这究竟为何呢？我们慢慢话来。

汉二年，汉王刘邦出关，一路势如破竹，兵歇彭城。彭城惨败，使刘邦几乎失去了争夺天下的信心。原来投降汉王的诸侯起兵反汉，刘邦再也无法厘清争天下的思路。张良向汉王推荐韩信、彭越、黥布三将，于是汉王再次任命大将军韩信兼左丞相整顿军马，再次东征。韩信不负众望，连下魏、代、赵、燕，准备进攻齐国。恰逢汉王已派谋士郦生说齐王田广降汉，并且设宴庆祝齐汉联盟，韩信听到这一消息后，止军不前，改变了进攻齐国的初衷。"范阳辩士蒯通说信曰：'将军受诏击齐，而汉独发间使下齐，宁有诏止将军乎？何以得毋行也！且郦生一士，伏轼掉三寸之舌，下齐七十余城，将军将数万众，岁余乃下赵五十余城，为将数岁，反不如一竖儒之功乎？'于是信然之，从其计，遂渡河。齐王听郦生，即留纵酒，罢备汉守御。信因袭齐厉下军，遂至临菑（济南厉城县）。齐王田广以郦生卖己，乃亨之，而走高密，使使之楚请救。"（《史记·淮阴侯列传》）结果是楚派大将龙且率二十万大军救齐，被韩信所杀。齐君臣四散奔逃，齐王田广被俘，相国田横逃跑后听说田广死，自立为齐王，战败逃奔彭越。守相田光、大将田既、田吸逃跑后，先后被斩杀。可怜一个完整大齐，因蒯通之谋，陷入一片混乱之中，韩信遂称齐王。

楚国失去了大将龙且，项羽有些害怕，就派谋士武涉游说韩信，企图说服韩信三分天下，成鼎足之势，并齐楚联合共同御汉。这番游说尽管说得至情至理，但被韩信断然拒绝。武涉扫兴而去。蒯通再次登场。这次蒯通没有直接陈说，而是以一个看相人的身份出现，为韩信看相："相君之面，不过封侯，又危不安，相君之背，贵乃不可言。"先为韩信灌了一碗迷魂汤，调动了韩信的兴致。当韩信问其故，蒯通来了个顺水推舟，由看相转入了游说正题。在分析天下大势后，继而说："当今两主之命县于足下。足下为汉则汉胜，与楚则楚胜。……诚能听臣之计，莫若两利而俱存之，三分天下，鼎足而居，其势莫敢先动。夫以足下之贤圣，有甲兵之众，据强齐，从燕、赵，出空虚之地而割其后，因民之欲，西向为百姓请命，则天下风走而响应矣，孰敢不听！割大强弱，以应诸侯，诸侯已立，天下服听而归德于齐。案齐之故，有胶、泗之地，怀诸侯以德，深拱揖让，则天下之君王相率而朝于齐矣。盖闻天与弗取，反受其咎；时至不行，反受其殃。愿足下孰虑之。"（《史记·淮阴侯列传》）蒯通的这番话是从正面来说的，劝说韩信三分天下，将来称帝。这一谋划对韩信来说有相当的诱惑力，说得韩信心中痒痒的。接着，蒯通加强了攻势，以兔死狗烹的道理威胁韩信，并以范蠡、文种为例。继而说，功高震主，你韩信涉西河，虏魏王，擒夏说，灭赵，降燕，平齐，可谓功高矣，如不及早打算，将会无安身之地。韩信开始犹豫："先生且休矣，吾将念之。"韩信的这一犹豫迎来了蒯通的又一次登场。

这次登场主要是催促韩信快下决心。"'智者决之断也，疑者事之害也，审豪牦之小计，遗天下之大数，智诚知之，决弗敢行者，百事之祸也。'……韩信犹豫不忍倍汉，又自以为功多，汉终不夺我齐，遂谢蒯通。蒯通说不听，已详狂为巫。"（《史记·淮阴侯列传》）蒯通说韩信，以相者身份开始，满怀信心，以巫者身份终结，扫兴而去，游说似乎没有成功。然而，虽然没有实现像他说的那样三分天下，鼎足而居，却已经起到了很大的作用。一是灭了齐国，破坏了汉王的汉、齐联盟计划；二是滋长了韩信的野心，动摇了为汉争天下的初衷，以至于后来不顾汉王之危，不听汉王的调遣，继而裂土称王，都证明了这一点。《史记》《汉书》对蒯通的评价大概也是基于此。

蒯通其人是否卑劣小人？蒯通之谋是否算得上"阴谋"？

《史记·张耳陈余列传》记载了蒯通第一次现身的形象。秦二世元年，以陈胜为首揭竿反秦者遍布关东，"县杀其令丞，郡杀其守尉"，天下一片大乱。陈胜起事半年于陈地称王，时有部将武臣、陈余等人请战攻赵地，当大军聚阳城下准备攻城时，范阳令准备抵御武臣之军，蒯通说范阳令曰："窃闻公之将死，故吊。虽然，贺公得通而生。"接着数说了秦法之苛，秦政之暴，民不堪受的现实，武臣、陈余等人应天顺时，高举义旗，推翻暴秦，而你却守城而拒，势必被灭，即使不被武信君杀死，范阳城内的人也会杀死你，还是把城献给武信君吧！怎么办？派我去见武信君，说服武信君接纳你，可转危为安。范阳令接受了蒯通的建议。"范阳令乃使蒯通见武信君曰：'足下必将战胜然后略地，攻得然后下城，臣窃以为过矣。诚听臣之计，可不攻而降城，不战而略地，传檄而千里定，可乎？'武信君曰：'何谓也？'蒯通曰：'今范阳令宜整顿其士卒以守战者也，怯而畏死，贪而重富贵，故欲先天下降，畏君以为秦置吏，诛杀如前十城也。然今范阳少年亦方杀其令，自以城距君。君何不赍臣侯印，拜范阳令，范阳令则以城下君，少年亦不敢杀其令。令范阳令乘朱轮华毂，使驱驰燕、赵郊。燕、赵郊见之，皆曰此范阳令，先下者也，即喜矣，燕、赵城可毋战而降也。此臣之所谓传檄而千里定者也。'武信君从其计，因使蒯通赐范阳令侯印。赵地闻之，不战以城下者三十余城。"（《史记·张耳陈余列传》）从蒯通给人的印象来看，并非一个弄权谋位、损人利己、坑国害民的小人，而且在这一事件的记载中，字里行间也没有感受到司马迁对他的鄙视和厌恶。蒯通之谋，其一是顺天下民意，推翻暴秦。其二是说服范阳令弃暴秦而降义军，且能保全性命。其三是说服武臣、陈余不战而降范阳令，避免杀戮，实为不战屈人之兵，兵家上策。更重要的是开了传檄以定千里的范例，遂下三十余城，生灵少受多少涂炭。从这个意义上说，蒯通之谋，是智慧，他给人的第一印象是一位智者。

　　那么，为什么《史记》和《汉书》把后来蒯通之谋都说成做坏事、搞阴谋呢？这是因为书写历史、感受历史、评价历史的角度不同。秦末天下大乱，倒秦是大势所趋，民心所望，在反秦的大旗下，也形成众多的集团势力，对这些势力，很难评价谁代表正义，谁是非正义。后来楚汉相争也是如此。假如项羽不矜其功，不逞其能，以天下贤士为己用，秦灭后的天下未必属汉；假如司马迁、班固不为汉吏，那他们对蒯通的评价也可能是另一种情况了。

　　本文认为，蒯通是一位具有明显地倾向楚国思想的智慧之人。其一，蒯通曾与项羽有交。《史记·田儋列传》太史公说："蒯通者，善为长短说，论战国之权变，为八十一首。通善齐人安期生，安期生尝干项羽，项羽不能用其策。已而项羽欲封此二人，两人终不肯受，亡去。"司马迁说蒯通与安期生是好朋友。安期生何许人也？安期生，一名安期，人称安丘先生。山东琅邪人，秦汉间方士活动的代表人物。修仙求道，对黄老哲学与方士仙道文化的传承做出过贡献。晋代皇甫谧《高士传》记载他终生不仕。传说秦始皇曾与其畅谈三天三夜。可见他是一位秦汉间关东威望极高、影响极大的人物。蒯通是否师从安期生，不得而知，说二人关系很好这就够了。二人曾谒见过项羽。项羽不用其计，已而欲封二人，二人不受，这样阴差阳错，蒯通没做过项羽的官。虽未做官，但毕竟有过来往，且项羽对其也有好感。或者说他为项羽出过谋，有过贡献，不然项羽怎么会对他有封赏呢？不管怎么说，在群雄逐鹿，不分伯仲的混乱时代，蒯通与项羽有过接触，且还差点儿被封官，这总比跟未见一面的汉王要亲近得多。在楚汉相争中，蒯通思想有一定的倾向性，这应该是能够解释通的。其二，再进一步说，蒯通说韩信，不排除就是肩负项王的使命。汉高祖四年，韩信听蒯通计灭了齐国，自立为齐王，项羽因救齐损失了大将龙且并二十万军队，非常害怕，就派了谋士武涉游说韩信，说："当今二王之事，权在足下。足下右投则汉王胜，左投则项王胜，……何不反汉与楚连和，三分天下王之？"（《史记·淮阴侯列传》）韩信断然拒绝了武涉。《淮阴侯列传》接着说，武涉已去，蒯通接着就到，说韩信："当今两主之命县于足下。足下为汉则汉胜，与楚则楚胜。……莫若两利而俱存之，三分天下鼎足而居。"可见二者游说主题一样，说法一样。只是武涉开门见山，而蒯通做了个迂回。以相者看相始，以详狂为巫终。这样更符合蒯通方士的身份，更能回避与武涉并类之嫌。武涉受命于项王，那么谁又能断定蒯通不是受项王指使呢？即便不是项王指使，基于当时蒯通思想的倾向性，他已经充当了项王的优秀谋臣。其三，齐楚的地域和历史形成了二者的自然联盟，齐楚之间因地域或其他原因曾相怨相善。当年秦将章邯围魏，齐王田儋将兵救魏；章邯破齐，杀田儋。儋弟田荣，收拾残兵逃到东阿，章邯追到东阿，项梁听说后就主动出兵击败章邯救下田荣。后来项羽也曾立田都为齐王。虽然齐楚之间有联合也有矛盾，并进行过交战，但齐楚之间要比齐、汉之间关系紧密得多。韩信袭击齐国，项羽就派龙且率二十万大军救齐，更能说明这一问题。司马迁说蒯通是齐之辩士，或可以从另一角度推测蒯通却汉扶楚的思想倾向。

如果我们认可蒯通是有意识地为楚国出谋划策的观点，再看他用谋的效果。第一，灭掉齐国对楚国来说具有战略意义。齐、楚本身要比楚汉关系稍密，甚至危急时刻还可能互相支援，齐对楚非常重要。然而，齐国突然被郦生说服与汉联合，或者说就投降了大汉，那么，天平的砝

码就向汉急剧倾斜。如何破坏齐汉联盟，或者说把倾向于汉的这股力量
消化掉，蒯通的计谋明显取得了成效。韩信突袭齐国，使齐国认为上了
汉王的当，所以烹煮了郦生。斩杀来使，意味着齐与汉绝交。接着韩信
平齐国，自立为王，也消耗了汉军的力量。即便是齐国不灭，也永不会
再与汉联合。这一招也真叫绝。第二，在思想上腐蚀韩信，是有效削弱
汉军力量的措施。汉四年，也就是蒯通游说韩信之年，可以说是汉军向
楚军发动了全面进攻之年，胜利的天平向汉王倾斜，这里实力最雄厚的
应该是韩信，正像蒯通所说，韩信倾向哪一方，哪一方就是胜利者，韩
信是楚汉争夺天下的关键。楚无暇顾及韩信，但能让韩信暂时保持中
立，那将对楚汉之争的战略态势的变化起到很大的作用。怎么样让韩信
保持相对中立呢？蒯通用的是四个字：骄其心志。这一者是符合常
理——功高者当厚封；二者是调动韩信内心的私欲。所以表面上韩信没
有采纳蒯通的计谋，但韩信违约不听汉王调遣就已经使汉王在军事上受
到了挫折。况他为黥布、彭越树立了一个坏的榜样。第三，韩信自封为
王，对大汉集团内部都是一个不小的震恐。一是担心韩信会不会真的走
到汉王的对立面，如果是这样，汉王努力争取的大好局面将付诸东流。
二是韩信称王，在聪明人的眼里就意味着汉王必将失去这位叱咤风云的
将军。蒯通之谋的最终目的达到了。如果站在楚国这一角度看，蒯通算
得上一位大智之人，司马迁与班固对蒯通的贬斥是因为二者都是大汉的
史学家。

　　吕后杀韩信，高帝问韩信临死都说了些什么话，吕后告诉高帝说，
韩信临死说后悔当初没听蒯通的话，否则，不至于此。高帝命人逮捕了
蒯通。"蒯通至，上曰：'若教淮阴侯反乎？'对曰：'然，臣固教之。
竖子不用臣之策，故令自夷于此。如彼竖子用臣之计，陛下安得而夷之
乎！'上怒曰：'亨之。'通曰：'嗟乎，冤哉亨也！'上曰：'若教韩信
反，何冤？'对曰：'秦之纲绝而维弛，山东大扰，异姓并起，英俊乌
集。秦失其鹿天下共逐之，于是高材疾足者先得焉。跖之狗吠尧，尧非
不仁，狗因吠非其主。当是时，臣唯独知韩信，非知陛下也。且天下锐
精持锋欲为陛下所为者甚众，顾力不能耳。又可尽亨之邪？'高帝曰：
'置之。'乃释通之罪。"（《史记·淮阴侯列传》）这段记载一方面表现
了蒯通自救的智慧，另一方面也表现了蒯通的历史观。那就是在中原逐

鹿，异姓并起，天下大乱之时，是非无法评判，才俊各为其主，为其主出谋划策不能算是做坏事吧。刘邦也认可他这种观点，于是赦他无罪。至于蒯通说知韩信而不知陛下，纯属狡辩，倒不如说知楚王不认汉王。在《汉书·蒯通传》中记载："齐悼惠王时，曹参为相，礼下贤人，请通为客。"几个字也说明，一是大汉建国以后的数十年，人们已经能够放弃对立，平静地看待历史及人物，认为蒯通是一位贤人，不是阴谋家；同时也流露出了史学家班固的矛盾心理。

我们为蒯通辩诬，是基于历史唯物主义的史观，如果像司马迁和班固为蒯通定调，那么他们对陈平的赞扬就显得不太合适了。陈平自己都说自己多阴谋。司马迁赞扬陈平以智平吕氏之乱，但诛吕氏的关键在于夺南北御林军权，是陈平出奇招强迫郦商使其子诈说吕禄交出兵符，遂杀吕禄，其不为阴谋吗？陈平之所以被称为智者是因为大汉已统一，是非曲直已定，吕氏篡政，陈平以谋平乱，是顺历史潮流而谋，故谓智慧。

智慧与阴谋同是哲学范畴，也都在法律、道德范围。核心词都是谋。顺历史潮流，有利于国家，有利于人民，有利于事业之谋，被道德认可之谋，都堪称智慧，否则就不能称为智慧，或者会称为阴谋。

读《史记》说智慧，也要长智慧，用进步的史观去分析历史事件和人物，用自己的睿智去把握智慧、阴谋的准则与分野，为中华民族的伟大复兴积极奉献智慧。

第十五讲

司马迁点赞智慧

　　一部社会发展史，就是智慧与阴谋、正义与邪恶、真善美与假恶丑的斗争史。正义战胜邪恶，真善美战胜假恶丑，靠的是智慧。智慧推动着社会发展和人类进步。司马迁的《史记》，通篇充盈着智慧，字里行间散发着智慧的馨香，饱含着作者的深情。然而，司马迁似乎并不满足只是把自己的感情渗透在对历史人物和事件的记载过程中，因此，在完成一个历史片段的记述之后，在篇中，通常是在篇末，要简短地对上述历史人物或事件进行点评，赞美正义，鞭挞邪恶，赞美智慧，鄙视阴谋。这是史学家在写完历史片段之后的真情的迸发，给读者的是一种如鲠在喉不吐不快的感觉。尤其是对智慧的点赞，可以体会到作者对智慧"高山仰之"的心境，及点赞过后轻松和极大满足的心情。篇末的点评也开创了史书的一种体例，后者多有效法。因为是从史学家的角度，精点历史人物及事件，显得尤为真挚、中肯，起到了很好的导读效果。《史记》这种点评历史的形式也不是一成不变。有的篇章，写着写着作者就忍不住脱口而出，点评一二。比如在《鲁周公世家》中，记述季文子"家无衣帛之妾，厩无食粟之马，府无金玉，以相三君"，司马迁就借"君子"之口突然点评了一句："季文子廉忠矣"，以示敬慕。司马迁点赞智慧在《史记》中随处可见。我们前面所讲到的大智大慧，所涉及的人物、事件，司马迁都有点评，例如高祖的御人御天下，萧、曹的定国安邦，张良的运筹帷幄，陈平的诛吕续刘等。智慧以不同形式表现，如忍让、谦让、低调、俭朴、廉洁等，不管以什么形式表现，都是赢家，都是历史的正能量，都会受到《史记》的点赞。司马迁不仅对历史上重要的人物，正面的大人物、大事件中表现出的大智慧给予点赞，而且，他也没有忘记给一些社会"丑角"、市井小角进行点赞，表现了一位史学家忠于历史，严谨求实的态度，和不媚不贬的高贵人格。

一　司马迁点赞历史上特殊的主角

我们所讲的历史上特殊的主角，指的是一定的历史时段之特定的人物，虽然他们处在扭转乾坤、驱动历史前进的位置上，但未被时人或后世看作历史主角，比如秦王子婴、吕太后等。

秦王子婴

子婴，姓嬴，名子婴。秦朝最后一位皇帝。赵高逼杀二世后，想自称帝，恐大臣不许，"乃召始皇弟，授之玺"。赵高又称山东六国民变复国，秦国版图在缩小，所以改帝为王，故称秦王子婴。关于子婴的身世，说法不一：《史记·李斯列传》中说是秦始皇的弟弟；《史记·秦始皇本纪》中说是二世的侄子，即扶苏的儿子；而《史记·六国年表》说是二世的哥哥。看起来司马迁对子婴的身份界定得并不是很清楚。关于这一问题，论史者多有考证，也各有己见。我们倒是同意第一种说法。这也是王立群先生在《论子婴》一文中坚持的观点，较为令人信服。关于子婴在位的时间文献记载也不一致。《史记·秦本纪》中说："子婴立月余，诸侯诛之。"《史记·秦始皇本纪》说："子婴为秦王四十六日。"《史记·李斯列传》中说子婴即位三个月沛公入关，后来项羽至，杀掉了子婴。以上两个问题都不是本文要讨论的主要问题，有待专门研究者去探究。

我们说秦王子婴是历史的特殊角色，基于以下两点：其一，他做过皇帝，尽管有人说是因为秦国版图缩小，而被赵高给降了格次，那只是一种说法。还有人称子婴为三帝。这个位置是权力的巅峰，如果子婴不是处在这一位置上，这里我们论及的很有可能就不是子婴了。其二，既然是皇帝，那么史学家对皇帝的研究和记载大多是应该一清二楚的，而《史记》的作者距离秦末应该是较近的，而对秦代最后一位皇帝的记载显得混乱而又模糊。一是身份不能说清，二是在位时间不能说清。虽在其位而不能左右时代主流；虽在其位，而又不能和其他在位者同日而语，所以我们把他归入了历史的特殊主角的行列。

然而，就是这样一个角色，司马迁是怎样评价他的呢？《史记·秦始皇本纪》篇末说："贾谊、司马迁曰：'向使婴有庸主之才，仅得中佐，山东虽乱，秦之地可全而有，宗庙之祀未当绝也。'秦之积衰，天下土崩瓦解，虽有周旦之材，无所复陈其巧，而以责一日之孤，误哉！俗传秦始皇起罪恶，胡亥极，得其理矣。复责小子，云秦地可全，所谓不通时变者也。纪季（纪侯弟）以酅（酅，xī，春秋时纪国一邑，今山东淄博），《春秋》不名。吾读《秦纪》，至于子婴车裂赵高，未尝不健其决，怜其志。婴死生之义备矣。"

我们理解这段评语起码有以下三层意思：第一层，司马迁非常谦虚地用了个小技巧，托贾谊对子婴的评价，树立了一个靶子。意思是贾谊这样说，那他也姑且同意这个观点吧。其实，司马迁怎么会同意这种说法呢？因为贾谊是个大政治家、大文豪，假说同意贾谊观点，显得谦逊而不狂傲。然而，贾谊说子婴连一般庸主之才都不及，如果子婴具有一般庸主之才，再有一般才能大臣辅佐，也不至于断送国家，祸及子嗣。这是一个靶子。第二层，秦之灭亡，冰冻三尺，非一日之寒。始皇开始，胡亥达到了极致。到了子婴，秦之灭亡是水到渠成的自然现象，怎么能把这个责任算到刚刚即位的子婴身上呢？"纪季以酅，《春秋》不名"，是说当年纪侯到周天子处说齐国的坏话，周天子杀了他。传说齐国灭了纪国，纪侯的小弟把酅邑给了齐国，不记录他的名字，所以称纪季。意思是说，前人做了坏事，国家将亡，谁也无法挽救。这就推翻了第一层秦之灭归罪于子婴的庸才之说。第三层，以子婴斩杀赵高之事为由，点赞子婴，心志宏远，处事果断，以身殉大义。

《史记·秦始皇本纪》记载，赵高杀了二世后，召子婴为秦王，令子婴在戒斋宫戒斋以谒宗庙。"斋五日，子婴与其子二人谋曰：'丞相高杀二世望夷宫，恐群臣诛之，乃详以义立我。我闻赵高乃与楚约，灭秦宗室而王关中。今使我斋见庙，此欲因庙中杀我。我称病不行，丞相必自来，来则杀之。'高使人请子婴数辈，子婴不行，高果自往，曰：'宗庙重事，王奈何不行？'子婴遂刺杀高于斋宫，三族高家以徇咸阳。子婴为秦王四十六日，楚将沛公破秦军入武关，遂至霸上，使人约降子婴。"这段记载，描述了子婴杀赵高的经过，突出了两点：一是突出了子婴的明察，子婴非常清楚赵高立自己为王的原委。赵高立子婴，是在自己登不了帝位不得已情况下而为之，寻找机会还会像杀二世一样杀掉自己。当他看穿赵高阴谋时，先下手为强，并进行了周密的谋划，这是智者所为。二是突出了他的果敢。子婴刚刚即位，在脚跟未稳情况下，做出杀赵高的决定，需要一种胆魄。且于五天之内就将权倾朝野、炙手可热的赵高杀掉，夷其三族，这要的是勇武与果断。子婴的智和勇加在一起，也正是司马迁要点赞的。《汉书·高帝纪上》也说，子婴即位，谋杀赵高之后，"遣将将兵距峣关"，沛公用张良计，贿赂秦将，才使秦军大败失关。这个记载也是对司马迁赞子婴以智勇徇大义的一个补充。清末历史学家蔡东藩说："子婴不动声色，能诛赵高，未始非英明主；假使秦尚可为，子婴得在位数年，兴利除害，救衰起弊，则秦亦不至遽亡。然如始皇之暴虐，二世之愚顽，岂尚得传诸久远？子婴不幸，为始皇之孙，贤而失位，且为项羽所杀，祖宗不善，贻祸子孙。"蔡东藩所持观点与司马迁基本一致，而且为子婴和大秦作了假设。然而，历史没有假设，都是冷冰冰的现实，是历史的洪流把子婴冲到了大秦帝国的特殊位置上，而又把他溺亡于帝国之位上，尽管子婴可赞之处不少，仍逃脱不了他悲剧的结局。

大汉吕后

吕后，是两千多年来家喻户晓、街谈巷议的公众人物；吕后也是我国历史上太后专制的第一人。高祖驾崩，惠帝即位，因惠帝仁弱，吕后深涉政事。惠帝崩，吕后先后换了两个小皇帝，共八年。这八年间，吕后称制，独掌天下。其实，吕后八年，加上惠帝七年，十五年间吕后大权在握，令由吕后出。然而，权力再大，她始终没敢称帝，她的角色仍是一位太后。所以我们也把她归到特殊主角的位置。

读《史记·吕太后本纪》，站在我们面前的吕太后是一位刚毅、霸道、残忍、狠毒，权欲十足的女性形象。吕后协高祖争天下，天下稍定，开始诛杀大臣。先斩韩信，再烹彭越，"所诛大臣多吕后力"。尤其是残戚姬更为残忍，挖去双眼，剁去手足，熏聋两耳，饮喑药，使居厕中，命曰："人彘。"连他的儿子孝惠都说："此非人所为。"鸩杀前赵隐王如意，幽死后赵王刘友，险杀齐悼惠王刘肥。为权力，刘室唯恐除之不尽，众宗亲避之唯恐不及。杀母立子冒充皇帝，称制专权；罢黜旧臣，遍擢吕氏，独掌天下。因吕后施暴，孝惠从此不理朝政，吕后为自己擅权，儿子死后竟无泪干嚎。那么，这样一个人，司马迁为她点赞什么呢？

"太史公曰：孝惠皇帝、高后之时，黎民得离战国之苦，君臣俱欲休息乎无为，故惠帝垂拱，高后女主称制，政不出房户，天下晏然。刑罚罕用，罪人是希。民务稼穑，衣食滋殖。"（《史记·吕太后本纪》）原来司马迁赞扬的是吕后独掌天下，能够以民为本，顺应时代的要求，休养生息，无为而治，完成了大汉初期由高祖建国到文景大治的过渡，吕后应该做出了独特的贡献。

那么，《史记》记载吕后的歹毒、残忍、擅权又怎能与司马迁点赞的吕后合二为一呢？那些负面的形象又该如何解释呢？我们可做进一步的考察。吕后杀韩信，是在高祖讨伐陈豨未回时擅自将其斩杀于长乐钟室的。看似不妥，然而，韩信骄狂恃功，自封齐王。第一次被擒，由王贬侯，不思悔改，待陈豨造反，阴谋内外勾结，袭击吕后、太子。若不是舍人告发，吕后、太子已被韩信所擒。因此，吕后用萧何计杀韩信，当是为国除逆。至于彭越，本性狂傲，是汉王封其为魏相，掌握军权。然而在执行最终歼灭项羽的军事计划时，与韩信一起失约，不听汉王指挥，待割地封王，方才出兵。高帝征陈豨，又一次下令彭越出兵，彭越又一次抗命。像这样虽欲反而未反，但与大汉又不一条心的跋扈之将，在天下需要稳定的时候，吕后斩之，是一贡献。至于残戚姬，杀前赵王如意、后赵王刘友，乃欲杀而未杀齐悼惠王刘肥，那都是宫廷斗争，宗族之祸。戚姬曾与吕后争夺太子位，这是你死我活的斗争，非张良献计，就可能演出一幕废长立幼乃至宫闱内斗危及朝廷的惨剧。假如这样，也是吕后母子的一幕悲剧。加上后宫相互妒忌，杀戚姬也在情理之内，只是太显残忍了。杀其母岂能留其子，赵王如意之死，也不足为怪！刘友是高祖的第六个儿子，封淮阳王，刘如意死后，刘友改封赵王。吕后将吕氏女嫁给刘友，而刘友偏偏爱上其他姬妾，冷落吕氏女，因此，吕氏女告刘友谋反，说刘友声言吕氏封王不该，以后有机会要杀掉他们。在威胁到她吕氏族人之后，吕后才将刘友囚禁饿死。那么为什么要鸩杀齐王刘肥？刘肥是汉高祖的庶长子，受封齐王。吕后要杀刘肥基于两个原因：一是刘肥的母亲曹氏在刘邦还未与吕雉完婚时就是刘邦的情妇，作为身居正位的吕雉本身就看不起刘肥母子；二是刘肥与惠帝饮酒坐上位，有失君臣之礼，所以吕后有心除掉他，一旦刘肥献城池与吕后的女儿，吕后马上就放了他。看起来，吕后斩韩信，杀彭越实为大汉江山所系；残戚姬，杀刘氏诸王子，都因家事引起。可以说前者为外斗以固帝权，后者为内斗以固帝本，显示出一位妇女在政治斗争中极大的智慧。

　　读《史记》我们发现吕后专权，在处理国家大事上突出两点：一是在用人上，基本上是按照高祖生前既定方针。《史记·高祖本纪》说，高祖病重，吕后榻前询问："'陛下百岁后，萧相国即死，令谁代之？'上曰：'曹参可。'问其次，上曰：'王陵可，然陵少戆（戆，刚直，不折中），陈平可以助之。陈平智有余，然难以独任，周勃重厚少文，然安刘氏者必勃也，可令为太尉。'吕后复问其次，上曰：'此后亦非而所知也。'"史料记载，汉初设左右丞相。从右丞相说起：萧何相高祖惠帝，萧何之后，曹参任相，辅佐惠帝三年。曹参之后，王陵任相佐惠帝二年。王陵之后，陈平任相，高后称制八年。陈平让相，周勃任相一年，相文帝。其间陈平在惠帝、文帝间两次任左丞相。高祖死后，吕后大权已经在握，但在人事安排上，特别是在重要的岗位上，吕后基本上是按照高祖的临终嘱托执行的。二是在治国理念上，吕后也是按照高祖的思路向前推进的。秦施暴政，民多怨恨，以致亡国；秦汉之际，战事频仍，社会动荡，百姓苦不堪言。高祖受黄老之学的影响，亲历社会动荡，得天下后亟须稳定社会，与民休息。所以，高祖一方面努力平定天下，同时悉除秦法，率先节俭，为民松绑。高祖死后，吕后虽专权，但高祖的治国理念没有改变。正是吕后坚决地贯彻高祖的治国方略，十五年的休养生息，才迎来文景之治的安定、繁荣局面。或者说，吕后期间，非常圆满地完成了由西汉建国初期的百废待兴，走向大汉王朝繁荣兴盛的过渡。吕后功不可没！以此，与她的霸道、狠毒、残忍相比，恐怕就成了大义与小节的概念了。况且，在重男轻女的封建社会里，一个女流之辈能执掌天下十多年，没有一定的胆识、魄力和手段是不成的。所以，我们说司马迁在记载了吕后负面东西之后，仰大智而弃小节，为其点赞，赞得到位，赞得准确！

二　司马迁点赞社会"丑角"

《史记》记"丑角"也像记循吏一样，专门设计了一个模块。《史记·滑稽列传》中就记载了淳于髡、优孟、优旃等一群典型的社会"丑角"。说他们是丑角，或形象丑，或地位、职业被社会看不起。然而，在芸芸众生当中，司马迁却为他们立传，而且，在记述完他们的事迹之后，给予这样的评价："淳于髡仰天大笑，齐威王横行。优孟摇头而歌，负薪者以封。优旃临槛疾呼，陛楯得以半更。岂不亦伟哉！"（《史记·滑稽列传》）如果乍读这一点评，其本身就滑天下之大稽。但仔细研读本传内容，顿觉司马迁点得精彩。

淳于髡

淳于髡个子"长不满七尺"，是齐国的一个上门女婿。用现在的眼光看，这是很正常的一件事。然在当时就可能是非常丢人、屈辱的一件事。不然，司马迁写此人怎么会第一句就突出了这一点？"淳于髡者，齐之赘婿也。"还说他"滑稽多辩"。滑稽，是很符合这一"丑角"身份的。多辩，是说他有才能。所以，才为他立传。

《史记·滑稽列传》记载了他的三件事：第一件事说齐威王淫乐无度，沉湎酒色，不理政事，朝廷一片混乱。大臣无人敢谏。淳于髡善于隐语，说齐威王：我们国家有一只大鸟，卧在王庭之上，三年不飞不叫，你说这叫个啥鸟？威王说："此鸟不飞则已，一飞冲天；不鸣则已，一鸣惊人。"威王领悟其意后，振奋精神，召集七十二位县令议事，赏罚兼用，奖一杀一，以肃政纪；出兵诸侯，天下震恐。齐威王横行三十六年。此事《史记·田敬仲完世家》也有记载。第二件事记述的是齐威王八年，楚国进攻齐国，威王让淳于髡去赵国请救兵。备了一份薄礼。淳于髡一看，办这么大的事，备这么寒酸的礼物，那简直是拿大事当儿戏，所以"仰天大笑"。威王问他何故大笑，淳于髡就讲了一个故事："今者臣从东方来，见道旁有禳田者，操一豚蹄，酒一盂，祝曰：'瓯窭满篝，污邪满车，五谷蕃熟，穰穰满家。'臣见其所持者狭而所欲者奢，故笑之。"齐威王知其意，马上备了份厚礼，赵国出兵十万，楚国见赵出兵，不战而退。第三件事说楚国退兵后，威王设宴犒劳淳于髡，问淳于髡酒量如何。淳于髡说，他饮酒没有定量，喝一斗也会醉，喝一石也会醉。威王奇怪说，喝一斗就醉了，怎么会喝一石呢？淳于髡说，环境和心情很重要，这是酒量大小的依据。比方说大王赐酒，监酒官在一旁看着淳于髡，淳于髡很害怕，喝一杯就醉了。为亲人祝寿，场合也较严肃，至于和朋友喝酒，较随便，就另当别论了。最能多喝的还是这样的场合："若乃州闾之会，男女杂坐，行酒稽留，六博投壶，相引为曹。握手无罚，目眙不禁，前有堕珥，后有遗簪，髡窃乐此，饮可八斗而醉二参。日暮酒阑，合尊促坐，男女同席，履舄交错，杯盘狼藉，堂上烛灭，主人留髡而送客，罗襦襟解，微闻芗泽，当此之时，髡心最欢，能饮一石。故曰酒极则乱，乐极则悲；万事尽然。"齐王领悟了淳于髡的意思，从此"罢长夜之饮"。

优孟

优孟是一位伶人，社会地位低贱，但却为司马迁所称颂。《史记·滑稽列传》记载，楚庄王爱马，吃的，住的，装扮得都很高贵，结果马肥死了。庄王下令以大夫礼节、规格来埋葬，大臣以为太过了，谏庄王。庄王下令，有再敢谏者死罪。"优孟闻之，入殿门，仰天大哭，王惊而问其故。优孟曰：'马者王之所爱也，以楚国堂堂之大，何求不得，而以大夫礼葬之，薄，请以人君礼葬之。'"庄王问怎么办。优孟就以君主礼葬的豪华、盛大场面说给庄王听，其中更需要通知诸侯国来吊祭，目的是"诸侯闻之，皆知大王贱人而贵马也"。庄王知道自己的过错，于是就以普通牲畜死后的处理方式处理掉了这匹马。至于司马迁说优孟摇头而歌，说的是为孙叔敖之子贫困谏封之事，此事前面已经讲到，此处不再赘述。

优旃

优旃是秦国的一位艺人，侏儒。没有人能看得起有着这样的职业和相貌的人。然而司马迁说他谈吐"合于大道"。秦始皇曾计划扩大苑囿以供皇家游乐，问及优旃，优旃说，这个主意好，扩建后东至函谷关，西至陈仓，里边多放些野兽，"寇从东方来，令麋鹿触之足矣"。结果，秦始皇终止了他的扩建计划。二世立，想把城墙用漆涂一遍以作装饰，优旃说："善。主上虽无言，臣固将请之。漆城虽于百姓愁费，然佳哉！漆城荡荡，寇来不能上。即欲就之，易为漆耳，顾难为荫室。"（《史记·滑稽列传》）于是二世放弃了漆城的念头。

像这样的社会"丑角"，司马迁称赞他们伟大，伟在何处，大在何处呢？我们认为，这些"小丑"与所干的大事之间的反差太大，其本身就是一个非常滑稽而又伟大的事情。其一是心大，角色虽卑小，但干预的都是帝、王之事，关乎的都是国风、政风，民心向背。其二是胆大。别人不敢说的他们敢说，正角不敢谏的事，他们敢谏。他们不怕触怒君主、皇帝，不畏强暴、淫威，角色虽小，胆大于天。其三是效果大。正像司马迁评述："淳于髡仰天大笑，齐威王横行。优孟摇头而歌，负薪者以封。优旃临槛疾呼，陛楯得以半更。"君主多年养成的习惯，或烂熟于胸的计划，大臣们不敢谏，或谏不听的事，而他们却谈笑间扭转乾坤，改变方向。这其中奥妙在什么地方呢？第一，这些小角色都内怀正义，胸中装着国家、人民，所谏之事利国利民，这是产生良好效果的基础；第二，他们都选择了符合他们身份的方式进行劝谏，多用隐语、暗语、反语、诙谐、滑稽的方式与态度，谐中寓庄，嬉笑间突出主题。既给人以讽讥，又给人以启发。如果说大臣以这样的方式劝谏君王，定当以大不敬之由获罪；如果说他们以大臣劝谏君王的方式正言以谏，人微言轻，都不会取得很好的效果。选择符合自己身份的方式去谋大事，就能办成大事。这种方式给足了君王面子和台阶，君王容易接受，效果也就很好。内容和方式的巧妙结合，达到了他们预期的目的。司马迁赞扬他们的伟大，兴许就基于这两点——正义与智慧。

三　司马迁点赞市井小角

司马迁写《史记》，旁搜杂罗，无所不容。上至帝王将相，下至平民百姓，农工商虞，无所不及。"七十列传"中就专门为日者立传。

所谓日者，就是我们日常所说的占卜算卦者。刘宋裴骃《史记集解》说《墨子》一书中就有日者之说，唐司马贞《史记索隐》说：

"所以卜筮占候时日通名'日者'故也。"占卜算命者要观天象，根据气候的变化来测算天命，通称日者。《史记·日者列传》中将日者司马季主与宋忠、贾谊放到了一个事件去写。宋忠为中大夫，掌管议论。贾谊为博士，参与朝政议论，传授"五经"，教授弟子。二者都是学问渊博、见多识广的朝中大臣。以他们俩的身份，怎么就和一个算命先生搅和到一起呢？故事是这样的：宋忠、贾谊同日休假出朝，边走边议论先王圣贤治国之道，以及风俗人情。贾谊说，听说古代的圣人君子不在朝中当官，就会从事医卜职业。在朝中当官者，他们见多了，今日闲暇，不妨去探寻一下从事医卜的人到底怎么样。然后就碰到了算命先生司马季主。宋、贾二人非常看不起这种职业和从事占卜的人。待听到司马季主大讲天地之始、日月星辰的运行、人际关系、占卜吉凶的推测等高论之后，二人觉得讲得都很合乎道理。于是就非常有礼貌地问，听先生一番高论，他们觉得先生应是当今社会很有思想的人物，可是现在为什么地位这么卑微，职业这么低贱呢？

"司马季主捧腹大笑曰：'观大夫类有道术者，今何言之陋也，何辞之野也！今夫子所贤者何也？所高者谁也？今何以卑污长者？'二君曰：'尊官厚禄，世之所高也，贤才处之。'今所处非其地，故谓之卑。言不信，行不验，取不当，故谓之污。夫卜筮者，世俗之所贱简也。世皆言曰：'夫卜者多言夸严以得人情，虚高人禄命以说人志，擅言祸灾以伤人心，矫言鬼神以尽人财，厚求拜谢以私于己。'此吾之所耻，故谓之卑污也。司马季主曰：'公且安坐。公见夫被发童子乎？日月照之则行，不照则止，问之日月疵瑕吉凶，则不能理。由是观之，能知别贤与不肖者寡矣。贤之行也，直道以正谏，三谏不听则退；其誉人也不望其报，恶人也不顾其怨，以便国家利众为务。故官非其任不处也，禄非其功不受也；见人不正，虽贵不敬也；见人有污，虽尊不下也；得不为喜，去不为恨；非其罪也，虽累辱而不愧也。今公所谓贤者，皆可为羞矣。卑疵而前，孅趋而言；相引以势，相导以利；比周宾正，以求尊誉，以受公奉；事私利，枉主法，猎农民；以官为威，以法为机，求利逆暴：譬无异于操白刃劫人者也。初试官时，倍力为巧诈，饰虚功执空文以调主上，用居上为右；试官不让贤陈功，见伪增实，以无为有，以少为多，以求便势尊位；食饮驱驰，从姬歌儿，不顾于亲，犯法害民，虚公家：此夫为盗不操矛弧者也，攻而不用弦刃者也，欺父母未有罪而弑君未伐者也。何以为高贤才乎？盗贼发不能禁，夷貊不服不能摄，奸邪起不能塞，官耗乱不能治，四时不和不能调，岁谷不孰不能适。才贤不为，是不忠也；才不贤而讬官位，利上奉，妨贤者处，是窃位也；有人者进，有财者礼，是伪也。子独不见鸱枭之与凤皇翔乎？兰芷芎䓖弃于广野，蒿萧成林，使君子退而不显众，公等是也。……且夫卜筮者，埽除设坐，正其冠带，然后乃言事，此有礼也。言而鬼神或以飨，忠臣以事其上，孝子以养其亲，慈父以畜其子，此有德者也。而以义置数十百钱，病者或以愈，且死或以生，患或以免，事或以成，嫁子娶妇或以养生：此之为德，岂直数十百钱哉！此夫老子所谓上德不德，是以有德。今夫卜筮者利大而谢少，老子之云岂异于是乎？……公之等喁喁者也，何知长者之道乎！'"

宋忠、贾谊听了这番论辩之后，恍恍惚惚若有所失，无言以对。于是就辞谢了司马季主，趴在车上，低着头，缓不过这口气。三天后二人相见，得出一个结论："道高益安，势高益危。"

那么，司马迁是如何看待这位日者呢？《史记·日者列传》：太史公曰："古者卜人所以不载者，多不见于篇。及至司马季主，余志而著之。"司马迁没有过多评论这位日者，只是说，为什么没有为古代的日者作传，是因为没有见到记载日者的典籍。其实，其中隐藏着他本人对日者的鄙视。没有见到典籍，托词罢了。为什么要为司马季主立传呢？因为他记下了司马季主的言行，认为这位日者是应该彰显的人物，这语言本身就是对司马季主的点赞。司马迁究竟赞赏这位日者的什么呢？我们作以下分析。

读司马迁记司马季主与宋忠、贾谊二位高官的对话，虽然本文是节选，但也感觉到是一篇精彩的驳论文。先由两位大夫对卜者的鄙视态度作引子，引出何谓"贤者"这一争论核心。由此树立了论辩批驳的靶子。按照宋、贾的观点：尊官厚禄之位都是贤者，日者其职、其位世人贱之，故称卑污。司马季主先是捧腹大笑讽其身居高位何其无礼，继而严肃批评二者如披发小儿一样无知，继而高谈什么是贤者。贤者应具有一颗为国为民的心。怎么样去实现利国利民的目的，怎么样为国尽忠呢？司马季主认为，贤者对于君主要敢谏，要善谏，使君主在决断国家大事上没有失误，在个人生活及修养上要为天下树立良好的榜样；对待他人，敢于讲真话，不过誉，不贬损，表扬不希望报答，批评也不怕报复；对品德不好的人，虽在高位，也不会对他尊敬。对自己要有自知之明，自己才能不及，对某一职位不能胜任，就绝不任这个官，贡献不大就不拿国家优厚的俸禄。始终保持一种坦荡的胸怀，进不喜，退不恨，问心无愧，泰然自若，这才叫贤人。司马季主所说的贤人，说到底是一个"德"字，就是一个为国为民、道德高尚的人。这既是对宋、贾二位对贤者定义的否定，同时，也鲜明地树立了自己的观点。

接着司马季主毫不客气地指出，你们所谓的贤者是什么样的人品呢？低三下四地奉承，奴颜婢膝地吹捧，结党营私、沽名钓誉、徇私枉法，凭借官位，掠夺民财，作威作福。刚履官位，竭力弄巧使诈，虚报政绩，欺骗主上，以骗取更高的官职；在其位不称职也决不让贤，夸耀自己，以无说有，以少说多，对国家没有一点忠心，对父母不亲不孝，只顾自己携带美女歌儿游玩，腐化堕落，挥霍国家财产。像这样对国家不忠，对百姓不爱的人怎么能认为是贤才呢？司马季主说到此处，好像气从中来，不吐不快，继而进一步批驳二者所谓的贤人：在其位不谋其政，对内不能稳定社会治安，对外不能德服四夷，奸邪起不能遏制，宦吏犯科不能惩治，四时不和不能调剂，五谷不丰不能济民，有才能的人在位不干事，无才能的占住官位不让贤，有靠山就向上爬得快，有钱的人就相互礼遇，真正的贤人被遗弃，官场一片虚伪。司马季主最后痛快地补了一句：他说的就是像宋忠、贾谊这种人啊！真是痛快淋漓！

驳倒了二者所谓的贤者论，要为卜者辩诬。我们卜者怎么了？在占卜之前，首先洒扫地面，整理衣冠，然后才说吉凶，这合乎礼；卜者所讲的使鬼神得到祭祀，忠臣事奉君主，孝子奉养父母，父亲慈爱儿女，这种行为是积德；为人消灾免祸，成人之事，玉人嫁娶生子，办大事取小钱，这才是老子所说的道德高尚的人。不以自己有德，这才是有道德的人。与你们所说的高官厚禄的"贤人"相比，黑白自明。

司马季主的这一通高论，有对对方观点的批驳，有自己论点的树立，批对方是醋畅淋漓，体无完肤；立论点是旗帜鲜明，有理有据。或批或立，紧紧围绕"贤者"二字，而"贤"的核心是"德"。以宋、贾二人所说的身居高位的"贤"，与世俗所称卑污者的"贤"作对比，有德无德不容辩驳。无怪乎宋、贾二人无言以对，并改变了原来对卜者的看法，同时也受到了很大的启发。

司马迁说在他写《史记》之前，文献典籍中没有发现记载日者的。为日者立传，是司马迁的一个创举。司马迁为什么要写日者，按他的话说他记下了日者的言行，才为他们立传。如果他们的言行无奇，那么，作为市井小角人物，就不值得为他们作传。推测司马迁对司马季主的言行感兴趣，明大义，识大礼，著大德，值得一写，有可赞之处。司马迁要赞赏这位日者什么呢？我们认为，其一，他赞赏这位日者对官场的看法。司马迁身处官场，对官场的黑暗和混乱十分了解，加上李陵事件后，武帝对自己的不公，同僚对自己的冷漠，势利虚伪笼罩朝廷，自己一腔愤懑在《日者列传》中找到知己；自己想说的话不便说，不敢说，而司马季主替他说出了，且淋漓尽致，怎不让司马迁拍手称快！其二，他要为司马季主的品质点赞。虽为日者，其言合乎大道，明于大理；其行有礼，有德，有义，位低而品高，与高官厚禄而品质低劣者比，那简直是对后者极大的讽刺。司马迁自誉高洁，看不惯势利小人，借司马季主形象塑造，恰能达到舒散胸中之块垒之目的。其三，他为这位日者的辩才点赞。司马季主驳宋、贾，字字中的，句句穿靶，针针见血，一气接一气，一气呵成，一环扣一环，环环勾连。不给对方以余地，不使自己有破绽，使人悦耳，使人折服，使人敬佩。以至于宋、贾二人从中受到教育，悟出道理，"道高益安，势高益危"。司马迁还续写了宋、贾二人结局，前者出使匈奴，未完成任务，返朝受罚，后者辅梁怀王引咎而死，都应验了这一道理。

司马季主是位大智者，司马迁当然要为他的智慧点赞。

古人论卜必与医相连，想必卜和医的角色是一个层次。司马迁在《史记》中专门为医作传。《史记·扁鹊仓公列传》中就论述了扁鹊与太仓公行医之事，赞扬了他们精湛的医术，救死济难的道德品质。尤其是赞扬两位神医的同时，还总结出了六种不易治的病："骄姿不论于理，一不治也；轻身重财，二不治也；衣食不能适，三不治也；阴阳并，藏气不定，四不治也；形羸不能服药，五不治也；作巫不信医，六不治也。"这六种病症，连扁鹊都犯难，这可给后人留下了很大的思考空间：人之病，有人之肌体本身滋生之病，有主观赚人之病。本身滋生者，好治；外因赚入者，难医。

　　司马迁在《史记·扁鹊仓公列传》中写两位医者，却又带出了一位可赞的小女孩——太仓公之小女缇萦。太仓公复姓淳于名意。在文帝时为官获罪，五个女儿跟着哭泣，但没有救父亲的办法，淳于意很生气地说，生孩子不生男孩，到了关键时女孩一个也派不上用场。他最小的女儿缇萦很伤感，上书文帝："臣父为吏，齐中称其廉平，今坐法当刑。妾切痛死者不可复生，而刑者不可复续，虽欲改过自新，其道莫由，终不可得。妾愿入身为官婢，以赎父刑罪，使得改行自新也。"文帝怜悯她的心意，于这年废除了肉刑。（此事亦见《史记·孝文本纪》）

　　司马迁为医者立传，却连带写了一个小角色缇萦，他为小缇萦的孝心、胆识，为父上书时语言的得体，及以身为父赎罪的孝行点赞，将其不由自主地写入他的《史记》中。

四　司马迁点赞"素封"

　　何为素封？《史记·货殖列传》："无秩禄之奉，爵邑之人，而乐与之比者，命曰'素封'。"张守节《史记正义》："言不仕之人，自有田园收养之给，其利比于封君，故曰'素封'也。"简言之，素封就是空封、白封，没有官职，然其生活可与当官有爵者比美。司马迁对百姓素封羡慕有余，赞扬有加。

　　《史记·货殖列传》是《史记》一百三十篇的倒数第二篇，再一篇就是司马迁给自己作的传了。读《货殖列传》有一种特殊的感受：司马迁就要完成他的鸿篇巨制，心情是那样轻松，笔端又是那样收放自如，对货殖是那样有兴致。全篇洋洋洒洒，时叙时议，甚至议多于叙；从古到今，由近及远，不拘时间，不限地域，信笔写来，神采飞扬，仿佛看到了两千年前司马迁那种眉飞色舞的形象一样，字里行间流露出他对"素封者"的羡慕与敬佩。

　　《史记·货殖列传》引《周书》曰："农不出则乏其食，工不出则乏其事，商不出则三宝（三宝：衣，食，用）绝，虞（管理山泽之人）不出则财匮少。"这里强调的是，平民百姓一定要靠自己的勤劳获得财富。农民要种地，工匠要做工，商人要做买卖才有衣、食、用，管理山泽的人，要不断开发山泽，这些都是保证百姓生活的根本所在。只要有智慧，勤劳动，各行各业都能做出成绩，都能致富。但总的来说，"用贫求富，农不如工，工不如商，刺绣文不如倚市门"。（《史记·货殖列传》）虽然说不同行业致富有快有慢，但毕竟"纤啬筋力，（精打细算，勤奋劳作）治生之正道也"。（出处同上）干农活最笨拙，而秦扬却靠它成为一州的首富；磨刀是小手艺，而郅氏靠它列鼎而食。只要用心专一，勤奋节俭，都可以达到素封的境界。

司马迁在《史记·货殖列传》中列举了几位"素封"的典型：远代有白圭、乌氏倮、寡妇清。

"白圭，周人也。当魏文侯时，李克（悝）务尽地力，而白圭乐观时变，故人弃我取，人取我与。夫岁孰取谷，予之丝漆；茧出取帛絮，予之食。……能薄饮食，忍嗜欲，节衣服，与用事僮仆同苦乐，趋时若猛兽挚鸟之发。故曰：'吾治生产，犹伊尹、吕尚之谋，孙吴用兵，商鞅行法是也。'"

"乌氏倮畜牧，及众，斥卖，求奇绘物，间献遗戎王。戎王什倍其偿，与之畜，畜至用谷（欲）量马牛。秦始皇帝令倮比封君，以时与列臣朝请。而巴（蜀）寡妇清，其先得丹穴，而擅其利数世，家亦不訾。清，寡妇也，能守其业，用财自卫，不见侵犯。秦皇帝以为贞妇而客之，为筑女怀清台。夫倮鄙人牧长，清穷乡寡妇，礼抗万乘，名显天下，岂非以富邪？"

司马迁在《史记·货殖列传》中还列举了几个近代即西汉初年的例子，如卓氏、任氏等。

"蜀卓氏之先，赵人也，用铁冶富。秦破赵，迁卓氏。卓氏见虏略，独夫妻推辇，行诣迁处。诸迁虏少有馀财，争与吏，求近处，处葭萌。唯卓氏曰：'此地狭薄。吾闻汶山之下，沃野，下有蹲鸱，至死不饥。民工于市，易贾。'乃求远迁。致之临邛，大喜，即铁山鼓铸，运筹策，倾滇蜀之民，富至僮千人。田池射猎之乐，拟于人君。"

"宣曲任氏之先，为督道仓吏。秦之败也，豪杰皆争取金玉，而任氏独窖仓粟。楚汉相距荥阳也，民不得耕种，米石至万，而豪杰金玉尽归任氏，任氏以此起富。富人争奢侈，而任氏折节为俭，力田畜。田畜人争取贱贾，任氏独取贵善。富者数世。然任公家约，非田畜所出弗衣食，公事不毕则身不得饮酒食肉。以此为闾里率，故富而主上重之。"

当然，《史记·货殖列传》中还记载了商圣范蠡的经商之道，因前边为范蠡单独设篇，此处不再重述。

司马迁写完了这些富豪以后，作出这样的结论："由是观之，富无经业，则货无常主，能者辐凑，不肖者瓦解。千金之家比一都之君，巨万者乃与王者同乐。岂所谓'素封'者邪？非邪？"（《史记·货殖列传》）

司马迁为"素封者"点赞。怎么样才能由一介平民成为一位"素封者"呢？答案是"能者、勤者、俭者"，也就是说有智慧之人。我们读"货殖篇"，体会到所谓的能者起码包括以下几种含义。第一，他们都有强烈的创业、守业、致富、守富的意识和欲望，能够充分认识到致富的重要意义。"凡编户之民，富相什则卑下之，伯则畏惮之，千则役，万则仆，物之理也。"（《史记·货殖列传》）第二，他们都能够充分利用行业的区位优势。范蠡到了陶地，看中的是那里的交通便利，有利于天下往来贸易；乌氏倮，看中的是乌氏之地的牧业优势，牧商结合是致富的捷径；卓氏之所以远迁是看中了汶山之下的沃野和矿产资源等，都有致富的远见。第三，他们都能不断探索并逐步掌握本行业运作的规律。范蠡、白圭等都有自己的生意经，范蠡的经商、务农等致富理论对后世产生很深远的影响，直到现在有些内容还进入了教科书。白圭的经商理念融汇了治国、治军的理念，缜密谋划，把握时机，果断决策，主动出击。这种经营的思维方式现在仍不过时。第四，他们都有执着的敬业精神，克勤克俭，精打细算，形成朴实的家风、族风。受到挫折不气馁，腰缠万贯不骄狂，这是他们创业、守业成功的关键和法宝。范蠡聚财而又舍得散财，取之于民，还之于民，这是德之所在；白圭被称为治生之祖，然"薄饮食，忍嗜欲，节衣服，与用事僮仆同苦乐"，也是德之所在，难能可贵；清，作为一个妇道人家，能继业、守业，独撑门面不受侵犯，其内涵为德；齐人刀间，收留俘虏与不法之徒，爱护他们，信任他们，优待他们，同时也利用他们，共同致富，这更是道德的榜样；宣曲任氏更是俭以养德的典范。

由此看来，致富靠的是智慧，靠的是德行。司马迁点赞"素封"赞誉的是靠智慧和品德致富的百姓们。

　　司马迁赞智慧，是全方位、多角度的。上至帝王将相，下至平民百姓，武官文吏，农工商虞，在广袤的历史舞台上，在漫长的历史长河中，司马迁总是紧紧盯着一个个闪光点，去赞美，去点缀，去修饰，使这些闪光点更美、更亮，永远都闪耀在历史前进的漫漫征途中。

第十六讲

历史长河中晶莹的浪花
——论《史记》中的"智慧成语"

　　司马迁用他的智慧疏通了一条上至传说中的黄帝，下至汉武帝元狩元年，长达三千余年，贯通古今的历史长河——《史记》。《史记》以其独创的体例，实录的精神，丰富的内容，斑斓的画卷及优雅、精练、准确、通俗的语言，几千年来吸引着读者，吸引着学者，被世人誉为伟大的史学著作和伟大的文学著作。鲁迅先生曾称誉《史记》为"史家之绝唱，无韵之《离骚》"。(《汉文学史纲要》)《史记》问世距现在已有两千多年，但我们现在读《史记》，一个明显的感觉就是《史记》语言比较通俗，与同时代文人崇尚的"大赋"的语言风格迥然不同，即便是与其后，乃至唐宋文人的语言风格相比，也绝对找不到后者文人语言中的艰涩。读《史记》就语言上来说，总感觉亲切，代沟较浅。尤其是《史记》中储藏的丰富的成语，就像这条历史长河中触目可见，而又永不消失的浪花，读起来脍炙人口，看起来目不暇接，品起来余味无穷。

　　历代学者对《史记》中成语的专门研究，不乏其人，特别是近几十年来，不少著作和文章相继问世。河南学者李啸东先生就曾出版《史记·成语典故》一书，为学习成语典故提供了不少便利。查阅有关《史记》中成语的研究资料，发现有一个明显的学术趋向，那就是研究的角度多是语言的形式。这也难怪，因为成语本身就是语言学的范畴，从语言的角度对成语进行研究，是对语言学的进一步开发和丰富。研究大多是探讨《史记》中成语的来源：一是借用《史记》之前文献中原有的成语。如《尚书》中有孜孜不倦、自食其言等，《左传》中的唇亡齿寒、退避三舍等，《论语》中的循循善诱、岁寒松柏等。另外，《老子》《庄子》《荀子》《孟子》《国语》《诗经》等典籍中都有现成的词语，《史记》得以借鉴及运用。二是《史记》原文形成的成语。这是《史记》的开创，如无可奈何。《周本纪》："祸成矣，无可奈何。"《高祖本纪》："今置将不善，一败涂地"等。三是对《史记》原文进行加工概括形成的成语。如约法三章、三分鼎足等。研究者还深入探讨了成语的语法结构，及成语词组编排的规律。这些成果，对更好地了解成语，掌握成语，准确地运用成语都有很大帮助。

根据现代研究成果，《史记》中成语有近六百条，这六百条成语中，最耀眼的还是那些饱含智慧的成语，它们像一颗颗璀璨的明珠，光彩夺目，它们又像历史长河中晶莹的浪花，多姿多彩。本文撷取其中饱含智慧的一百条成语，作以肤浅的论述，谈一下自己的认识。

我们选取饱含智慧的成语进行研究，也就是说，我们研究的切入点不再是语言学的角度，而是就成语本身的思想内涵做进一步认识。将这类成语作个界定，均具备以下三个特点：一是这些成语大都具有正面的意义，是社会正能量的反映；二是这些成语就是对智慧浓缩后的概括，其中蕴含的智慧能促成当时，启迪后世；三是这些成语蕴含着哲理，是促进历史发展的智慧结晶。其实，这些界限也未必准确，或者说只是粗浅的感受。相反，多数成语不具备这种特点。例如，酒池肉林、指鹿为马等就不属于所论范围。酒池肉林出自《史记·殷本纪》，说的是殷纣王荒淫无度的生活，他在沙丘（今邢台附近）大造宫殿楼台，尽选天下美女在此酣歌醉舞，并以酒为池，悬肉为林，让男女裸身追逐其间，大肆欢宴，荒淫之极。酒池肉林，就是从这一历史事件中概括出来的成语。指鹿为马是说赵高弄权，以此试探大臣是否对他顺从，后来成为颠倒黑白、混淆是非的代名词。这些成语虽然也形象、精练，准确运用这些成语有助于更深刻地揭示事物的本质，但成语本身的内涵不是智慧的结晶，而是事件的凝练，所以不在所论之列。因为本文论及的是饱含智慧的成语，姑且，我们就将本篇所论成语叫作"智慧成语"吧！

一　"智慧成语"涉及丰富的社会内容

《史记》记载了三千余年的历史，司马迁用精练而生动的语言绘就了历史长河中一幅幅真实而又动人的画卷。作为"智慧成语"，表述的是推动历史前进，为社会发展输入正能量的语言成分，因此，描写历史的这种语言所触及的社会内容非常丰富。例如，卧薪尝胆，表述的是越王集团的政治信念、政治目标、为政方式等内容。"苦身焦思，置胆于坐，坐卧即仰胆，饮食亦尝胆也。"（《史记·越王勾践世家》）以非常形象的细节描写，表现了越王集团时刻牢记会稽之耻，自苦自励、奋发图强、立志崛起的决心和政治智慧。"家给人足"，出自《史记·商君列传》："（法）行之十年，秦氏大悦，道不拾遗，山无盗贼，家给人足。"描写的是为政的社会效果，社会风尚良好，人民丰衣足食。这是我国古代太平盛世的写照，是政治清明的具体体现。"家给人足"所包含的是为政的智慧。"道不拾遗"，描写的是人的道德行为。人们不为钱财所动，非己之财不取，这似乎是我国古代所向往的社会风尚和朴素的道德标准。"义不取容"，这个成语出自《史记·郦生陆贾列传》，说的是平原君赵胜"行不苟合，义不取容"。"行不苟合"，是说不为讨好别人而行为上轻易顺从；"义不取容"，是为了追求正义，而不去取悦别人。这个成语刻画的是一位刚直不阿的人物形象，这个形象就是"人"的内涵，一撇，一捺，周周正正，做人就应该站得直，走得正，"义不取容"也是做人的道德标准。"破釜沉舟"和"四面楚歌"，描写的都是战争。"破釜沉舟"来自《史记·项羽本纪》，描写的是项羽与秦军战斗的画面：秦朝大将章邯在山东定陶杀死了项梁，继而攻打赵国，在巨鹿（今河北平乡县）摆下战场，赵求救于项羽，项羽率大军渡过漳河后，命令"皆沉船，破釜甑（饭锅）"。背水作战，古人都作为兵家大忌，没有退路，没有回旋余地，是很危险的；然而兵法上还有"置之死地而后生"的说法，那就是说战场形势瞬息万变，准确把握战役态势，巧妙运用地理环境，灵活运用书本知识，至关重要。"破釜沉舟"，是在特殊历史条件下项羽做出的军事选择，激励了士卒勇往直前的斗志和必胜的信心，取得了战役的预期效果。"四面楚歌"也出自

《史记·项羽本纪》，"项王军壁垓下，兵少食尽，汉军及诸侯兵围之数重。夜闻汉军四面楚歌，项王乃大惊曰：'汉皆已得楚乎？是何楚人之多也！'""四面楚歌"的感受者是项羽，那是一种惊恐凄凉的感觉，那是一种行将灭亡，心理落差极大的感觉。而与巨鹿之战破釜沉舟的英雄气概相比简直判若两人。韩信才是"四面楚歌"的主动者和制造者。"破釜沉舟"的主角是项羽，"四面楚歌"的主角是韩信，两个成语都在概括战争智慧，两个成语也生动地体现了两位军事天才的智慧特点和性格特征。"天下攘攘"出自《史记·货殖列传》，概括的是人们为了生计，寻求财利的忙碌景象。"天下熙熙，皆为利来；天下攘攘，皆为利往。夫千乘之王，万家之侯，百室之君，尚犹患贫，而况匹夫编户之民乎！"这涉及的是经济，关乎的是民生。"天下攘攘"不仅表现的是老百姓为了经济发展而忙碌的景象，也透露出社会经济繁荣的气息。"人弃我取"，也出自《史记·货殖列传》，更是经商智慧的写照。

　　由此可见，"智慧成语"所涉及的内容非常广泛，有治国理政的智慧，有为人之道的智慧，有战争智慧，有经商智慧等。凡人都有智慧可言，凡事也有智慧可说，是智慧推动历史前进。因此，凡有智慧处都有概括智慧的成语，凡是"智慧成语"都在缩写着一段智慧的故事。《史记》中的"智慧成语"，凝缩着三千年历史发展中的智慧。

二　"智慧成语"的表述意义和社会价值

　　成语，是语言中的精粹。每一个成语，不管是以什么样的方式形成的，它都有自身的表述意义。同时，有的成语，要理解它的表述意义，也必须与其所处的语言环境相结合。比如，道不拾遗，只从字面上理解，在路上走看见别人丢掉的东西都不捡，这种行为实在难说是对是错，这对理解成语的本意就打了折扣。如果放在一定的语言环境中，"（法）行之十年，秦民大悦，道不拾遗，山无盗贼，家给人足"，就能准确地理解，"道不拾遗"实则是一种社会风尚，是商鞅变法的结果。我们所讲的"智慧成语"更是成语中的精华，其自身表述意义更加丰富。既然是"智慧成语"，那么，它的社会价值就要高于一般的成语，然而，这类成语的表述意义及社会价值并非一个模式，一成不变。试作分析：

"智慧成语"的原始意义和社会价值

在这类成语中，有些成语，从开始问世，包括司马迁借用先人典籍中的语言，一直到现在，它的原始意义始终都没变化，而且相信将来也不会变，只能跟着时代的发展变化不断丰富它的内涵，但最基本的、核心的义素不会变。比如，"民以食为天"，这一成语出自《史记·郦生陆贾列传》，是西汉初年大臣郦食其与高祖一段对话中的核心思想："郦生因曰：'臣闻，知天之天者，王事可成；不知天之天者，王事不可成。王者以民人为天，而民人以食为天。'……上曰：'善。'"天，指的是事件最大的因素，首要的问题。这个成语所要表述的意义就是统治者要以人民为本，解决老百姓的吃饭问题是首要任务。这是一种为政理念，是对民本思想的继承和高度具体化。"修身洁行"，出自《史记·魏公子列传》，说的是魏国有一位隐士，七十岁了，因家里贫穷就在魏国都城大梁找了一个看大门的工作。魏公子信陵君无忌听说之后，认为他是位贤人，就把他请过来，想馈赠他一些财物，却被这位老者谢绝了，曰："臣修身洁行数十年，终不以监门困而受公子财。""修身洁行"，其本意就是自我修养，砥砺品德，保持高洁的操行。表述的是道德层面的内容，是中华民族个人修养和品德的概括和缩写。"千人诺诺，不如一士谔谔"，这一成语出自《史记·商君列传》："赵良曰：'千羊之皮，不如一狐之腋；千人诺诺，不如一士之谔谔。'武王谔谔以昌，殷纣墨墨以亡。"诺诺，是顺从的意思，连声称是；谔谔，敢于犯颜直谏的样子。其本意是说，一群唯唯称是的阿谀之臣，不如一位敢于直谏的贤士。有的人只爱听逢迎之词，这是执政者的忌讳，有的人就善于听取不同的意见，可以拓宽理政的思路，兼听则明，就是这个道理。其实，赵良能说出这一成语，本身就是一位谔谔之士。有的成语是从另一角度对社会现象进行概括的，如"贪夫徇财"，这一成语出自《史记·伯夷列传》："贾子（贾谊）曰：'贪夫徇（同殉）财，烈士徇名，夸者死权，众庶冯生。'"贪夫徇财，是对这种丑恶现象的总结，是从反面的现象得出的正面道理。还如：持德者昌，持力者亡；前事不忘后事之师等，例子不胜枚举。

　　这类成语在表意形式上有一个明显的特点，那就是直白和单一。说它直白，就是一语道破，不隐讳，不绕弯，语气肯定，肯定得不容置疑，肯定得近似真理。说它单一，就是说这类成语没有歧义，不容猜，不费解。

　　这类成语有较高的社会价值。由于这些成语是对历史智慧的总结，所以，成语包含着无穷的智慧。成语的形成，对社会起到很好的指导和警示作用。"民以食为天"，不是《史记》的创造，有史以来，民本思想就深深地根植于中华的厚土之中。从黄帝的"劳勤心力耳目，节用水火材物"，到夏禹的"劳身焦思，过家门而不敢入"，他们为的是百姓的衣食；从管子"仓廪实而知礼节，衣食足而知荣辱"之说，到孟子对民本思想的系统论述，以民为本，已成为历代统治者的共识，民以食为天成了治国理政的永恒主题。至于像上面提到的修身洁行、贪夫徇财等成语，都具备永恒的社会价值，都具有不可颠扑的历史效应和当代效应。

"智慧成语"的转移意义及社会价值

　　"智慧成语"中，有相当大的一部分，不管其来源如何，随着社会的发展，其原始的字面意义已不再存在。固定下来的，或者说运用于后世语言当中的应该是它的转移意义。比如"筚路蓝缕"，这个成语出自《史记·楚世家》："昔我先王熊绎辟在荆山，筚路蓝缕以处草莽，跋涉山林以事天子。"筚路，是用荆条做的车帮；蓝缕，同褴褛，形容衣服破旧。这个成语，其字面本身描绘的是楚国祖先，架着柴车，穿着破烂的衣服以行王事。其实，这一历史事实《左传》中已有记载。《左传·宣公十二年》：楚庄王要攻打郑国，郑向晋国求救，说楚国的军队傲慢轻敌，晋如果出兵，一定能打败楚国。晋国想出兵，晋国的一个副将极力劝谏说，楚国并不像郑国说的那样，他们经常以楚之先人"筚路蓝缕，以启山林"的事情教育国民，不忘先人的苦难，继承先人艰苦奋斗的精神，怎么会傲慢轻敌呢？晋公不听谏，出兵被楚军打败。唐代学者孔颖达为《左传》作《疏》："以荆竹织门谓之筚门，则筚路亦以荆竹编车，故谓筚路为柴车。《方言》云：'楚谓凡人家贫，衣破丑敝为蓝缕。'蓝缕，敝衣也。"意思是楚之祖先，坐着柴车，穿着敝衣去开启山林。如果我们抛开这个语言环境，或者将"以启山林"四字抹掉，只剩"筚路蓝缕"这一成语，那么它本身表述的意义只能是柴车敝衣。然而，当二者组合在一起，成为一个固定的成语时，其字面本身表述的意义就已经消失，它的社会意义已经转移。"筚路蓝缕"，表述的是创业的艰难。人们在使用"筚路蓝缕"这一成语时，甚至不完全清楚这四个字的本意和这个成语的出处，但这也并不妨碍使用这一成语的贴切性。比如，新中国的成立是无数革命志士筚路蓝缕、英勇奋斗换来的；说某一位企业家的成功，也可以说他经历了筚路蓝缕的创业过程；说某一人取得成就，也会谈到他，一路走来，筚路蓝缕等。"筚路蓝缕"，其本身意义随着时光流逝，逐渐被多数人忘记，而它的转移意义不断地在发酵，在延伸。还比如，"破釜沉舟""背水一战"，两个成语对后世影响都很大，使用都很频繁，甚至二者表述意义也都相近。但字面意义有别，出处也不同。"破釜沉舟"出自《史记·项羽本纪》，说的是秦将章邯围攻赵国，赵求救于楚，楚派宋义为大将，项羽为副将救赵，宋义不前，项羽斩之，"乃悉引兵渡河，皆沉船，破釜甑，烧庐舍，持三日粮"，打响了著名的巨鹿战役。"破釜沉舟"这一成语是由这一历史事件概括而来。破釜甑，打破军用饭锅；沉船，将渡河之船凿沉水底。以表述士卒已无退路，激励将士必须勇往直前。"背水一战"出自《史记·淮阴侯列传》：韩信受命于汉王，率军攻打赵国，至井陉，摆开阵势，"背水陈。赵军望见而大笑。平旦，信建大将之旗鼓，鼓行出井陉口。赵开壁击之，大战良久。……军皆殊死战，不可败。信所出奇兵二千骑……大破虏赵军，斩成安君泜水上，禽赵王歇"。赵军为什么看见韩信背水陈兵大笑？因为韩信陈兵违背了布阵的常识。一般认为，排兵布阵要利用有利地形，怎样利用有利地形呢？"右倍（背）山陵，前左水泽"，这是军事基本常识，韩信违背这种军事常识，所以遭到赵军的讥笑。换言之，假如这支赵军是在巨鹿与项羽交战，他们也肯定会嘲笑项羽不懂军事常识。然而，这两次所谓违背军事常识的布阵方法，都取得了胜利，并且成了典型的战例。殊不知，排兵布阵要的是灵活多变，要的是指挥者的智慧。所以，当打了胜仗后，将士们问起违背兵家常识，为什么还能取得胜利时，韩信非常自豪而又自信地说："此在兵法，顾诸君不察耳。兵法不曰'陷之死地而后生，置之死地而后存?'"

战争打的是士气，破釜沉舟，背水一战，这两种军事行动都是鼓舞士气的方法和手段。虽然这种方法有违常规，甚至有点冒险，然而，在一定条件下，灵活运用兵法更是取胜的法宝。韩信的背水一战已成历史，项羽的破釜沉舟的战役境况也不再有，当这两个历史故事浓缩为两个成语固定下来之后，人们的大脑中很少储存二者的字面意义，它的实用意义也随时代变迁而转移。不是专门研究成语的人，甚至不熟悉当年韩信、项羽指挥的井陉之战和巨鹿之战的政治背景、战役态势和战斗的结果，但必须要牢记的是两次战役所体现的战争智慧——那就是以断绝后路的方式，鼓舞士气，勇往直前，最终取得胜利。这是两个成语含义的精髓。比如我们要进行一场球赛，小组比赛的成绩未见分晓，能否从小组中取胜，继续打下去，下一场是关键，教练在总结动员会上会说，下一场是背水一战，我们要破釜沉舟等。再例如"负荆请罪"，这一成语出自《史记·廉颇蔺相如列传》：蔺相如曾以出使秦国，不辱使命，不辱国格，而被赵王重用，但战功赫赫的廉将军不服，甚至看不起这位出身鄙贱的丞相，总想找机会羞辱相如，相如一再谦让。而相如随从问及原因时，相如说："强秦之所以不敢加兵于赵者，徒以我两人在也。今两虎共斗，其势不俱生。吾所以为此者，以先国家之急而后私仇也。"廉颇听说后，非常感动，"肉袒负荆，因宾客至相如门谢罪"。廉颇、蔺相如的故事，已成历史佳话，负荆请罪的典故也家喻户晓。然而，这个成语的语言表达意义，已在肉袒负荆，至门谢罪的原始意义上转移扩大。勇于向别人真诚地承认错误，乃至道歉，这是它转移后的意义。两个朋友、同事处事，知道有些事情做得过头，回想起来有些羞愧，知错想改，找个机会向另一方承认错误，说一番道歉的话，那就可以说，在某事情上是我做得不对，伤害了你，我承认错误，负荆请罪。这样就会求得对方的谅解。负荆请罪的表述意义再转移引申，是表现一个人的胸怀，有错敢认，知错能改，不仅赞扬的是勇气，是胸怀，更是一个人为人处世的智慧。一个人把这种智慧献给了别人，献给了社会，社会就将无私地把真诚献给他。

　　"智慧成语"中，这类表达意义转移的现象触目可见，诸如卧薪尝胆、约法三章、握发吐哺、高屋建瓴、发扬蹈厉、贯朽粟红、划一不二、破觚为圆、四面楚歌、围魏救赵等，据不完全统计，此类成语约占

"智慧成语"中的七成以上。

"智慧成语"转移意义的社会价值其显著特点就是广泛性、灵活性。它不同于我们论述的"智慧成语"的第一类，其原始意义可能也是最终意义，基本上是永恒的、不变的，使用范围较窄。如果转移了它的原始义，那可以判定为用词不当。比如"民以食为天"，其原始意义就是民以食为天，不管再过多少年，民以食为天的语义永远不能变。具有转移意义的这类成语，使用起来就不那么呆板固定。比如，"高屋建瓴"这一成语，出自《史记·高祖本纪》："（关中）地势便利，以其下兵于诸侯，譬犹如居高屋之上建瓴水也。"瓴，是瓶子，其原义是在高屋之上把瓶子里的水往下倒。《史记》用这个词语，是用来比喻占有有利地势争天下，锐不可当。我们现在用这个成语，没有再想到用瓶子往下倒水的字面表述的意义，甚至也抛弃了"居高临下，不可遏制的形势"的比喻意义，尽管不少工具书中还这样解释这个成语，而我们实际运用时只用了"高屋"二字的引申义，那就是居高临下。我们通常在评价某一位领导的讲话，能够站在一定的高度看待问题是"高屋建瓴"；某一个同志在座谈会上对某一个问题发表看法，能从国家政策角度、法律角度对问题进行分析、归纳，看问题很全面，大局把握得很准确，也可用高屋建瓴来形容。像前边列举的"背水一战""破釜沉舟"等成语都是如此。本义表述的是战争，意义转移后可用作各个方面。比如体育博弈、经商博弈、事业的博弈等。虽然这类成语在应用方面具有广适、灵活的特点，但有一点没有变，那就是成语本身所蕴含的智慧。意义的转移，仍不失成语的内在精神。用的是精神、延伸的是智慧，这正是这类成语的社会价值所在。

"智慧成语"的多重意义及社会价值

所谓多重意义，是指这类成语内涵的多重性。理解和运用这类成语都不那么单一，它所引申出来的意义复杂而多变，不同的理解和运用应该根据不同的情况做出正确的选择。比如"萧规曹随"，这一成语出自《史记·曹相国世家》："至何且死，所推贤唯参，参代何为汉相国，举事无所变更，一遵萧何约束。"就其成语的字面意义讲，萧何制定的规矩，曹参遵照执行，不去变更。司马迁从正面对这种做法作过评价：他在《史记·曹相国世家》的结尾中说："参为汉相国，清静极言合道。然百姓离秦之酷后，参与休息无为，故天下俱称其美矣。"这显然是对萧规曹随的点赞，后人对这一成语原始意义的理解上没有更多的歧义。然而，在对其含义的定性上有不同看法。有些工具书中就说这个成语含贬义，而有的则说也含褒义。我们造两个句子做一验证：

1. 不要打着创新的旗号，把单位前任班子制定的制度全部否定，好的制度还是应该萧规曹随的。

2. 公司的这一届领导真是四平八稳，萧规曹随，没有一点创新的精神。

萧规曹随的精神实质就是继承。谈继承并没有不对，对好的东西的继承也是中华民族大力倡导的，但在现代语言中，继承和创新往往连在一起，这代表着人们的思维模式，这就是对这一成语理解产生歧义的原因。还如："明修栈道，暗度陈仓"，这个成语出自《史记·高祖本纪》："（汉王）去辄烧绝栈道，以备诸侯盗兵袭之，以示项羽无东意。""八月，汉王用韩信之计，从故道还，袭雍王章邯，邯迎击汉王陈仓。"《史记·淮阴侯列传》："八月，汉王举兵东出陈仓，定三秦。"这个典故说的是汉王的两位倚重之臣张良与韩信二者一次珠联璧合的战略图谋。项羽灭掉秦国，封刘邦为汉王，王巴蜀、汉中，都南郑。刘邦从杜南（漯河南）入汉中，张良劝刘邦把入蜀栈道烧掉，主要是表示不再向东讨伐项羽，这才有韩信为迷惑项羽，重修栈道，以示从南路出兵，而实际兵出陈仓（宝鸡东）以夺取三秦的"明修栈道，暗度陈仓"之说。我们也用这个成语造两个句子：

1. 在抗日战争中，中国军队多次用明修栈道，暗度陈仓之计，出奇兵，取得了不小的胜利。

2. 大家都说这个人不诚实，总爱来个明修栈道，暗度陈仓，此人不可交。

如果说这两个句子表达的意思没有错误的话，那么，这就说明了

"明修栈道，暗度陈仓"这一成语语义的双重性。

有的成语，表面看来好像是本文论述的第一类，那么直白，单纯，那么斩钉截铁，就好像民以食为天一样，不容置疑，不可更改。然仔细品味，其义又觉得复杂。比如："道高益安，势高益危"，这一成语出自《史记·日者列传》，叙述的是西汉大臣贾谊、宋忠和一位占卜者一段对话后的感慨。"居三日，宋忠见贾谊于殿门外，乃相引屏语相谓自叹曰：'道高益安，势高益危。'居赫赫之势，失身且有日矣。夫卜而不审，不见夺糈（精米）；为人主计而不审，身无所处。此相去远矣，犹天冠地屦也。此老子之所谓'无名者，万物之始也'。"这样的成语，其语义不能说不是智慧的总结。它明显受道家出世思想的影响。无名，是做人的最高境界，是全身远祸的法宝，这种思想影响深远，唱词中所说的"不做高官不害怕，不享荣华不胆惊"就是这种思想的具体体现。道高益安，从人类社会发展的大局讲，道德高尚的人更加安全，这没有错；但这并不绝对，并非没有可质疑之处，在特定的历史时期和特殊的历史事件上，这个说法有不严谨之处。势高益危这个结论就更有懈可击。因此，贾谊、宋忠对人事的总结，形成固定的成语后，其语义的内涵尤显复杂，这就是本文所说的多重性、复杂性。这类成语虽然为数不多，但其语义的多重形式各有表现，诸如"成也萧何，败也萧何""贪夫徇财，烈士徇名""土崩瓦解"等都是具备此类成语语义的特点。这类成语最大的社会价值还在于成语本身所包含的智慧。通过语言来传播智慧，哪怕仅是一面、一点，那也足以体现它的运用价值和社会价值了。

三　挖掘"智慧成语"中的智慧要与时俱进

成语，是汉民族语言的精华，"智慧成语"是中华文明的浓缩，是人类智慧的宝库。学习成语，进一步挖掘"智慧成语"中的智慧，是对优秀传统文化的继承弘扬，是对人类智慧宝库的丰富。用智慧去开发成语、研究成语，用成语中的智慧来丰富、创新华夏文明，这是一代代炎黄子孙的责任和义务；研究成语，挖掘成语中的智慧为当代社会服务，当是时代的要求，历史的呼唤。

　　首先，要努力学习，正确理解"智慧成语"中的语义。学习成语，就要弄清成语的出处原委，这有助于对成语的记忆和理解，有助于对成语语义的把握，更有助于正确地运用成语表情达意。例如，一家小报这样评论中东局势："巴以冲突不断升级，中东局势充满变数，令许多旅游者和投资者退避三舍。"乍读，这句话没有什么毛病，仔细品味，"退避三舍"这一成语用得不妥。退避三舍是用以比喻礼让和回避，避免冲突。而这里所要表达的意思没有礼让，只有躲避。究其原因，可能是这位作者不了解这个成语的出处和原义，那么他就很难把握成语的比喻意义，以至于用起来较牵强。"退避三舍"出自《史记·晋世家》："楚得臣怒，击晋师，晋师退。军吏曰：'为何退？'文公曰：'昔在楚，约退三舍，可背乎！'"《史记·晋世家》中的记载来自《左传·僖公二十三年》："晋楚治兵，渝于中原，其避三舍。"事情原委是这样的：春秋时期，晋国内乱，晋献公的儿子重耳为避祸出逃，路过不少国家，有的国家认为他是一个落魄公子，就慢待他；当他逃至楚国，楚成王以礼相待，重耳非常感激，楚成王问重耳，假如以后他当了国君，怎样报答楚国的厚恩。重耳说，如果以后真的有机会晋楚交战，他将命令自己的军队退让楚军九十里，以此为报。后来，重耳果然当了晋国的国君，城濮之战重耳兑现了他的承诺。如果这篇评论文章的作者知道这个成语的出处原委，就不会出现这样的错误。再如：某年某省的语文高考试卷中出了这样一道题，让考生指出句子中使用成语的错误。例句是这样的：两位阔别多年的老友，意外地在一条小巷里狭路相逢，两人又是握手，又是拥抱，别提多高兴了。"狭路相逢"，多用于仇人相见，彼此都不肯轻易放过。尽管是小巷狭路，也不能用于老友见面。老友见面用狭路相逢，就有望文生义之嫌。"狭路相逢"，出自《史记·廉颇蔺相如列传》：秦国攻打韩国，赵王问廉颇，能救不能？廉颇说：道路狭险，难救。又问大将乐乘，也是同样回答。又问大将赵奢，"奢对曰：'其道远狭，譬之犹两鼠斗于穴中，将勇者胜。'"比喻狭路相遇，无可退让，勇敢、勇猛者能够取胜。如果知道这个成语的出处，考生就会很容易地指出使用成语的错误。因此，我们要想正确地使用成语，就要准确地理解成语的语义；要想准确地把握成语语义，就要追根溯源，从而更加全面地理解成语的出处，准确把握其本义及引申义。

其次，学成语，不仅是停留在语言的运用上，还要学习、继承并发扬成语中积极向上的精神。"智慧成语"涉及历史的方方面面，政治的、经济的、法律的、军事的、道德的等，历史上各方面大大小小的智慧，都浓缩在这些成语中。换言之，这些饱含智慧的成语，就是对中华民族五千年智慧的总结。比如一些有关为政的成语："卧薪尝胆"，我们继承并发扬的是那种自我砥砺，奋发图强，韬光养晦，立志崛起的精神；"筚路蓝缕"，内含的是一种艰苦创业的精神；"握发吐哺"，表现的是为政之勤，礼贤下士，思贤若渴的政治家胸怀；"食不重肉"，体现的是中华民族崇尚节俭的优良传统等。所有这些都是执政智慧的精髓。还比如涉及道德的："一诺千金""悬剑空垄"，这些成语讲的是诚信；"修身洁行""君子交绝不出恶声"，说的是修养；"义不取容""伏节死义"，蕴含的是气节；"虚左以待""避让贤路"，虚的是礼节、风格，让的是胸怀、品质等。这些都是华夏民族的道德核心。总结战争智慧的成语为数不少，成语字面上的刀光剑影已远离我们的生活，但古人在战争中所表现出来的积极精神和丰富的智慧，永远是我们的精神财富。"围魏救赵"的战役战术、"破釜沉舟"的战斗决心、"四面楚歌"的战斗氛围、"狭路相逢"的战争勇气、"运筹帷幄"的战争谋略及"退避三舍"中的礼、兵并用的用兵谋略等，这些精神实质与智慧，应该继承和发扬，它不仅还可用以谋兵，也可用以谋事。尤其是一些具有警世作用的成语，更应将其摄入自己思想灵魂之中，镌刻在大脑里。例如，"毒药苦口利于病"，这一成语告诉我们，不能只听奉承的好听话，要善于听取不同意见，接受别人的批评，那才是对自己有益的；"祸不妄至，福不徒来""水激则旱""日中则移"等告诉我们要学会用辩证的观点去思考看待问题；"千虑一得"，告诫人们要广泛采纳众人意见，不要总是自以为是等。

"智慧成语"是财富，是精神，我们不但要很好地继承这笔财富，更要领会这种精神，丰富精神内涵，弘扬精神实质。

最后，挖掘成语智慧，要贴近时代生活，跟上时代步伐。《史记》中每一个饱含智慧的成语，都有翔实的出处，所涉及有具体的时间、地点、人物、事件等，这是不能含糊的，钉钉铆铆，真真切切，这就是历史。对待历史的态度不能不严谨，不能不严肃，然而我们要挖掘的是在历史发展过程中形成的成语中的精神与智慧。精神与智慧不受时空的限制，而且时间越久远，这种精神与智慧就越能得到丰富、拓展和弘扬，因此，弘扬"智慧成语"中的积极精神，挖掘其中的智慧为现实服务是历史的嘱托，时代的要求，我们的责任。

这种精神和智慧对现实有指导作用。比如，"君子交绝不出恶声"，这就能指导我们日常的交往。两个人交往一段时间，觉得不对脾气，或发现对方有什么对不起自己的地方，即使不再来往，如果不是原则问题，那也就不要再说人家的缺点了。这倡导的是包容，讲的还是团结，体现的是一个人的素质，指导的是生活琐事。"不偏不党，王道荡荡"，这是司马迁在《史记·张释之冯唐列传》中对张、冯二位的点赞，是借用《尚书》中原有语句。西汉刘向的《说苑·至公》说："《书》曰：'不偏不党，王道荡荡。'言至公也。古有行大公者，帝尧是也。贵为天子，富有天下，得舜而传之，不私于其子孙也。去天下若遗履，于天下犹然，况其细于天下乎？"刘向解释了《尚书》里的这句话，并举了例子。不营私，不结党，这是大公。王者的道路就可以坦坦荡荡。尧贵为天子，拥有天下，发现舜能担大任，就把帝位很不吝惜地传给他，而不传于子孙。这就是不偏不党。不偏不党讲的是为政的公平、公正；王道荡荡，告诉的是不偏不党的结果。这一成语从问世到现在已有几千年了，但作为对现实执政者的指导仍不过时。

一些成语中的精神与智慧对现实具有警示作用。比如"鉴于水者见面之容，鉴于人者知吉与凶"。（《史记·范雎蔡泽列传》）这是告诫人们要时常从他人身上吸取经验教训；"贪夫徇财"，出自《史记·屈原贾生列传》，是为中国历史上的所有贪官做出的结论，也为当代为官者敲响警钟；"申嘉拒谒"，出自《史记·张丞相列传》，说的是西汉申屠嘉，曾事高祖、文帝、景帝，功高威远，官至丞相，为人廉直，从不在家里接待谒者，被人称赞为廉吏的楷模。虽已年代久远，然这种精神仍值得学习和效法。这样的例子不胜枚举。

"智慧成语"是一个丰富的智慧宝库，只要我们努力挖掘，就会取之不尽，用之不竭，让成语中的智慧渗透在现实生活的每一个角落。

附

"智慧成语"一百则

为政篇

卧薪尝胆：出自《史记·越王勾践世家》："吴既赦越，越王勾践反国，乃苦身焦思，置胆于坐，坐卧即仰胆，饮食亦尝胆也。"后用来形容人刻苦自励，发奋图强，逆境中立志崛起。

约法三章：出自《史记·高祖本纪》：沛公"与父老约，法三章耳：杀人者死，伤人及盗抵罪"。按：秦法苛薄暴戾，百姓饱受其苦，沛公约法三章，实为取民心之智，也为稳定秦初灭后的局势，为称帝后与民休息的治国理念奠定基础。今用以比喻制定出简单易行的规章制度。

富国强兵：出自《史记·管晏列传》："管仲既任政相齐，以区区之齐在海滨，通货积财，富国强兵。"按：《管子》一书系统地阐述了富国强兵的思想：先富民，民富则知礼，不生乱；民富则国亦富，国富则兵自强。

筚路蓝缕：出自《史记·楚世家》："昔我先王熊绎辟在荆山，筚路蓝缕以处草莽，跋涉山林以事天子，唯是桃弧棘矢以共王事。"筚路，指用荆条做的车帮。蓝缕，同褴褛，形容衣服破旧。筚路蓝缕，驾着柴车，穿着破衣。形容创业的艰苦。按：此典最早见于《左传·宣公十二年》："筚路蓝缕，以启山林。"《史记》借用之。

一鸣惊人：出自《史记·滑稽列传》："齐威王之时喜隐，好为淫乐长夜之饮，沉湎不治，委政卿大夫。百官荒乱，诸侯并侵，国且危亡，在于旦暮，左右莫敢谏。淳于髡说之以隐曰：'国中有大鸟，止王之庭，三年不飞又不鸣，王知此鸟何也？'王曰：'此鸟不飞则已，一飞冲天；不鸣则已，一鸣惊人。'于是乃朝诸县令长七十二人，赏一人，诛一人，奋兵而出。诸侯振惊，皆还齐侵地。威行三十六年。"比喻平时没有什么突出表现，突然做出了惊人的成绩。按：此典源于《韩非子·喻老》："虽无飞，飞必冲天；虽无鸣，鸣必惊人。"

平易近人：出自《史记·鲁周公世家》："平易近民，民必归之。"形容没有架子，使人容易接近。

握发吐哺：出自《史记·鲁周公世家》："周公戒伯禽曰：'我文王之子，武王之弟，成王之叔父，我于天下亦不贱矣。然我一沐三捉发，一饭三吐哺，起以待士，犹恐失天下之贤人。'"意思是洗一次头，要三次中止，吃一顿饭要三次吐出来，以接待贤士。比喻为国家礼贤下士，殷切求才。

一匡天下：出自《史记·管晏列传》："管仲既用，任政于齐，齐桓公以霸，九合诸侯，一匡天下，管仲之谋也。"匡，纠正。意谓使天下的事情得到纠正，本意是使中国混乱的局面得以稳定。

高屋建瓴：出自《史记·高祖本纪》："（秦中）地势便利，其以下兵于诸侯，譬犹如居高屋之上建瓴水也。"裴骃《史记集解》引如淳曰："瓴，盛水瓶也。居高屋之上而幡瓴水，言其向下之势易也。建，音蹇。"建，通瀽，倒水；泼水。意谓把水瓶从高屋上往下倒，比喻居高临下，不可遏制的形势。按：为政者决策，宜高屋建瓴，登高望远，把握全局。

土崩瓦解：出自《史记·秦始皇本纪》："秦之积衰，天下土崩瓦解。"又出《史记·平津侯主父列传》："徐乐曰：臣闻天下之患在于土崩，不在于瓦解，古今一也。何谓土崩？秦之末世也。陈涉……大呼而天下从风，此其何故也？由民困而主不恤，下怨而上不知，俗已乱而政不休，此三者陈涉之所以为资也。是之谓土崩。故曰天下之患在于土崩。何谓瓦解？吴、楚、齐、赵之兵是也。七国谋为大逆……当是之时，先帝之德泽未衰而安土乐俗之民众，故诸侯无境外之助。此之谓瓦解。"比喻完全崩溃，不可收拾。按：失民心土崩，背民意瓦解。

为民请命：出自《史记·淮阴侯列传》："因民之欲，西乡为百姓请命，则天下风走而响应矣，孰敢不听！"意谓为老百姓呐喊争得利益。

萧规曹随：出自《史记·曹相国世家》："至何且死，所推贤唯参。参代何为汉相国，举事无所变更，一遵萧何约束。"比喻按照前任的成规办事。此外还有墨守成规、因循守旧之意。按："萧规曹随"其本意是时代产物。司马迁在《曹相国世家》末篇为曹参点赞："参为汉相国，清静极言合道。然百姓离秦之酷后，参与休息无为，故天下俱称其美矣。"颇为精辟。

吊死问疾：出自《史记·伍子胥列传》："吴王闻齐景公死而大臣争宠，新君弱，乃兴师北伐齐。伍子胥谏曰：'勾践食不重味，吊死问疾，且欲有所用之也。此人不死，必为吴患。'"意指向死者家属和有病者进行慰问，抚慰百姓，争取民心。

国以民为本，民以食为天：出自《史记·郦生陆贾列传》："郦生因曰：'臣闻知天之天者，王事可成；不知天之天者，王事不可成。王者以民人为天，而民人以食为天。'……上曰：'善。'"天，最大的因素，首要的条件。指国家以人民为根本，人民吃饭的问题是首要问题。

不偏不党：出自《史记·张释之冯唐列传》："《书》曰：'不偏不党，王道荡荡，不党不偏，王道便便，张季、冯公近之矣。'"意谓为政公平、公正，不偏向任何一方。这一成语亦见《尚书》《墨子》《吕氏春秋》等著作中。

解衣推食：出自《史记·淮阴侯列传》："汉王授我上将军印，予我数万众，解衣衣我，推食食我，言听计用，故吾得以至于此。"意谓把穿的衣服给别人穿，把正在吃的食物让给别人吃。形容对人热情关怀，是取人心之举。

食不重肉：出自《史记·管晏列传》："（晏婴）既相齐，食不重肉，妾不衣帛。"意谓生活节俭，吃饭不用两道肉食。

发扬蹈厉：出自《史记·乐书》："宾牟贾侍坐于孔子，孔子与之言，及乐，曰：'……发扬蹈厉之已蚤，何也？'答曰：'及时事也。'"张守节《史记正义》：发，初也。扬，举袂也。蹈，顿足蹋地。厉，颜色勃然如战色也。问乐舞何意发初扬袂，又蹈顿足蹋地，勃然作色，何忽如此也。裴骃《史记集解》："郑玄曰：'时至，武事当施也。'"意谓舞蹈的动作开始手足发扬，蹈地猛而有力。用激烈威猛的舞蹈动作比喻太公辅佐武王伐纣勇往直前的坚定意志。后用来比喻奋发有为，意气昂扬。

贯朽粟红：出自《史记·平准书》："京师之钱累巨万，贯朽而不可校；太仓之粟，陈陈相因，充溢露积于外，至腐败不可食。"贯，旧时串钱的绳子，即钱串；粟，谷子，此泛指粮食。意谓串钱的绳子都腐烂了，粮食都发霉了。形容货粮充盈，国家富足，一片繁荣景象。

划一不二：出自《史记·曹相国世家》："萧何为法，颟若画一；曾参代之，守而勿失。载其清净，民以宁一。"意谓萧何制定的法令整齐划一；曹参继任后，遵照执行无所变更，靠着清静无为的治国理念，百姓一片安宁。颟，直、明。司马贞索引："训直，又训明，言法明直若画一也。"意指完全一致，没有两样。

破觚为圆，斫雕为朴：出自《史记·酷吏列传》："汉兴，破觚而为圆，斫雕而为朴，网漏于吞舟之鱼，而吏治烝烝，不至于奸，黎民艾安。"觚，方，棱角；斫，砍削；雕，雕饰。破觚为圆，去掉棱角，改为圆形；斫雕为朴，砍削掉雕饰，变为质朴。意指废除严刑峻法，代之以平易的法规；去掉浮华的弊俗，使世风更加淳朴。按：治国理念因时而变。

变化有时：出自《史记·秦始皇本纪》："是以君子为国，观之上古，验之当世，参以人事，察盛衰之理，审权势之宜，去就有序，变化有时，故旷日长久而社稷安矣。"意谓随着时间变化、事情的发展，而行事的方式也要变化，与时俱进。

家给人足：出自《史记·商君列传》："行之十年，秦民大悦，道不拾遗，山无盗贼，家给人足。"意谓家家衣食充裕，人人生活富足。

道德篇

道不拾遗：出自《史记·商君列传》："（法）行之十年，秦民大悦，道不拾遗，山无盗贼，家给人足。民勇于公战，怯于私斗，乡邑大治。"后比喻社会风气很好。此典《韩非子·外储说左上》："国无盗贼，道不拾遗。"《战国策·秦策》："道不拾遗，民不妄取。"

一饭千金：出自《史记·淮阴侯列传》："信钓于城下，诸母漂，有一母见信饥，饭信，竟漂数十日。信喜，谓漂母曰：'吾必有以重报母。'……信至国，召所从食漂母，赐千金。"比喻知恩厚报。

一诺千金：出自《史记·季布栾布列传》："楚人谚曰：'得黄金百（斤），不如得季布一诺。'"比喻极守信用。

一言九鼎：出自《史记·平原君列传》："平原君已定从而归，归至于赵，曰：'胜不敢复相士。胜相士多者千人，寡者百数，自以为不失天下之士，今乃于毛先生而失之也。毛先生一至楚，而使赵重于九鼎大吕。毛先生以三寸之舌，强于百万之师。胜不敢复相士。'遂以为上客。"九鼎，古代国家宝器，相传为夏禹所铸。一言九鼎，是说一句话抵得上九鼎的重量。比喻说话算数，有分量。

无地自容：出自《史记·魏公子列传》："赵孝成王德公子之矫夺晋鄙兵而存赵，乃与平原君计，以五城封公子。公子闻之，意骄矜而有自功之色，客有说公子曰：'物有不可忘，或有不可不忘。夫人有德于公子，公子不可忘也；公子有德于人，愿公子忘之也。且矫魏王令，夺晋鄙兵以救赵，于赵则有功矣，于魏则未为忠臣也。公子乃自骄而功之。窃为公子不取也。'于是公子立自责，似若无所容者。"比喻非常羞愧，没有地方可以容身。按：违国家利自己，无德。知错而羞，有德。

无颜见江东父老：出自《史记·项羽本纪》："于是项王乃欲东渡乌江。乌江亭长檥船待，谓项王曰：'江东虽小，地方千里，众数十万人，亦足王也。愿大王急渡。今独臣有船，汉军至，无以渡。'项王笑曰：'天之亡我，我何渡为！且籍与江东子弟八千人渡江而西，今无一人还，纵江东父兄怜而王我，我何面目见之？纵彼不言，籍独不愧于心乎？'"檥，同舣，整船向岸曰檥。江东，借指家乡。因失败而无脸见家乡的人。按：天亡耶，人亡耶！知耻而畏，德也。

义不取容：出自《史记·郦生陆贾列传》："平原君为人辩有口，刻廉刚直，家于长安。行不苟合，义不取容。"取容，讨好。为追求正义而不取悦于人。指为人刚正不阿。

改过自新：出自《史记·孝文本纪》："齐太仓令淳于公有罪当刑，……其少女缇萦自伤泣，乃随其父至长安，上书曰：'妾父为吏，齐中皆称其廉平，今坐法当刑。妾伤夫死者不可复生，刑者不可复属，虽复欲改过自新，其道无由也。'"《史记·吴王濞列传》："（吴王）诈称病不朝，于古法当诛。文帝弗忍，因赐几杖，德至厚，当改过自新。"过，错误，过失。自新，自觉改正，重新做好人。

修身洁行：出自《史记·魏公子列传》："魏有隐士曰侯嬴，年七十，家贫，为大梁夷门监者。公子闻之，往请，欲厚遗之。不肯受，曰：'臣修身洁行数十年，终不以监门困而受公子财。'公子于是乃置酒大会宾客。坐定，公子从车骑，虚左，自迎夷门侯生。侯生摄敝衣冠，直上载公子上坐，不让，欲以观公子。公子执辔愈恭。"修身洁行，谓自我修养，砥砺品德，保持高洁的操行。按：侯生修身洁行，公子岂不如是！

虚左以待：出自《史记·魏公子列传》。典源同上。虚，空着；左，古时一般以右为尊。虚左，空着尊贵的位置，表示对客人的尊敬。

网开一面：《史记·殷本纪》："汤出，见野张网四面，祝曰：'自天下四方皆入吾网。'汤曰：'嘻，尽之矣！'乃去其三面。祝曰：'欲左，左；欲右，右。不用命乃入吾网。'诸侯闻之，曰：'汤德至矣，及禽兽。'"祝，祷告。欲左，左，想从左边逃跑就从左边逃走。网开三面，意谓把捕禽的网撤去三面，只留一面。后常说成网开一面。比喻刑法宽大，给人一条出路。

卜式输边：出自《史记·平准书》："初，卜式者，河南人也，以田畜为事。亲死，式有少弟，弟壮，式脱身出分，独取畜羊百余，田宅财物尽予弟。式入山牧十余岁，羊致千余头，买田宅。而其弟尽破其业，式辄复分予弟者数矣。是时汉方数使将击匈奴，卜式上书，愿输家之半县官助边。天子使使问式：'欲官乎？'式曰：'臣少牧，不习仕宦，不愿也。'使问曰：'家岂有冤，欲言事乎？'式曰：'臣生与人无分争。式邑人贫者贷之，不善者教训之，所居人皆从式，式何故见冤于人！无所欲言也。'使者曰：'苟如此，子何欲而然？'式曰：'天子诛匈奴，愚以为贤者宜死节于边，有财者宜输委，如此而匈奴可灭也。'使者俱其言入以闻。天子以语丞相弘。弘曰：'此非人情。不轨之臣，不可以为化而乱法，愿陛下勿许。'于是上久不报式，数岁，乃罢式。式归，复田牧。"后遂以卜式输边为爱国主义的代名词。按：卜式是一介布衣，更是一位智者。他有创业的智慧，他有经营的智慧，他有国士的品格，舍财于义，伟大啊！

负荆请罪：出自《史记·廉颇蔺相如列传》："相如曰：'夫以秦王之威，而相如廷叱之，辱其群臣。相如虽驽，独畏廉将军哉？顾吾念之，强秦之所以不敢加兵于赵者，徒以吾两人在也。今两虎共斗，其势不俱生。吾所以为此者，以先国家之急而后私仇也。'廉颇闻之，肉袒负荆，因宾客至蔺相如门谢罪，曰：'鄙贱之人，不知将军宽之至此也！'卒相与欢，为刎颈之交。"负，背着。荆，荆条。后人用这个成语表示诚恳地向别人认错赔罪。

刎颈之交：出处同上。比喻可以同生死、共患难的朋友。

乐善好施：出自《史记·乐书》："闻徵音，使人乐善而好施。闻羽音，使人整齐而好礼。"乐，乐意，喜欢。喜欢做善事，乐于接济别人。

避让贤路：出自《史记·万石张叔列传》："愿归丞相侯印，乞骸骨归，避贤者路。"避让，辞职的谦词；贤路，贤才仕进之路。意指辞官退休，让有才能的人出来做事。

君子交绝不出恶声：出自《史记·乐毅列传》："臣闻古之君子，交绝不出恶声。"张守节《史记正义》："言君子之人，交绝不说己长而谈彼短。"君子，指有学问懂道理的人。恶声，难听的话。意指君子即使同朋友断绝交往，也不说对方的坏话。按：这是一种道德、涵养。

冯唐持节，魏尚复职：出自《史记·张释之冯唐列传》：文帝"搏髀曰：'嗟乎！吾独不得廉颇、李牧时为吾将，吾岂忧匈奴哉！'唐曰：'主臣！陛下虽得廉颇、李牧，弗能用也。'上怒，起入禁中。……乃卒复问唐曰：'公何以知吾不能用廉颇、李牧也？'唐对曰：'……臣愚，以为陛下法太明，赏太轻，罚太重。且云中守魏尚坐上功首虏差六级，陛下下之吏，削其爵，罚作之。由此言之，陛下虽得廉颇、李牧，弗能用也。臣诚愚，触忌讳，死罪，死罪！'文帝说。是日令冯唐持节赦魏尚，复以为云中守"。后指正直之士敢于说真话为有才能的人辩诬。

伏节死义：出自《史记·汲郑列传》："淮南王谋反，惮黯（害怕汲黯），曰：'好直谏，守节死义，难惑以非。至如说丞相弘（公孙弘）如发蒙振落耳。'"伏节死义由此演化。伏节，坚守节操而死；死义，为正义而死。为坚守节操和正义而死。

悬剑空垄：出自《史记·吴太伯世家》："季札之初使，北过徐君。徐君好季札剑，口弗敢言。季札心知之，为使上国，未献。还至徐，徐君已死，于是乃解其宝剑，系之徐君冢树而去。从者曰：'徐君已死，尚谁予乎？'季子曰：'不然。始吾心已许之，岂以死倍吾心哉！'"垄，坟头。把剑悬挂在朋友的坟头上。比喻已经承诺的事情，即使人死了也不能失信。

外举不隐仇，内举不隐子：出自《史记·晋世家》："祁奚可谓不党矣，外举不隐仇，内举不隐子。"举，举荐；隐，隐藏。子，儿子，泛指亲属。推荐外边的人，即使是仇人，也不让遗漏，推荐身边的人，即使是儿子、亲属也不避讳。形容办事公正，一视同仁。源自《吕氏春秋·去私》："孔子闻之曰：'善哉！祁黄羊之论也！外举不避仇，内举不避子。'"

急人之困：出自《史记·魏公子列传》："胜所以自附为婚姻者，以公子之高义，为能急人之困。"意谓能热心主动帮助别人解决困难。

排难解纷：出自《史记·鲁仲连邹阳列传》："所贵于天下之士者，为人排患释难解纷乱而无取也。即有取者，是商贾之事也，而连不忍为也。"指为人排除危难，解除纠纷。

季札挂剑，心许之信：出自《史记·吴太伯世家》，意同"悬剑空垄"条。

申嘉拒谒：出自《史记·张丞相列传》："嘉（申屠嘉）为人廉直，门不受私谒。"后喻办事光明正大，从不暗箱操作。按：申屠嘉曾事高祖、文帝、景帝三朝，官至丞相，为人刚直，从不私下结纳宾客，廉吏之楷模。

名不虚立：出自《史记·游侠列传》："名不虚立，士不虚附。"意谓盛名不虚，名副其实。

兵谋篇

围魏救赵：出自《史记·孙子吴起列传》："其后，魏伐赵，赵急，请救于齐。……于是乃以田忌为将，而孙子为师，居辎车中，坐为计谋。田忌欲引兵之赵，孙子曰：'……今梁赵相攻，轻兵锐卒必竭于外，老弱罢于内。君不若引兵疾走大梁，据其街路，冲其方虚，彼必释赵而自救。是我一举解赵之围而收弊于魏也。'田忌从之，魏果去邯郸，与齐战于桂陵，大破梁军。"本意说齐军用围攻魏国都城大梁的方法，使魏国撤回攻赵的部队，然后赵国得救。后以"围魏救赵"泛指围攻敌人后方，迫使敌人撤回进攻部队的作战谋略。

添兵减灶：出自《史记·孙子吴起列传》："孙子谓田忌曰：'彼三晋之兵素悍勇而轻齐，齐号为怯，善战者因其势而利导之。兵法，百里而趣利者蹶上将，五十里而趣利者，军半至。使齐军入魏地为十万灶，明日为五万灶，又明日为三万灶。'庞涓行三日，大喜，曰：'我固知齐军怯，入吾地三日，士卒亡者过半矣。'"指增加兵员，反而减少做饭的锅灶。以示士兵在不断减少，迷惑对方。

破釜沉舟：出自《史记·项羽本纪》："项羽乃悉引兵渡河，皆沉船，破釜甑，烧庐舍，持三日粮，以示士卒必死，无一还心。"釜甑，饭锅。后来常以破釜沉舟比喻下决心，不顾一切地干下去。

背水一战：出自《史记·淮阴侯列传》："信乃使万人先行，出，背水陈。赵军望见而大笑。平旦，信建大将之旗鼓，鼓行出井陉口，赵开壁击之，大战良久。……军皆殊死战，不可败。信所出奇兵二千骑……大破虏赵军，斩成安君泜水上，擒赵王歇。"背水列阵，表示不给自己留退路，比喻与敌决一死战。

置之死地而后生：出自《史记·淮阴侯列传》："（众将）问信曰：'兵法右倍山陵，前左水泽，今者将军令臣等反背水陈，曰破赵会食，臣等不服。然竟以胜，此何术也？'信曰：'此在兵法，顾诸君不察耳。兵法不曰"陷之死地而后生，置之亡地而后存"？'"指将军队布置在无法退却，只有抱必死决心作战，杀敌取胜。后比喻做事先断退路，就能下决心取得成功。

四面楚歌：出自《史记·项羽本纪》："项王军壁垓下，兵少食尽，汉军及诸侯兵围之数重。夜闻汉军四面皆楚歌，项王乃大惊，曰：'汉皆已得楚乎？是何楚人之多也。'"后用来比喻四面受敌，孤立无援。

明修栈道，暗度陈仓：出自《史记·高祖本纪》："（汉王）去辄烧绝栈道，以备诸侯盗兵袭之，亦示项羽无东意。""八月，汉王用韩信之计，从故道还，袭雍王章邯。邯迎击汉陈仓。"《史记·淮阴侯列传》："八月，汉王举兵东出陈仓，定三秦。"陈仓，古县名，在陕西宝鸡市东，是关中通往汉中的交通要道。项羽杀秦王子婴后，封刘邦为汉王。王巴蜀、汉中，都南郑。汉王从杜南入蚀中，用张良计，尽烧栈道，主要是向项王示意不再东去，使项王放弃对汉王的戒备。汉王听韩信计，从陈仓出兵入关，定三秦。明修栈道，暗度陈仓，指正面迷惑敌人，而从侧翼突然袭击。后比喻暗中进行活动。按：明修栈道，是说韩信重新修被张良烧毁的栈道，以迷惑项羽，然《史记·高祖本纪》《史记·淮阴侯列传》均不载。

多多益善：出自《史记·淮阴侯列传》："上尝从容与信言诸将能不，各有差。上问曰：'如我能将几何？'信曰：'陛下不过能将十万。'上曰：'于君何如？'曰：'臣多多而益善耳。'上笑曰：'多多益善，何为为我禽？'信曰：'陛下不能将兵，而善将将，此乃信之所以为陛下禽也。'"后比喻越多越好。按：韩信是与皇帝论高下，出言不逊，愚矣。

群雄逐鹿：出自《史记·淮阴侯列传》："高祖已从豨军来，至，见信死，且喜且怜之，问：'信死亦何言？'吕后曰：'信言恨不用蒯通计。'……上怒曰：'亨之。'通曰：'嗟乎，冤哉亨也！'上曰：'若教韩信反，何冤？'对曰：'秦之纲绝而维弛，山东大扰，异姓并起，英俊乌集。秦失其鹿，天下共逐之，于是高材疾足者先得焉。'"这里比喻秦失天下，各地涌现出英雄人物来争夺天下。后用来形容各派势力争夺最高统治地位。

各自为战：出自《史记·项羽本纪》："（汉王）谓子房曰：'诸侯不从约，为之奈何？'对曰：'……君王能自陈以东傅海，尽与韩信；睢阳以北至谷城，以与彭越，使各自为战，则楚易败也。'汉王曰：'善。'"这个成语原意是让韩信、彭越各自为封地而战，今指各个战斗单位独立对敌作战。

养虎遗患：出自《史记·项羽本纪》："汉欲西归，张良、陈平说曰：'汉有天下太半，而诸侯皆附之。楚兵罢食尽，此天亡楚之时也，不如因其机而遂取之。今释弗击，此所谓养虎自遗患也。'汉王听之。"遗，遗留。比喻纵容敌人，留下祸患，自己反受其害。

　　狭路相逢勇者胜：出自《史记·廉颇蔺相如列传》："秦伐韩，军于阏与。王召廉颇而问曰：'可救不？'对曰：'道远险狭，难救。'又召乐乘而问焉，乐乘如廉颇言。又召问赵奢，奢对曰：'其道远险狭，譬之犹两鼠斗于穴中，将勇者胜。'王乃令赵奢将，救之。"喻窄路相遇，无可退让，勇敢、勇猛且有谋之人能够取胜。

　　所向披靡：出自《史记·项羽本纪》："项王谓其骑曰：'吾为公取彼一将。'令四面骑驰下，期山东为三处。于是项王大呼驰下，汉军皆披靡，遂斩汉一将。"披靡，溃败。比喻力量所到之处，一切障碍全被扫除。

　　楚河汉界：出自《史记·项羽本纪》："汉王复使侯公往说项王，项王乃与汉约，中分天下，割鸿沟以西者为汉，鸿沟而东者为楚。"楚河汉界又叫鸿沟为界。鸿沟位于古荥阳成皋一带，今河南郑州荥阳。楚汉以此为界，以西为汉，以东为楚，双方不得逾越。后用以比喻双方之间的一道界线，思想上有隔阂，常以鸿沟为喻。

　　退避三舍：出自《史记·晋世家》："楚得臣怒，击晋师，晋师退。军吏曰：'为何退？'文公曰：'昔在楚，约退三舍，可背乎！'楚师欲去，得臣不肯。"舍，古代行军一舍为三十里。退三舍，主动后退九十里，向对方做出回避或让步，以避免冲突。

　　运筹帷幄之中，决胜千里之外：出自《史记·高祖本纪》："高祖曰：'公知其一，未知其二。夫运筹策帷帐之中，决胜于千里之外，吾不如子房。'"帷幄，军帐。千里之外，指战场。意谓在小小军帐内谋划部署，能决定千里之外战场的胜负。后喻有才能的人，只需做好谋划和安排，就能将事情办好。

　　三令五申、将在外，君命有所不受、赴汤蹈火：均出自《史记·孙子吴起列传》："孙子武者，齐人也。以兵法见于吴王阖庐。阖庐曰：'子之十三篇，吾尽观之矣，可以小试勒兵乎？'对曰：'可。'阖庐曰：'可试以妇人乎？'曰：'可。'于是许之，出宫中美女，得百八十人。孙子分为二队，以王之宠姬二人各为队长，皆令持戟。令之曰：'汝知而心与左右手背乎？'妇人曰：'知之。'孙子曰：'前，则视心；左，视左手；右，视右手；后，即视背。'妇人曰：'诺。'约束既布，乃设鈇钺，即三令五申之。于是鼓之右，妇人大笑。孙子曰：'约束不明，申令不熟，将之罪也。'复三令五申而鼓之左，妇人复大笑。孙子曰：'约束不明，申令不熟，将之罪也；既已明而不如法者，吏士之罪也。'乃欲斩左右队长。吴王从台上观，见且斩爱姬，大骇，趣使使下令曰：'寡人已知将军能用兵矣。寡人非此二姬，食不甘味，愿勿斩也。'孙子曰：'臣既已受命为将，将在军，君命有所不受。'遂斩队长二人以徇，用其次为队长。于是复鼓之。妇人左右前后跪起皆中规矩绳墨，无敢出声。于是孙子使使报王曰：'兵既整齐，王可试下观之，唯王所欲用之，虽赴水火犹可也。'"三令五申，后用来形容上级对下级的反复告诫。将在外，君命不受，是从"将在外，君命有所不受"演化而来。旧指大将在外领兵打仗，如果朝廷颁布的命令不适应目前作战的形势，可以不遵照执行。赴汤蹈火，由"赴水火尤可也"而来，或可概括为水火不辞。

搏牛之虻：出自《史记·项羽本纪》："宋义曰：'不然。夫搏牛之虻不可以破虮虱。今秦攻赵，战胜则兵罢，我承其敝；不胜，则我引兵鼓行而西，必举秦矣。'"搏，搏打；虻，牛虻。举手拍打牛背上的牛虻。原比喻城虽小而坚固，不易攻破，后来比喻志在大而不在小。

远交近攻：出自《史记·范雎蔡泽列传》："（范雎曰）王不如远交而近攻，得寸者王之寸也；得尺者王之尺也。今释此而远攻，不亦缪乎！"意谓联络距离远的国家，进攻近邻国家。按：范雎为秦昭王相；为秦国制定远交齐楚，近攻韩、赵、魏的争天下的策略。三晋得而齐楚成邻国，蚕食天下，智者也。

麋蒙虎皮，攻之必众：出自《史记·楚世家》："臣请譬之，夫虎肉臊，其兵利身，人犹攻之也。若使泽中麋蒙虎之皮，人之攻必万于虎矣。"麋，麋鹿。麋鹿如果披上虎皮，攻击者比攻击真老虎的人还要多。比喻诸侯掠取天子之位，必然激起众怒，群起而攻之。

警世篇

前事不忘，后事之师：出自《史记·秦始皇本纪》："'前事不忘，后事之师。'是以君子为国，观之上古，验之当世，参以人事，察盛衰之理，审权势之宜，去就有序，变化有时，故旷日长久而社稷安矣。"

意谓不忘记以前的经验教训，作为以后行事的借鉴。此语亦见《战国策·赵策》："前事不忘，后事之师。"

当断不断，反受其乱：出自《史记·齐悼惠王世家》："勃（魏勃）既将兵，使围相府。召平曰：'嗟乎！道家之言，当断不断，反受其乱，乃是也。'遂自杀。"意谓应该做出决断而犹豫不决，就要产生祸乱。后指看准的事就要当机立断，不留后患。

良药苦口利于病：出自《史记·留侯世家》："沛公入秦宫，宫室帷帐狗马重宝妇女以千数，意欲留居之。樊哙谏沛公出舍，沛公不听。良曰：'夫秦为无道，故沛公得至此。夫为天下除残贼，宜缟素为资。今始入秦，即安其乐，此所谓助桀为虐。且忠言逆耳利于行，毒药苦口利于病，愿沛公听樊哙言。'沛公乃还军霸上。"意谓药吃起来很苦，但有利于治病。比喻劝诫的话听起来很难听，但很有益处。此典还见于《韩非子·外储说》："夫良药苦于口，而智者劝而饮之，知其入而已己疾也。"《三国志·吴志·孙奋传》："夫良药苦口，惟疾者能甘之；忠言逆耳，惟达者能受之。"

以言取人，失之宰予；以貌取人，失之子羽：出自《史记·仲尼弟子列传》："宰予字子我。利口辩辞。……昼寝。子（孔子）曰：'朽木不可雕也，粪土之墙不可圬也。'宰我为临菑大夫……。澹台灭明，武城人，字子羽……状貌甚恶。欲事孔子，孔子以为材薄。既已受业，退而修行，行不由径，非公事不见乡大夫。……孔子闻之，曰：'吾以言取人，失之宰予；以貌取人，失之子羽。'"意谓用一个人的言辞去衡量、评判一个人的好坏，把宰予看错了；用相貌去判断一个人的好坏，把子羽看错了。后来比喻用语言及相貌去评价、取舍人都是肤浅、错误的。

千人诺诺，不如一士谔谔：出自《史记·商君列传》："赵良曰：'千羊之皮，不如一狐之腋；千人之诺诺，不如一士之谔谔。武王谔谔以昌，殷纣墨墨以亡。'"诺诺，连声答应，表示顺从；谔谔，直言进谏的样子。意谓多少人说奉承话，诺诺称是，不如一个人敢于直言。

败军之将，不可言勇：出自《史记·淮阴侯列传》："于是信问广武君曰：'仆欲北攻燕，东伐齐，何若而有功？'广武君辞谢曰：'臣闻败军之将，不可以言勇，亡国之大夫，不可以图存。今臣败亡之虏，何足以权大事乎!'"意谓失败者再称英雄就没有自知之明了。

千虑一得:出自《史记·淮阴侯列传》:"广武君曰:'臣闻智者千虑,必有一失;愚者千虑,必有一得。'"原指智者也有做出愚蠢事情的时候;愚者,有时也会把事情做得很妥当。后常用于人们对某事谋划后的自谦之词。

桃李不言,下自成蹊:出自《史记·李将军列传》:"太史公曰:传曰:'其身正,不令而行;其身不正,虽令不从。'其李将军之谓也?余睹李将军,悛悛如鄙人,口不能道辞。及死之日,天下知与不知,皆为尽哀。彼其忠实心诚信于士大夫也!谚曰:'桃李不言,下自成蹊。'此言虽小,可以谕大也。"唐司马贞《索引》按:"姚氏云:'桃李本不能言,但以花实感物,故人不期而往,其下自成蹊径也。比喻广虽不能出辞,能有所感,而忠心信物故也。'"

道高益安,势高益危:出自《史记·日者列传》:"居三日,宋忠见贾谊于殿门外,乃相引屏语相谓自叹曰:'道高益安,势高益危。'居赫赫之势,失身且有日矣。夫卜而有不审,不见夺糈;为人主计而不审,身无所处。此相去远矣,犹天冠地屦也。此老子之所谓'无名者,万物之始也'。"道德越高尚,就越安全;权势越大,就可能越危险。按:道高益安,势高益危,能警世人,但非真理,是安是危,全在智字。为人有德,众人仰之;官微失审,危也宜也。

利尽交疏:出自《史记·郑世家》:"太史公曰:语有之,'以权利合者,权利尽而交疏',甫瑕是也。"利尽交疏由此而来。意谓靠权势和利益结合的,权势和利益一旦没有了,关系也就疏远了。按:君子交友不可不慎,不可不察也。

众口铄金,积毁销骨:出自《史记·张仪列传》:"臣(张仪)闻之,积羽沉舟,群轻折轴,'众口铄金,积毁销骨',故愿大王审定计议……"铄,熔化。毁,诋毁,诽谤。形容舆论的力量很大,众口一词,可以混淆是非;诽谤的言辞多了,可以把人毁灭。众口铄金,亦出自《国语·周语》:"故谚曰:众心成城,众口铄金。"韦昭注:铄,销也。众口所毁,虽金石犹可销也。

贪夫徇财:出自《史记·伯夷列传》:"贾子(贾谊)曰:'贪夫徇财,烈士徇名,夸者死权,众庶冯生。''同明相照,同类相求。'"

徇，同殉。贪夫徇财，是说贪婪的人往往为了钱财而丢掉性命。忠贞义烈之士往往为保全名节而丢掉性命。按：太史公概括可谓精辟，前者不可不戒，后者不可不慎。

烈士徇名：出处同上，亦出《史记·屈原贾生列传》。

水激则旱：出自《史记·屈原贾生列传》："贾生为长沙王太傅……乃为赋以自广。其辞曰：'……水激则旱兮，矢激则远。万物回薄兮，振荡相转。云蒸雨降兮，错缪相纷。'"大意是说，水流受阻，激而劲悍，箭矢振荡，激而更远，万物回环，振荡运转，云气蒸腾，雨降自天，水雾交错，迷蒙纷繁。旱，通悍，勇猛。水激，水因受阻或振荡涌起的浪，指水流受到阻力，更加凶猛劲悍。比喻事物宜疏导，不宜堵塞。

恃德者昌，恃力者亡：出自《史记·商君列传》："君之出也，后车十数，从车载甲，多力而骈胁者为骖乘，持矛而操阖戟者旁车而趋。此一物不具，君固不出。书曰：'恃德者昌，恃力者亡。'君之危若朝露，尚将欲延年益寿乎？"恃，凭借，依靠。力，暴力，强力，权力。意谓凭借道德的力量就会昌盛，依靠暴力最终都要灭亡。

祸不妄至，福不徒来：出自《史记·龟策列传》："元王曰：'不然。寡人闻之，谏者福也，谀者贼也。人主听谀，是愚惑也。虽然，祸不妄至，福不徒来。天地合气，以生百财。'"妄，任意，随便。徒，凭空，白白地。意谓祸不会无缘无故地降临，福也不会白白地到来。祸来福至的关键还是人。

鉴于水者，见面之容，鉴于人者，知吉与凶：出自《史记·范雎蔡泽列传》："今君相秦，计不下席，谋不出廊庙，坐制诸侯，利施三川，以实宜阳，……决羊肠之险，塞太行之道，又斩范、中行之涂，六国不得合从，栈道千里，通于蜀汉，使天下皆畏秦，秦之欲得矣，君之功极矣，此亦秦之分功之时也。如是而不退，则商君、白公、吴起、大夫种是也。吾闻之，'鉴于水者，见面之容，鉴于人者，知吉与凶'。"意谓以水作镜子，可以照见自己的容颜，用别人作对照，可以预知吉凶祸福。其含义为：以人作镜，可从中吸取经验与教训，从而知道自己行事是否正确。按：此两句话重在后者，意谓要善于从前人及他人身上借鉴有益的东西。

失之毫厘，谬以千里：出自《史记·太史公自序》："《春秋》之中，弑君三十六，亡国五十二，诸侯奔走不得保其社稷者不可胜数。察其所以，皆失其本已。故《易》曰'失之毫厘，差以千里'。"意谓开始不慎稍微有一点差错，结果就会造成很大的错误。《礼记·经解》："《易》曰：'君子慎始，差之毫厘，谬以千里。'"

日中则移，月满则亏：出自《史记·范雎蔡泽列传》："语曰：'日中则移，月满则亏。'物盛则衰，天地之常数也。进退盈缩，与时变化，圣人之常道也。故'国有道则仕，国无道则隐'。"比喻事物发展到一定程度，就会向相反的方向转化，物极必反。此语来自《战国策·秦策》："语曰：'日中则移，月满则亏。'物盛则衰，天之常数也；进退、盈缩、变化，圣人之常道也。"

仓廪实而知礼节，衣食足而知荣辱：出自《史记·管晏列传》："管仲既任政相齐，以区区之齐在海滨，通货积财，富国强兵，与俗同好恶。故其称曰：'仓廪实而知礼节，衣食足而知荣辱，上服度则六亲固。四维不张，国乃灭亡。下令如流水之源，令顺民心。'"意谓粮食充足了，百姓不饿肚子，才能说礼仪，丰衣足食才会知晓荣辱。按：民以食为天。《管子·牧民》有此语，司马迁录用之。

杂　篇

奇货可居：出自《史记·吕不韦列传》："子楚……居处困，不得意。吕不韦贾邯郸，见而怜之，曰：'此奇货可居。'"奇货，珍奇的货物；居，囤积。囤积珍奇的货物，以备高价出售。后常用来比喻挟持某种技艺或事物为资本以博取功名财利。

人弃我取：出自《史记·货殖列传》："李克务尽地力，而白圭乐观时变，故人弃我取，人取我与。"指商人廉价收购滞销的物品，待涨价卖出获利。按：逆向思维，见地不同。

物盛则衰：出自《史记·田叔列传》："夫月满则亏，物盛则衰，天地之常也。"指物品繁盛到一定程度就会衰败。按：朴素的辩证法中蕴含着经商的智慧。

贵上极则反贱，贱下极则反贵：出自《史记·货殖列传》："论其有余不足，则知贵贱。贵上极则反贱，贱下极则反贵。贵出如粪土，贱取如珠玉。"意谓货物贵贱皆应有变，贵到一定程度，价格一定会下跌，跌到极致，价格一定会上涨。按：月圆则亏，月亏必圆，物极必反是老子朴素的辩证观，以哲学观点指导经商，智也。

熙熙壤壤：出自《史记·货殖列传》："谚曰：'千金之子，不死于市。'此非空言也。故曰：'天下熙熙皆为利来，天下壤壤皆为利往。'夫千乘之王，万家之侯，百室之君，尚犹患贫，而况匹夫编户之民乎。"壤，通攘。熙熙壤壤，形容人来人往，忙碌不停，喧闹纷杂。

琴心相挑：出自《史记·司马相如列传》："是时卓王孙有女文君新寡，好音，故相如缪与令相重，而以琴心挑之。"意谓以琴声传达心意，以示爱情。按：司马相如与卓文君的故事被后人概括出来不少成语，如琴挑文君、文君司马、文君新寡等。

优孟衣冠：出自《史记·滑稽列传》："楚相孙叔敖知其（优孟）贤人也，善待之。病且死，属其子曰：'我死，汝必贫困。若往见优孟，言我孙叔敖之子也。'居数年，其子穷困负薪，逢优孟，与言曰：'我，孙叔敖之子也。父且死时，属我贫困往见优孟。'优孟曰：'若无远有所之。'即为孙叔敖衣冠，抵掌谈语。岁余，像孙叔敖，楚王及左右不能别也。庄王置酒，优孟前为寿。庄王大惊，以为孙叔敖复生也，欲以为相。……孟曰：'妇言慎无为，楚相不足为也。如孙叔敖之为楚相，尽忠为廉以治楚，楚王得以霸。今死，其子无立锥之地，贫困负薪以自饮食。必如孙叔敖，不如自杀。'……于是庄王谢优孟，乃召孙叔敖子，封之寝丘四百户，以奉其祀。"优孟衣冠，后指以演戏的方式达到讽谏的效果。

项庄舞剑，意在沛公：出自《史记·项羽本纪》："今者项庄拔剑舞，其意常在沛公也。"后常用来说明做事情用意在彼不在此，声东击西，或别有用心。比喻言行在此，意在彼。

成也萧何，败也萧何：出自《史记·淮阴侯列传》："信（韩信）数与萧何语，何奇之。……何曰：'王计必欲东，能用信，信即留，不能用，信终亡耳。'王曰：'吾为公以为将。'何曰：'虽为将，信必不留。'王曰：'以为大将。'何曰：'幸甚。'于是王欲召信拜之。""舍人弟上变，告信欲反状于吕后。吕后欲召，恐其党不就，乃与萧相国谋，诈令人从上所来，言豨（陈豨）已得死，列侯群臣皆贺。相国绐信曰：'虽疾，强入贺。'信入，吕后使武士缚信，斩之长乐钟室。"成也萧何，败也萧何，这一成语是由韩信一生两段重要经历概括而来，比喻事情成败都由同一人所为。按：信狂妄至极，但其一生命运掌握在萧何手中，智所致也。从另一角度说成因萧何，败由韩信。

强干弱枝：出自《史记·汉兴以来诸侯王年表》："汉定百年之间，……诸侯稍微，大国不过十余城，小侯不过数十里，上足以奉贡职，下足以供养祭祀，以蕃辅京师。而汉郡八九十，形错诸侯间，犬牙相临，秉其阨塞地利，强本干，弱枝叶之势，尊卑明而万事各得其所矣。"后用以比喻强化中央集权，削弱地方势力。

后 记

从工作岗位上退下来，一身轻松。怎样使退休生活过得更有意义，我选择了读、品、写、讲的生活四部曲。读书是一种乐趣，静下心来读书，也就像静下心来练书法、打太极拳一样，那是一种置身物外的感受和境界，也是一种陶冶身心的方法和途径；读书就要品书，品书是一种享受，书中自有真情，书中自有智慧，品不尽的真情，说不完的智慧。品书有一种回归的感觉，品书就能把自己融入书中，达到一种忘我境界；品书就要把品到的味道记下来，这是一个知识分子的本能，也使"品"结了个果。常说十个好记性不如一个烂笔头，昨天品到的书中的味道，如果不记下来，也许今天或者明天就荡然无存了；既然写下来了，就想把它讲出来，这是一个教师思维的惯性、社会责任，也是读、品、写的价值所在。读、品、写、讲是一种生活方式，这种生活方式，忙在其中，乐在其中。

《史记》是一部伟大的历史著作，也是一部伟大的文学著作，对这部"史家绝唱、无韵《离骚》"从来读之不厌，书中荡漾的、驱之不散的馨香，正是中华民族优秀传统文化的精华部分，所以，读之有趣，品之有味，感受于笔端，抒怀于讲台。

《史记》有多种版本，各种版本都有自己的特点，但《史记》的基本精神、基本思想、基本框架不会改变。我的案头摆放的是中华书局1959年9月出版的竖排版（全十册）读本，是刘宋裴骃、唐代司马贞、张守节三家作注的读本，注释较为详细，读起来更方便。《读〈史记〉说智慧》书中所引《史记》原文皆出于这个本子。

在写、讲这本书的过程中，河南科技学院文学院的领导和广大教师给予了大力支持，尤其是黄文熙老师，从课件的制作到书稿的校对，做了大量的工作，在此一并致谢！

窦玉玺

二〇一五年八月六日